2017年国家社会科学基金青年项目"四省藏区微型金融精准扶贫机制及政策研究"（17CGL012）

四省涉藏地区微型金融精准扶贫机制及政策研究

SISHENG SHEZANG DIQU
WEIXING JINRONG JINGZHUN FUPIN JIZHI
JI ZHENGCE YANJIU

臧敦刚　李泓江／著

中国财经出版传媒集团
经济科学出版社
Economic Science Press

图书在版编目（CIP）数据

四省涉藏地区微型金融精准扶贫机制及政策研究/臧敦刚，李泓江著. —北京：经济科学出版社，2021.4
ISBN 978 - 7 - 5218 - 2472 - 8

Ⅰ. ①四… Ⅱ. ①臧…②李… Ⅲ. ①藏族 - 金融 - 扶贫 - 研究 - 中国 Ⅳ. ①F832.3

中国版本图书馆 CIP 数据核字（2021）第 069026 号

责任编辑：孙怡虹 刘 博
责任校对：杨 海
责任印制：范 艳 张佳裕

四省涉藏地区微型金融精准扶贫机制及政策研究

臧敦刚 李泓江 著

经济科学出版社出版、发行 新华书店经销

社址：北京市海淀区阜成路甲 28 号 邮编：100142

总编部电话：010 - 88191217 发行部电话：010 - 88191522

网址：www. esp. com. cn

电子邮箱：esp@ esp. com. cn

天猫网店：经济科学出版社旗舰店

网址：http://jjkxcbs. tmall. com

北京季蜂印刷有限公司印装

710×1000 16 开 18.5 印张 340000 字

2021 年 4 月第 1 版 2021 年 4 月第 1 次印刷

ISBN 978 - 7 - 5218 - 2472 - 8 定价：85.00 元

（图书出现印装问题，本社负责调换。电话：010 - 88191510）

（版权所有 侵权必究 打击盗版 举报热线：010 - 88191661

QQ：2242791300 营销中心电话：010 - 88191537

电子邮箱：dbts@ esp. com. cn）

编委会名单

前　言

　　贫困治理问题是人类的可持续发展过程中面临的世界性难题，尤其是在发展中国家，消除贫困在很大程度上关系到世界的稳定与和平。对于我国来讲，四省（四川、云南、甘肃、青海）涉藏地区表现出地理环境边缘性、生态环境脆弱性、宗教文化独特性、政治形势维稳性、经济发展滞后性等特征。2020年解决深度贫困地区的贫困问题，则关乎国家百年计划进程。四省涉藏地区既是国家层面的深度贫困地区，也属于我国"三区三州"地区，是我国全面建成小康社会进程中最难啃的"硬骨头"。随着国际上微型金融的出现，其作为一种参与扶贫的方式，有利于减少贫困的发生，被大多数学者认可。依据机制设计理论，优化与创新微型金融精准扶贫的机制，能更好地破解四省涉藏地区贫困户的融资难题，从而实现2020年的如期脱贫目标。

　　四省涉藏地区贫困量大、面宽、程度深，经济贫困突出，生产经营方式落后，消费水平、生活水平低下，医疗保障不足。本书结合四省涉藏地区的实际情况，匹配《中国农村扶贫开发纲要（2011—2020年）》中"两不愁、三保障"的新阶段精准扶贫要求，选取指标并设计出多维贫困指标体系，利用调研数据，运用A-F双临界值法对涉藏地区人民的多维贫困情况进行测量，调研结果显示，四省涉藏地区处于多维贫困状态，人口众多，多维贫困覆盖率较高，部分人口仍处于深度贫困状况，教育、住房和燃料是贫困发生率最高的三个维度。

　　目前，四省涉藏地区的微型金融体系主要分为小额信贷和小额保险两方面内容，并以小额信贷为核心。在供给方面，中国邮政储蓄银行和农村信用合作社在涉藏地区业务发展相对较多，是四省涉藏地区微型金融的重点发展对象。一些新型农村金融机构如村镇银行、小额信贷公司和农村资金互助社等也有发展，但发展规模并不大，此外寺院借贷作为涉藏地区一种特殊的借贷行为，是非正式微型金融供给的一种形式，同时亲友互助借贷、放贷人借贷等民间借贷形式也因涉藏地区社会网络、人情往来的特殊性而普遍存在。受地理、历史、文化和习俗等方面的综合影响，四省涉藏地区微型金融在总体上既存在着信息不对称、政策措施落实不到位、群众参与度相对较低等制约，又面临着贫困户脱贫意愿不强、脱贫内生动力不足的问题，供需矛盾突出。微型金融供给存在微型金融体系发展不完善、金融精准扶贫瞄准机制不健全、政策性激励机制缺乏保障、惠贫机制的长效性设计不合理、金融精准扶贫管理机制不完善五个方面的问题；在需求方面，存在贷款服务可得性较低、现金储蓄意愿不足、贷款用途发生偏移、农业保险需求不足、支付方式传统、理财意识不足六个方面的问题。

在精准扶贫战略的背景下，各个金融机构积极投身于金融扶贫工作中，扶贫小额信贷政策作为我国脱贫攻坚史上重要的金融创举，在解决四省涉藏地区贫困户的融资难问题上发挥了重要作用，成效显著。但在运行过程中也存在一些问题，主要是解决攻坚末期大批量贷款到期还款，防范信贷风险问题，以及如何衔接乡村振兴问题。四省涉藏地区的保险发展相对落后，保险制度规则顶层建设不完善，保险产品的开发程度相对较低，保险的覆盖面较低，购买保险的门槛较高。具体来看，四省涉藏地区提供保险产品服务的机构多为大型保险公司，实力较强且能承受较大的风险，同时都与政府有相应的政策合作；保险投放的地区都为深度贫困地区、民族地区，主要围绕特色产业设计保险产品。涉藏地区金融基础服务的提供不足，由于四省涉藏地区地处偏远，交通不便，导致了信息的不畅通，涉藏地区的居民难以获取新知识以及学习金融知识；涉藏地区居民的金融服务观念较薄弱，对于金融理解片面，同时由于人才的缺乏、教育发展的落后进一步导致了个人金融知识水平较低，从而对整个涉藏地区也产生了连锁影响。如何正确引导涉藏地区居民对金融行业的认识，改变其观念是未来发展涉藏地区金融的关键抓手。

在宏观层面，本书通过选取 2011~2018 年全国 10 个藏族自治州的有关面板数据，研究涉农贷款与农户收入之间的关系，结果显示涉农贷款规模对于农户收入具有显著的正效应。在四省涉藏地区扶贫小额信贷减贫效果中，采用调研数据，通过运用线性回归法（OLS）结合倾向得分匹配法模型（PSM）得出，相对于未获贷的贫困户，获贷满足部分资金需求的贫困户人均消费会增加18.8%，即获得信贷且满足部分资金需求能够显著起到减缓贫困的作用，提高人均消费，改善贫困户家庭经济条件。在农业保险方面，采用李克特量表法对农业保险主观层面进行分析，农业保险总体满意度较高但是对于理赔程序的评价不满意，主要是由于理赔程序复杂以及贫困地区的经济滞后性导致基础金融体系不完善。随之，运用PSM模型对保险扶贫绩效进行客观估计，结果表明购买农业保险对收入有正向影响但其并不显著，购买农业保险对家庭人均消费支出影响并不明显，可能的原因是政策性农业保险的制度设计不够完善、环境因素致使保险水平发展落后及农户的金融素养较低。

综上所述，四省涉藏地区微型金融精准扶贫机制在扶贫的实践过程中存在一定的问题，在脱贫攻坚时期，瞄准机制、风险规避机制以及惠贫机制已经发挥了作用，但是声誉机制、利润机制还暂未发生作用。在瞄准机制后期优化中，应注重扶贫资源的瞄准、优化贫困认定标准、优化帮扶措施、优化考核方案、创新保险产品等，同时需构建多样化、适度竞争的农村金融体系。对于风险规避机制，本身四省涉藏地区受自然环境影响大，加之信用环境缺失、金融监管体系不健全等，在后期需完善微型金融基础设施建设，完善征信体系和担保体系，提高微型金融机构的财政支持力度，建立健全风险预警机制，加强"银、政、保"三方合作等。在惠贫机制方面，促进项目优化、组织优化、工作机制优化、产业扶贫政策优化，进一步完善利益联结机制。对于声誉机制与利润机制而言，在保障金融机构经营安全性的同时需建立完善的信息披露系统，大力加强宣传教育，设置对贫困户业务的激励措施，根据不同群体以及产业项目设计金融产品。随后梳理国际微型金融精准扶贫经验借鉴，在国外主要有格莱珉银行模式、印度尼西亚人民银行乡村信贷部模式、印度自助小组－银行联结项目模式、玻利维亚阳光银行模式等，这些典型模式都各具特色，各有千秋，总体而言都主要以低收入客户为服务对象，发放小额贷款，有效提升了贫困群体的自我发展能力和脱贫内生动力，帮助其稳定持续地脱离贫困。

本书最后依据对四省涉藏地区微型金融精准扶贫现状的研判以及绩效评估，从小额信贷、小额保险以及金融基础设施等几个维度提出政策建议。首先，指出政策遵循的原则应围绕短期与中长期的原则、普惠与精准的原则、政府与市场协同原则。四省涉藏地区小额信贷的精准扶贫既要将扶贫开发与维护祖国统一、加强民族团结相结合，又要将扶贫开发与民族特点、宗教信仰相结合，同时还坚持把扶贫开发与改善民生这一经济社会发展的根本出发点和落脚点相结合。其次，要求小额信贷精准助益农牧民发展机制，加大考核评估力度、加大宣传力度，提升贫困户的金融知识水平；完善与规范贷款的发放程序，出台贷款的管理办法；在脱贫攻坚决胜阶段，叠加新冠肺炎疫情的因素，为巩固脱贫成果，应出台相关措施；优化与纠偏扶贫小额信贷的瞄准识别机制；动态跟进扶贫小额信贷的用途，防止信贷资金流入非生产领域；多举措并进，充分启动与发挥扶贫小额信贷的风险规避机制，防止扶贫小额信贷风险集中爆发，影响脱贫成效。最后，要求后扶贫时代扶贫小额信贷精准支持农牧民参与乡村振兴机制设计与优化。在金融基础设施建设方面，建立涉藏地区金融基础设施的监管架构，以法为基，加强立法；引进先进科技推动金融设施发展，促进市场整合适应现代化要求，推动涉藏地区金融市场基础设施参与跨区域合作。在小额保险精准助益农牧民发展机制方面，完善小额保险顶层设计，规范保险行业的行为，健全小额保险的法律和监管体系，因地制宜、丰富和细分小额保险产品；完善小额保险工作流程，提高服务质量；积极创新"农业保险+"的模式；加强宣传教育力度，提高困难群众的参保意识。在相关的政策优化与政策配套建议方面，强化组织保障，加强机构之间的协同，降低涉藏地区微型金融组织的准入门槛，完善金融组织体系，加大涉藏地区信用环境的培育，强化产业保障，助力金融精准支持产业发展；在特殊时期（如新冠肺炎疫情阶段）实施特殊的货币政策、财政政策与金融监管政策。

本书结构安排如下，第1章围绕研究背景与研究意义、研究思路与研究内容、数据来源、研究方法以及特色创新与不足展开相关介绍。第2、3章为微型金融精准扶贫的理论支撑。第2章以理论基础与文献回顾为主，第3章则以微型金融精准扶贫机制的理论框架分析为主。第4章主要分析了四省涉藏地区的贫困现状与多维贫困测度。第5、6、7章涵盖四省涉藏地区微型金融的发展现状与问题、精准扶贫机制的应用实践研究以及现实绩效。第8、9章主要分析国际微型金融精准扶贫的经验，为决战脱贫攻坚时期四省涉藏地区微型金融精准扶贫机制提出相应的优化方案。第 10、11 章主要在上述研究结论的基础上，依据对四省涉藏地区微型金融精准扶贫现状的研判分析，从小额信贷、小额保险以及金融基础设施等几个维度提出政策建议与展望，以确保四省涉藏地区在决胜脱贫攻坚时期全面完成脱贫任务，同时实现与乡村振兴无缝对接。

目　录

第 1 章

引　言

1.1　研究背景与研究意义

1.1.1　研究背景

贫困治理是人类可持续发展过程中面临的世界性难题之一。2015 年，联合国通过的《改变我们的世界：2030 年可持续发展议程》提出未来 15 年内消除极端贫困。而对中国来讲，"消除贫困、改善民生、逐步实现共同富裕"是社会主义的本质要求。2013 年习近平提出"精准扶贫"重要论述，这成为我国新一轮脱贫攻坚的根本特征，也是确保 2020 年全面消除绝对贫困的重要战略。

四省（四川、云南、甘肃、青海）涉藏地区作为深度贫困地区之一，是决战脱贫攻坚期重点瞄准区域。目前，脱贫攻坚取得了重大决定性成就，进入了最为关键的阶段，而打赢脱贫攻坚战、全面建成小康社会，最繁重、最艰巨的任务则是在深度贫困的民族地区。习近平一再强调，深度贫困地区是脱贫攻坚中最难啃的"硬骨头"。2017 年 11 月，中共中央办公厅、国务院办公厅发布了《关于支持深度贫困地区脱贫攻坚的实施意见》，明确在资金、土地、金融、基础设施、产业发展、健康医疗、教育培训等多个方面对深度贫困地区给予支持。2018 年 6 月《中共中央　国务院关于打赢脱贫攻坚战三年行动的指导意见》指出，要集中力量支持深度贫困地区脱贫攻坚，着力改善深度贫困地区发展条件，着力解决深度贫困地区群众特殊困难，着力加大深度贫困地区政策倾斜力度。四省涉藏地区作为西藏自治区之外的第二大涉藏地区，是我国的集中连片特困地区之一，也是"三区三州"① 等深度贫困地区之一。由于自然地理的脆弱性、民族文化的独特

---

① "三区三州"的"三区"是指西藏自治区和青海、四川、甘肃、云南四省涉藏地区及新疆南疆的和田、阿克苏、喀什、克孜勒苏柯尔克孜四地区；"三州"是指四川凉山彝族自治州、云南怒江傈僳族自治州、甘肃临夏回族自治州。

性、政治的敏感性、经济的边缘性、社会的复杂性，其贫困表现出面广、度深、多维约束、精准扶贫难度大、返贫率高等特点。因此，四省涉藏地区既是脱贫攻坚的难点区域，也是巩固脱贫攻坚成果的重点区域。

中央第六次西藏工作座谈会为四省涉藏地区精准扶贫提供机遇，第七次座谈会则为后贫困时代四省涉藏地区的发展指明了方向。2015 年 8 月 24 日～25 日，中央第六次西藏工作座谈会在北京召开。习近平总书记强调，依法治藏、富民兴藏、长期建藏、凝聚人心、夯实基础是党的十八大以后党中央提出的西藏工作重要原则。其中，"富民兴藏"就是以增进各族群众的福祉为兴藏的基本出发点和落脚点，围绕民族团结、改善民生、经济发展、社会全面进步，使各族群众更好共享改革发展的成果。四省涉藏地区的精准扶贫也是"富民兴藏"必须要解决的首要问题，中央第六次西藏工作座谈会以来，四省涉藏地区的脱贫攻坚取得了决定性的进展。2020 年 8 月 28 日～29 日，中央第七次西藏工作座谈会在北京召开。习近平总书记强调，要在巩固脱贫成果方面下更大功夫、想更多办法、给予更多后续帮扶支持，同乡村振兴有效衔接。而四省涉藏地区要加强同西藏自治区的协调配合，中央将继续加大对四省涉藏工作的支持力度，加强生态保护、保障和改善民生、发展特色生产，让群众过上更加美好的生活，这也为四省涉藏地区的后续研究指明了方向。

扶贫小额信贷作为重要的扶贫方式，参与四省涉藏地区的精准扶贫。长期以来，如何破解贫困户融资难、融资贵一直是一个世界性难题。2006 年诺贝尔和平奖获得者穆罕默德·尤努斯（Muhammad Yunus）通过给穷人发放小额信贷来解决贫困问题，从此开启了微型金融的减贫途径；而 2019 年诺贝尔经济学奖获得者阿比吉特·巴纳吉（Abhijit Banerjee）、埃丝特·迪弗洛（Esther Duflo）和迈克尔·克雷默（Michael Kremer）经过长期实验观察小额信贷在减贫过程中的效果，认为小额信贷的作用被夸大，其对贫困家庭的帮助是有限的。在我国，党的十八大以来，扶贫小额信贷被纳入精准扶贫十大工程。2014 年，《关于创新发展扶贫小额信贷的指导意见》的发布标志着扶贫小额信贷开始成为中国国家贫困治理的重要政策工具之一。扶贫小额信贷作为我国扶贫史上的重要创举和特惠金融政策，一方面在解决贫困户融资难、融资贵等方面发挥了重要作用，另一方面信贷资金分配的机制化对于四省涉藏地区贫困户内生动力的提升、市场化意识的提高以及可持续脱贫具有重要意义。

四省涉藏地区依然是后贫困时代贫困治理的主战场。2020 年 3 月，习近平总书记在决战决胜脱贫攻坚座谈会上的讲话中指出，打赢脱贫攻坚战依然面临困难挑战，特别是新冠肺炎疫情对脱贫攻坚带来的新挑战。同时，党的十九届四中全会公报中明确指出坚决打赢脱贫攻坚战，建立解决相对贫困的长效机制。对于四省涉藏地区来说，后贫困时代边缘临界贫困群体的贫困问题以及脱贫成果的巩固，加之新冠肺炎疫情因素的叠加等均对四省涉藏地区的贫困治理提出了更高要求。

1.1.2　研究意义

自精准扶贫政策实施以来，微型金融作为重要的扶贫方式，特别是扶贫小额信贷的推出，在解决四省涉藏地区农牧民贫困户融资问题上发挥了重要的作用，取得了一定成效，但同时也出现了一系列问题。由于四省涉藏地区本身的异质性，微型金融在精准扶贫过程中表现出水土不服、贫困藏民储蓄成本过高、贷款意愿不强烈、部分贷款用于宗教活动用途的现象频繁、保险意识不强、金融组织贷款意愿不强等问题。因此，突出问题导向，无论是从学术价值上还是从维护民族团结稳定、繁荣发展的角度来看，立足于四省涉藏地区精准扶贫的特殊性，从机制的视角研究微型金融精准扶贫，一方面有助于培养贫困农牧户脱贫的主体意识和市场化思维，另一方面有助于贫困户脱贫的可持续性。具体的研究价值如下：

第一，学术层面。首先，本书以管理学、经济学、金融学、社会学以及民族学等学科理论为指导，以系统论、机制设计理论、微型金融理论、多维贫困理论等为基础，试图构建微型金融精准扶贫机制的理论框架，在此框架基础上，基于四省涉藏地区所表现出的异质性，依据现有的研究成果，明确和界定微型金融的内涵，特别是微型金融的主要功能；其次，从机制设计的角度，分析微型金融精准扶贫机理，提出四省涉藏地区微型金融在精准扶贫过程中不同类型的机制。综上所述，尽管国内外关于微型金融的研究成果颇多，但本书聚焦四省涉藏地区的微型金融精准扶贫，将进一步完善微型金融的精准扶贫理论。

第二，实践层面。本书瞄准四省涉藏地区贫困农牧民的微型金融需求，重点研究扶贫小额信贷、特色产业贷款、小额保险等贫困藏民受益的微型金融产品与服务扶贫机制，实现微型金融产品和服务本土化，通过市场的力量，提高微型金融的瞄准精准度，保证脱贫的持续性，具有重要的现实意义。

第三，政策层面。本书将在微型金融精准扶贫机制优化与创新的基础上，结合四省涉藏地区脱贫攻坚的现实背景，提出相应的政策建议，以期为我国金融扶贫政策的制定和改进提供科学依据，为打赢四省涉藏地区脱贫攻坚战提供政策参考，为防范小额信贷集中到期风险爆发提供详实的实践依据，同时对进一步推进微型金融的发展，具有重要的政策意义。

1.2 研究思路与研究内容

1.2.1 研究思路

本书紧紧围绕服务于全面脱贫攻坚的任务目标，立足于通过微型金融的途径缓解农牧户的绝对贫困问题，以四省涉藏地区为研究对象，以问题为导向，立足于政策急需，按照"微型金融精准扶贫的必要性——微型金融精准扶贫机制理论——微型金融精准扶贫机制的现状——微型金融精准扶贫机制的效果评价——微型金融精准扶贫机制的优化与创新——微型金融精准扶贫政策体系完善"的研究思路，分别从理论和实践两个层面进行论证，提出政策建议，基本思路如图1-1所示。

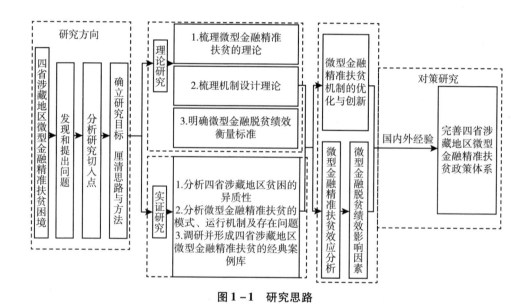

图 1-1 研究思路

1.2.2 主要研究目标和内容

本书的目标是在精准扶贫战略实施的背景下分析和评价四省涉藏地区微型金融精准扶贫机制运行情况，为微型金融扶贫机制的优化提供政策建议。本书设定了五个具体目标，探讨或试图回答四省涉藏地区贫困现状以及微型金融精准扶贫机制的现状、实践、绩效、优化等问题。第1章是研究总论，着重于研究的背景、思路和设计，第2~3章主要是理论分析，第4~7章主要是实证与案例研究，第 8 章属于国际经验梳理和借鉴，第 9 章聚焦于机制优化，第 10～11 章主要是政策建议与展望。本书的研究内容具体涵盖以下几个方面：

一是微型金融精准扶贫机制的理论支撑，主要从理论的层面探讨微型金融的精准扶贫机制。第一，明确微型金融、精准扶贫以及机制等相关概念的内涵，确定本书的研究对象与范畴，特别是微型金融包括的内容、微型金融支持的对象等；第二，梳理微型金融与精准扶贫的相关理论基础，从微型金融与精准扶贫的理论溯源入手，到其演变，再阐述微型金融、精准扶贫等相关理论；第三，建立微型金融精准扶贫框架，主要包括微型金融精准扶框架的构成要素、微型金融精准扶贫的机理，包括微型金融的直接机理与间接机理以及微型金融精准扶贫机制的形成与演变等；第四，微型金融精准扶贫机制的绩效评价，重点对微型金融精准扶贫机制的绩效评价指标体系与方法进行分析。

二是四省涉藏地区的贫困现状与微型金融发展现状，主要从实践层面探讨四省涉藏地区贫困与微型金融发展的现状。第一，对四省涉藏地区的区域社会经济概况进行分析，主要从区域划分、地理环境、生态环境、宗教文化、政治形势以及经济社会发展等方面分析；第二，介绍四省涉藏地区当前的减贫现状；第三，利用一手的调研数据，运用一定的计量方法，测度四省涉藏地区的多维贫困；第四，分别从供给和需求两个维度分析四省涉藏地区微型金融的现状，供给方面主要分析微型金融机构、微型金融服务以及微型金融的供给现状，需求方面主要从储蓄、贷款、保险以及支付四个方面分析；第五，分析四省涉藏地区微型金融的供求矛盾。

三是四省涉藏地区微型金融精准扶贫机制的应用实践研究，从实践的角度分析四省涉藏地区微型金融精准扶贫机制。第一，四省涉藏地区微型金融扶贫政策及制度规则比较分析，主要从国家层面和省级层面分析现有的微型金融扶贫政策及制度规则；第二，四省涉藏地区扶贫小额信贷精准扶贫应用实践，主要从扶贫小额信贷的精准扶贫机理和实践两个方面分析；第三，四省涉藏地区个人精准贷款与特色产业贷款精准扶贫的应用实践；第四，四省涉藏地区村级互助资金精准扶贫应用实践；第五，四省涉藏地区其他小额信贷精准扶贫应用实践；第六，四省涉藏地区小额保险精准扶贫应用实践；第七，四省涉藏地区基础性金融服务支持精准扶贫的应用分析。

四是四省涉藏地区微型金融精准扶贫机制的现实绩效分析，分别从宏观绩效、小额信贷的减贫效果、农业保险扶贫绩效以及微型金融精准扶贫绩效的案例等几个方面进行分析。

五是决战脱贫攻坚时期四省涉藏地区微型金融精准扶贫机制的优化。主要立足于前面的分析，重点从瞄准机制、风险规避机制以及惠贫机制等多个方面去优化，并基于前文研究提出相关政策优化措施，以期实现决战脱贫攻坚的目标。

1.3 数据来源

本书数据来源主要包括两个方面：官方统计数据和实地调查数据。

第一，公开数据库。主要包括：《中国农村贫困监测报告 2019》《中国农村贫困监测报告 2018》《中国农村贫困监测报告 2017》《中国农村贫困监测报告 2016》《中国统计年鉴 2019》《中国统计年鉴 2018》《中国统计年鉴 2017》《四川统计年鉴 2019》《甘肃统计年鉴 2019》《青海统计年鉴 2019》《云南统计年鉴 2019》《中国扶贫开发报告 2019》、人民银行的信贷相关数据等。

第二，本书课题组调查的数据。课题组于 2018～2019 年组织相关人员分别在四川、云南、青海及甘肃涉藏地区进行入户调查。课题组的调研主要通过两种形式开展，一是课题组成员通过召开座谈会以及实地考察等相关活动，从而获取的一手资料与数据。课题组于 2018～2019 年期间，分别赴甘肃涉藏地区的合作市、夏河县等；青海涉藏地区的西宁市、果洛州及海北州；四川涉藏地区的马尔康市、色达县、泸定县、理塘县、茂县及红原县等，通过召开座谈会，组织政府部门、新型经营主体代表及贫困户代表围绕微型金融扶贫内容、精准扶贫的政策措施成效等方面进行探讨，课题组根据访谈提纲进行提问，并实地考察扶贫项目，入户与贫困户交流，实地感受了解扶贫小额信贷等微型金融产品在执行过程中具体的做法以及存在的问题。二是通过分层抽样，选取调研地点，通过向农牧户发放调查问卷的方式获取数据。第一步在每个涉藏地区中分别选择 2～6 个代表性的（乡）镇；第二步分别在每个样本（乡）镇下随机抽取 2～3 个样本村，并从中随机抽取 15～20 位样本农牧户，每个样本村采取对接村长与一对一入户访谈的形式。在具体调查的市州县构成方面，四川涉藏地区包含红原县、若尔盖县、甘孜县、马尔康市、丹巴县、道孚县；甘肃涉藏地区包括卓尼县、迭部县、夏河县；云南涉藏地区包括香格里拉县、德钦县、维西县；青海涉藏地区包括都兰县、贵德县。调查问卷的主要内容涉及贫困户家庭人口的基本特征、主要家庭财产、收入与支出、健康与医疗保障、教育、小额储蓄服务、小额贷款服务、小额支付服务与理财、农业保险、金融知识与素养等方面。调查总计发放问卷 480 份，有效问卷为 454 份，实际回收率为 94.58%。

1.4　研究方法

定性分析和定量分析兼用，规范方法和实证方法并重。

第一，规范分析法。本书以发展经济学、管理学、微型金融学、金融扶贫以及机制设计为基础，梳理微型金融精准扶贫机制理论。一方面，明确界定微型金融与精准扶贫的内涵；另一方面，厘清微型金融与精准扶贫之间的逻辑关系，梳理微型金融的减贫机理。

第二，核心访谈小组法和田野调查法。课题组深入四省涉藏地区的贫困地区进行调研，一是采用核心访谈小组法。访谈小组的构成包括各地扶贫开发局、中国人民银行（以下简称"人行"）、市政府金融工作办公室（以下简称"金融办"）、农业办公室（以下简称"农办"）、各地农业局等行政主管部门，农村信用合作社（以下简称"农信社"）、中国农业银行（以下简称"农行"）、中国农业发展银行（以下简称"农发行"）、中国邮政储蓄银行（以下简称"邮储银行"）、村镇银行、保险公司等正规金融组织，小额贷款公司、农民专业合作社的资金互助社和贫困村资金互助社等准金融组织，代表金融需求方的贫困户；二是采用抽样调查法。按规模大小成比例的概率（PPS 抽样方法）进行抽样，不仅调查金融机构，也入户发放调查问卷。

第三，实证分析法。本书的研究将使用现有的数据库及结合课题组调研的微观数据进行微型金融精准扶贫效应分析。一方面，利用 10 个藏族自治州的面板数据，构建相关的实证模型，从宏观层面检验贷款能否增加贫困户的收入；另一方面，利用课题组调研的数据，运用得分倾向匹配法，实证检验扶贫小额信贷与小额保险能否减缓贫困。

第四，案例分析法。本书通过抽样的方法，分别从四省涉藏地区中选取典型的贫困县，包括四川涉藏地区的色达县、红原县等，青海涉藏地区的海北州、果洛州等，云南涉藏地区的德钦县等以及甘肃涉藏地区的甘南州等进行实地调研，通过对政府、金融机构、贫困户以及新型农业经营主体进行访谈，包括座谈会以及实地考察项目，搜集总结归纳扶贫小额信贷精准扶贫的经典模式，最终形成微型金融精准扶贫案例库。

1.5　特色创新与不足

1.5.1　特色创新之处

第一，根据反贫困的生命周期理论，贫困阶段分为儿童期、成人期以及老年期，而根据成人期贫困的特征以及微型金融的特点，微型金融精准扶贫的瞄准对象则为成人期有劳动能力的贫困成年人，针对性强，与国家精准扶贫的战略内涵相吻合。

第二，微型金融精准扶贫由过去依赖政府的计划机制到尊重市场规律与机制设计的认识改变。依据精准扶贫的概念与机制设计理论，创新提出微型金融精准扶贫的瞄准机制、识别机制、利润机制、风险规避机制、声誉机制以及惠贫机制，通过市场的力量提高微型金融的瞄准精准度，保证脱贫的持续性。

第三，以四省涉藏地区的特色产业为支撑，以提升贫困户的能力为核心，多层次多维度瞄准成人期具有劳动能力的贫困藏民，提炼四省涉藏地区微型金融精准扶贫的经典模式及案例，对于完善我国精准扶贫政策体系具有一定的借鉴意义。

第四，利用田野调查等方法，获取一手资料与数据，通过案例分析与定量分析相结合的研究方法，从实践的角度验证了微型金融精准扶贫的机制运行情况。

1.5.2 不足之处

本书系统全面地研究四省涉藏地区微型金融精准扶贫机制运行情况，因而需要大量的相关统计资料与数据，但由于贫困民族地区具有地域广阔性、交通复杂性、人口复合性、文化多样性等特点，这些数据受一些客观条件的限制，不能全面翔实地获得，只能利用部分数据来分析。本书部分章节的相关研究分析采用的数据主要来源于课题组一手的调研数据，由于调研分布于涉藏地区，部分受访者的语言能力、知识水平存在一定的局限性，以及问卷的设计与受访者的回答出现的不可控隐私，皆可导致数据偏差与部分缺失的情况，这也是本书存在的不足之处。

第 2 章

理论基础与文献回顾

2.1 概念界定

2.1.1 扶贫与精准扶贫

经济学家马尔萨斯（Thomas Robert Malthus）从人口增长视角对贫困问题进行了学术理论层面的首次探索，认为贫困的原因是由于贫困者的自身因素且不可避免。贫困概念的界定最早出现在 19 世纪末期英国经济学家朗特里（Benjamin Seebohm Rowntree）的著作《贫困：城镇生活的研究》中，将贫困定义为缺乏获取维持生存所必需的物品的经济能力。阿玛蒂亚·森（Amartya Sen）的《贫困与饥荒》和让·德雷兹（Jean Dreze）的《饥饿与公共行为》等著作认为，贫困不仅是供给方面的不足，而且还存在获取机会的权利被剥夺，更深层次的原因则是由于权力不足，所以仅依靠通过提升收入这一维度还不能从根本上解决贫困问题。国内学者们着眼参与式扶贫理论，并得出该理论对我国扶贫开发的路径选择有一定借鉴作用，因此想要从根本上消除能力贫困和权利贫困，政府需下放参与权、发展权给群众。

冈纳·缪尔达尔（Gunnar Myrdal）在《世界贫困的挑战：世界反贫困大纲》中指出贫困是政治、经济、社会以及文化等因素综合作用的结果，是一种全球性的社会现象，因此须采用制度的、整体的、动态的方法来研究经济发展问题。同时他提出了"反贫困"这一概念。在中国特色社会主义反贫困模式中，反贫困特指"扶贫"。扶贫就是帮扶贫困群体的合法权益，取消其贫困负担，即通过扶贫政策、扶贫计划和项目的实施，帮助贫困群体解决生活生产困难、培养自我脱贫与发展能力，并扶持贫困地区的发展，使其达到摆脱贫困的目的。我国的反贫困治理强调的是一个行为过程，强调从政策实践的角度研究和落实政府或民间的反贫困计划与项目。因而，扶贫应该在主体框架基础上建立相应的制度措施，即从政府、金融机构、贫困户这三大主体来进行多维分析。扶贫的根本目的就是让贫困地区的农民摆脱贫穷，达到小康水平，拥有更健康幸福的生活。

扶贫瞄准研究是我国农村扶贫开发工作的主线，能否精准瞄准继而实现精准帮扶是影响减贫成效的关键。我国学术界对扶贫瞄准的研究起步比较晚。我国扶贫政策导向体现在从小规模特定区域到县域再到村级、到户的瞄准过程。1978年，我国开始把扶贫对象瞄准为特定区域，出台有关小规模区域的反贫困政策；1986年，国家按农民收入瞄准273个贫困县；2001年，国务院印发的《中国农村扶贫开发纲要（2001—2010年）》（以下简称《扶贫开发纲要》）明确将扶贫对象瞄准到村。自2012年以来，国家逐渐实现了扶贫对象瞄准到村、到户。2013年习近平总书记在湘西考察时，首次提出"精准扶贫"的重要理念，这是马克思恩格斯反贫困理论中国化的最新成果。汪三贵（2015）、郑瑞强（2016）将精准扶贫定义为包括战略、政策和机制，是体现具体行为的一个完整的系统，其实质体现在精确瞄准贫困对象、精准制订扶贫方案、精确匹配扶贫主体与精准考核扶贫成效。鲁春艳（2016）、王鑫和李俊杰（2016）认为，精准扶贫作为一种新型扶贫方式，着眼精确瞄准，解决"扶持谁""谁来扶持"的问题。简而言之，对比粗放式扶贫，精准扶贫是因地制宜、因人而异，针对不同区域与贫困状况，运用科学有效程序对扶贫对象实施精确识别、精确帮扶、精确管理的治贫方式。

综上所述，精准扶贫以政府为主导，市场主体和各类社会力量重点参与，根据特定扶贫对象的致贫原因、资源禀赋、发展意愿及市场需求，统筹各类帮扶资源，制订并实施最优化的帮扶计划，培育扶贫对象发展能力，改善扶贫对象生产生活条件。中共中央、国务院2015年颁布的《中共中央　国务院关于打赢脱贫攻坚战的决定》也强调精准扶贫需保证六个精准，即扶持对象精准、项目安排精准、资金使用精准、措施到户精准、因村派人精准、脱贫成效精准。

2.1.2 微型金融

微型金融最初发展的核心业务是小额信贷业务，即对低收入或无收入群体提供贷款，以扶持贫困。学术界公认小额信贷源于20世纪70年代的孟加拉国，事实上，具有扶贫性质的小额贷款可追溯到15世纪。1462年，意大利政府推出了世界上首家官办典当银行，目的是应对社会上的高利贷风气。这种典当行其实就具有了小额贷款的性质。18世纪70年代，"爱尔兰贷款基金系统"成立，向无抵押贫困农户提供小额贷款。之后，小额信贷机构在许多国家开始发展。20世纪50年代以来，许多发展中国家政府为缓解农村发展过程中融资约束问题，采取较低的存款和贷款利率政策，并向处于社会边缘的农民提供小额农业补贴信贷。20 世纪 70 年代后期，为缓解政府与市场的双重失灵困境，一些国家开展了非政府组织为主导的试验，比如孟加拉乡村银行等，专门为穷人和微型企业提供小额贷款、储蓄服务。20 世纪 90 年代，随着小额信贷业务的不断完善，微型企业和低收入人群的金融需求增长并不局限于贷款服务，于是国际上小额信贷业务便逐步从传统的"小额贷款"向为贫困人群提供全方位金融服务的"微型金融"发展过渡。

世界银行扶贫咨询委员会（Consultative Group to Assist the Poor，CGAP）认为微型金融是以贫困人口、低收入群体以及微型企业为目标客户，并向他们提供贷款、储蓄、保险与租赁等一系列的金融服务，是在传统正规金融体系基础之上发展而来的一种新型金融方式。综合考虑四省涉藏地区的实际情况，本书主要聚焦微型金融中的小额信贷与小额保险业务。

2.1.3　机制

机制最早属于物理学范畴，它揭示的是系统各要素之间的相互制约关系。后来的机制基本指各要素之间相互作用的功能、相互作用的方式等。在社会科学研究中，机制往往被理解为机构、制度和体制。一般来说，机制是在一定的系统内部形成的，包括系统内各要素之间相互联系和作用的基本形式、运动原理和工作方式。随着其不断被引入各个领域，也就产生了不同的机制。

经济学领域的研究催生了"经济机制"，经济机制表示一定经济机体内，各构成要素之间相互联系和作用的关系及其功能。同时经济机制也体现为一个经济机体的组织结构、制度结构、管理方式、操作规则及其职能的相互联系、相互作用，以实现机体自我控制、自我平衡的系统。当经济机体运行出现偶然偏误时，该机制能及时地反映这种偏误，并自动加以校正，使经济机体重新回到相对稳定的经常性状态。

经济机制理论的思想渊源可以追溯到 20 世纪三四十年代，关于社会主义的哈耶克（Friedrich August von Hayek）、米塞斯（Ludwig Heinrich Edler von Mises）与兰格（Oskar Ryszard Lange）、勒纳（Abba P. Lerner）之间的著名论战。该论战围绕的核心话题是社会主义计划经济机制的可行性。其中一方由米塞斯和哈耶克带领，他们认为由于高度集中的计划经济机制要实现资源的最优配置，社会管理者所需要的信息相当巨大，而这种计划经济机制不可获取正常运转所需的信息，故反对社会主义。另一方的代表人物是兰格和勒纳，他们持有边际成本定价机制可以达到资源的有效配置的观点，故支持社会主义。经济学家赫维茨（Leonid Hurwicz, 1973) 基于信息不对称和个体的自利性提出了经济机制理论, 即研究如何在自由选择、自愿交换、信息不完全及决策分散化的条件下, 设计出一套经济机制来达到既定经济目标的理论。同时良好的经济机制还应匹配实现资源的有效配置、有效利用信息和激励相容这三个要求。在一个公共产品的经济环境中, 在纳什行为下存在一个机制可产生有效的、个人理性的资源配置。以社会管理者的角度来看, 经济体制的目标定位在实现资源的帕累托有效配置 (田国强, 2003), 在本书中则是着眼于如何通过市场实现信贷资源有效配置的问题。

2.2 相关基础理论

2.2.1 精准扶贫的相关理论

目前关于贫困治理理论主要聚焦于区域层面和个人层面的贫困, 区域层面的贫困主要是发展经济学关注的研究对象, 而尤努斯的格莱珉银行致力于为贫困群体提供金融服务, 开启了对个人层面贫困的关注。贫困治理理论也是以贫困理论为基础形成和发展的, 形成了一些代表性的观点。精准扶贫作为习近平新时代中国特色社会主义思想中贫困治理观的重要内容, 也是马克思贫困治理理论成果中国化的最新体现。党的十八大以来, 党中央提出全面建成小康社会的新目标, 进而全面脱贫成为重要的底线目标。精准扶贫理论在其他一系列贫困治理理论的基础上逐渐演化而成, 相关的理论主要包括以下几个方面:

2.2.1.1 多维贫困理论

(1) 多维贫困理论的产生和发展。

坎南 (Cannan, 1914) 指出, 人们惯用收入、消费或其他货币尺度来衡量贫困。但实际上, 贫困是一种复杂综合多维的社会现象。导致贫困的原因是由于免受饥饿、疾病的功能, 满足营养需求、接受教育、参与社区社会活动等基本可行能力的丧失。而多维贫困主要指人的多方面基本可行能力不足或被剥夺。阿玛蒂亚·森的"可行能力理论"中明确提出从多维视角理解贫困问题, 该理论被学界公认为是多维贫困的理论基础。其中, 可行能力则被定义为人们能够拥有做自己想做的事情、过上自己想过的生活的能力 (Sen & Williams, 1982; Sen, 1983)。按照阿玛蒂亚·森的多维贫困理论, 贫困并不仅仅是收入问题, 而是缺乏获得需要或达到某种目标的能力。习近平总书记强调要做到"六个精准", 实施"五个一批"工程, 深刻体现了我国农村的贫困类型和致贫原因具有多维性。

（2）中国多维贫困的研究。

自 20 世纪 90 年代以来，我国学者针对贫困的多维特性展开研究。在探索初期，学者们主要使用宏观数据进行研究，并没有以微观视角来分析贫困问题。如吴国宝（1997）、李小云等（2005）从农户生产、生活、卫生、教育、健康状况等方面研究贫困人口的多维特征。随着国际上多维贫困微观分析方法的日趋成熟，以及"两不愁、三保障"总目标的提出，2010 年开始我国学者逐渐认可多维贫困的分析方法，郭建宇和吴国宝（2012）认为多维贫困分析能更好地体现我国农村贫困的多元特性；张立冬（2017）则建议将农村扶贫瞄准调整为收入、教育、健康、生活水平和资产的多维贫困方式，并加大对农村贫困人口的能力开发。

（3）个体层面的多维贫困。

伴随中国贫困问题由绝对贫困过渡为相对贫困与社会排斥问题，衡量收入之外的其他维度的贫困表现突出，故多维贫困识别贫困更贴合实际。较之研究农户或家庭的文献，有较少部分文献研究个体的多维贫困状况。以家庭视角主要是依据家庭生活条件来识别，因此无法呈现贫困独立个体的基本可行能力情况。由于微型金融的服务对象也集中于个体，因此相比家庭层面，通过从独立个体层面识别的贫困更能体现出多维贫困的内涵和微型金融的减贫效应。此外，导致个体层面致贫的因素，除现有文献中涉及的收入低、教育程度低、健康状况差、风险保障不足以外，还应考虑影响个体的社会地位的因素，比如个人的失业或不充分就业情况。

2.2.1.2　反贫困的生命周期理论

贫困问题需要从不同时期对贫困现象进行动态研究，而不只是静态地专注某一时点的社会贫困状态。基于此，在实践过程中，反贫困的生命周期理论基于生命周期和贫困代际传递视角进行了研究。

（1）贫困的代际传递理论。

习近平精准扶贫重要论述中强调"扶贫必扶智"体现了贫困的代际传递思想。20 世纪 60 年代，美国经济学家拉格纳·纳克斯（Ragna Nurkse）、社会学家刘易斯（Oscar Lewis）等人发现贫困家庭在长期贫困中存在代际传递现象，从而率先提出关于"贫困代际传递"的概念。贫困的代际传递是指由于贫困及导致贫困的因素等个人无法控制的变量，在家庭内部由父母传递给子女，且子女在成年后出现同父母一样的情况；同样贫困代际传递也有区域特征，导致区域内往复前期贫困境遇。

关于贫困代际传递产生的原因，国内外贫困问题研究者提出了众多观点，主要有三种相关性解释，即从文化行为、政策和经济结构因素加以阐述。首先，刘易斯（1959；1961；1964；1966）通过提出贫困文化概念，来解释贫困代际传递问题，并将具有各种相互作用的经济的、心理的特征作为贫困代际传递的表征，比如生活方式、行为规范、习惯及价值观念体系等。贫困家庭新一代成员比较容易从上一代成员继承落后的价值观念和生活态度，导致了贫困现象的持续发生和循环。对于信徒来说，价值观念等心理特征将会很大程度上被宗教信仰文化影响；而宗教信仰的代际传递能力高于非宗教信仰的代际传递能力（阮荣平等，2014），这将使得具有宗教信仰的贫困家庭代际锁定效应更强，并且陷入"贫困陷阱"的可能性更大。其次，米德（Mead，1992）提出与社会政策相关的解释，强调了社会福利依赖的代际传递。他认为，长期接受福利救济已改变了这些家庭成员的价值观，使他们对社会政策的福利部分产生依赖，从而影响其脱贫进程。再次，贝克尔和托马斯（Becker & Tomes，1986）分析了经济结构因素对贫困代际传递的影响，尤其强调人力资本的关键作用。他们的研究指出经济资源的匮乏阻碍了子女人力资本发展，进而影响其找到好工作；而且贫困父母缺少与劳动力市场的联系。除此以外，还有研究者从社会分层与社会流动（Blau & Duncan，1967）、要素短缺说（Landes，1998）、能力贫困说（Amartya，1993）、素质贫困说（Inkeles，1985）、社会排斥说（Townsend，1979）等不同视角来讨论贫困代际传递问题。

贫困的代际传递理论映射出贫困问题的本质。事实上，贫困世代传递现象从侧面反映了社会代际之间的垂直流动率与流动机制的问题。切除贫困代际传递的链条，需调整扶贫战略，扩大贫困人口融通资金的渠道；提供健康服务与技术培训，全面提升贫困地区人民的能力；减少社会排斥，保障穷人的各项权利，从而促进社会公平。

（2）基于生命周期视角的反贫困理论。

生命周期指的是一个对象从"摇篮"到"坟墓"整个生命历程中所经历的不同经济、社会特征的阶段，按年龄可划分为儿童期、成年期和老年期等。英国行为科学研究者朗特里在《贫困：城镇生活的研究》一书中分析了一个人不同生命周期中家庭创造财富的能力以及生活基本需要的来源。加西亚和格鲁特（Garcia & Gruat，2003）认为，在人的生命周期不同阶段有着不同的生活需求且相互之间存在一定的联系，即前期的生活需求和质量会影响着后期。恰亚诺夫（A. V. Chayanov）提出了农户家庭生命周期的概念，由于家庭经济状况受到劳动人口与消费人口比例的影响，家庭也处于生命周期的不同阶段，之后一些学者对家庭生命周期阶段进行了补充和细化。自然人生命周期不同阶段的生活消费特征、金融需求及风险偏好不同。借鉴朝日银行的经验，结合我国实际情况，可以将生命周期具体划分为五个阶段（见表 2 - 1）。

第一阶段，学生时期，即处于少年成长阶段的自然对象。他们无固定收入，但具备一定消费需求以及对简单便利的储蓄账户的需求，发展校园金融是金融机构满足该市场需求的突破点。针对贫困人口，他们的金融需求主要是信贷资金需求、支付结算需求。

第二阶段，就职青年时期（29 岁以下），其收入一般较低，但对未来的收入期望相对较高，该阶段通常入不敷出，此阶段的自然人通常能承受较高风险，故倾向于投资较高风险的金融产品。对于贫困人群而言，他们的金融需求主要以支付结算需求、信贷资金需求以及投资理财需求为主。

第三阶段，中青年时期（30 ~ 45 岁），该阶段收入增长速度加快，属于事业的黄金时期；同时，家庭支出也随之加大，尤其在子女成长、教育方面投入加大。该阶段的自然人除需要一般的大众金融服务外，可能还需要商业保险，部分家庭可能还需要理财服务。对于贫困人口，主要的金融需求是信贷资金需求、保险需求、支付结算需求。

第四阶段，中年时期（46 ~ 59 岁），该时期收入曲线达到最高点，随着其子女步入社会，支出曲线逐渐降低。该阶段以均衡性投资风格为主，主要的金融需求有储蓄需求、保险需求、支付结算需求和信贷需求。

第五阶段，老年时期（60 岁以上），此阶段的自然人处于退休养老阶段，主要目标是享受天伦之乐，安度晚年生活。该阶段以休闲娱乐、医疗保健等支出为主，且随着收入大幅下降、出现风险偏好降低、理财偏保守等特征。因此，该阶段人口的金融服务需求更偏向于稳健安全、更便捷高效，同时考虑安全性，追求财富稳健增长，以实现财富的积累与代际传递。故该阶段的金融需求围绕储蓄、支付结算和保险业务。

表 2 - 1　　　　　　　　　　　生命周期不同阶段的划分

阶段	年龄	特征	服务（针对贫困人口）
学生时期	—	没有固定的收入来源；有一定的消费需求以及对简单便利的储蓄账户的需求	信贷资金需求、支付结算需求
就职青年时期	29 岁以下	收入一般较低，对未来的收入期望相对较高；往往支出大于收入；自然人的风险承受能力较高	信贷资金需求、支付结算需求、投资理财需求

续表

阶段	年龄	特征	服务（针对贫困人口）
中青年时期	30～45 岁	收入增长速度加快，属于事业的黄金时期；家庭支出在子女成长、教育方面投入加大	信贷资金需求、保险需求、支付结算需求
中年时期	46～59 岁	收入曲线达到最高点；随着其子女步入社会，支出曲线逐渐降低；以均衡性投资风格为主	储蓄需求、保险需求、支付结算需求、信贷需求
老年时期	60 岁以上	收入大幅度减少；休闲娱乐、医疗保健支出增多；风险承受能力变低，理财风格变得偏保守	储蓄需求、支付结算需求、保险需求

2.2.1.3　涓滴理论

经济学家赫希曼（A. O. Hirschman）在其著作《不发达国家中的投资政策与二元性》中率先提出"涓滴效应"理论。随后关于该理论的研究延伸到扶贫领域。"涓滴效应"理论强调在经济发展的过程中，先发展起来的群体或者地区，通过消费、就业等方面惠及贫困地区或阶层，以此带动脱贫致富，而不是直接给予弱势群体、贫困地区特别的优待。该理论认为，随着社会的不断发展与国家整体实力的提升，人们生活水平日益提升，同属社会成员的富者和穷者或多或少均可享受社会不断发展带来的福利，只是享受的程度不同。由于贫困人口通过间接被动地方式像水的涓滴一样接受来自富裕群体的收益渗透，故所获取的经济收益较低。然而随着经济发展效益的不断渗透，贫困人口的收入水平不断上升，进而使得与该国贫困线的缺口不断缩小，这种方式降低了贫困发生率，并且调动了贫困群体发展致富的积极性。

该理论中对于市场机制而言，当经济发展到一定阶段时，市场机制则通过涓滴效应实现将收益由富者向穷者的渗透，进而带动贫困人口脱贫致富，而国家无须进行宏观的调控，给予贫困群体特别优待政策。涓滴理论重视经济发展在扶贫过程中的核心地位，并对社会经济发展对人民生活水平改善所起的作用做出高度的评价。在我国邓小平"先富带动后富"的思想则是对涓滴理论的恰当运用。

2.2.1.4　益贫式减贫理论

在一国经济发展初期，通过涓滴理论的指导，穷人通过富人收益的渗透，其生活水平有所提升。但国家经济步入快速发展期时，贫困群体与富有群体的收入差距会逐步拉大，由于富裕群体的收入增长速度远高于贫困群体，进而收入分配比例逐步缩小。由此可见，贫困群体脱贫压力逐渐提升，其社会相对剥夺感也逐渐增强，若仅靠富人涓滴机制运行，难以从根本上解决穷人的贫困问题。

在此背景下，益贫式减贫理论应运而生。益贫式减贫模式也称有利于穷人的增长模式，是更具靶向性、利于穷人的"特惠制"制度安排的一种利于穷人或者亲贫的模式。相较于涓滴理论，该理论相更加注重贫困阶层本身，体现对贫困群体的人文关怀。一方面，政府通过不断加强扶贫干预，注重社会发展的公平、公正，为贫困群体提供脱贫致富的机会；另一方面，扶贫政策更具针对性，以贫困群体为靶向，有利于提高扶贫效率，增强贫困群体的社会归属感。益贫式减贫理论既强调以经济增长为抓手解决绝对贫困问题，又强调改善贫富差距造成的不平等状况，为当今中国的精准扶贫思想提供借鉴。

2.2.1.5　权利贫困理论

阿玛蒂亚·森在《贫困与饥荒》中提出了权利贫困，指出一个人之所以挨饿或者贫困，主要是因为权利被剥夺，比如饥荒中交换的权利，这种剥夺意味着能力的丧失。该理论认为贫困的界定与度量不能限于收入维度，权利作为影响贫困的因素之一，在人的贫困结构中占据至关重要作用。缺乏参与脱贫致富的权利与机会使得贫困群体处于贫困之中。权利的剥夺乃至丧失，对于贫困群体来说无疑是雪上加霜。首先，扶贫政策的制定一般是由政府以及社会的精英完成，而贫困群体受限于自身政治权利，无法参与相关政策制定。其次，在贫困地区多数贫困群体受教育权利无法保障，这限制了他们脱贫致富的能力的培养。最后，贫困群体的信贷权、社会保障与物质帮助权、劳动权等权利得不到切实的保障，使其处于弱势地位，抑制了其摆脱贫困的积极性与能动性。权力贫困理论的关键之处在于通过保障贫困群体的经济、政治与文化权利来提高其参与扶贫政策制定的能力，增加贫困群体参与市场发展的机会，激发其脱贫致富的内生动力。

2.2.1.6　精细化治理扶贫理论

精细化思想最早见于老子的《道德经》中，"难事，必作于易；天下大事，必作于细"，体现细节的重要性。精细化治理最早被应用于农业生产领域的集约化经营和管理学领域的精细化管理。随着精准扶贫战略思想的提出，精细化治理理论也被运用于精准扶贫的研究。精细化治理是一种理念，贯穿于精准扶贫全过程，如宏观的权力结构、中观的运行机制和微观的具体制度、措施等（吴晓燕，2016）。"精、准、细、严"是精细化治理的核心思想，贯穿于任何组织和社会运行，体现于目标精准、信息和决策准确、抓过程的细节、严格执行各项制度和标准。精细化治理注重几个方面，其一，服务化的治理理念，以人为本的服务取向。扶贫治理最终目标就是为贫困群体服务，在扶贫治理全过程中，须由先以政府为中心的管控理念转向以人为本的服务思想。其二，多主体的协同治理，发挥政府、社会组织、企业、贫困群体等主体的作用，构建多元主体协同治理机制。其三，信息化的治理技术，利用互联网技术，完善贫困人口信息系统，促进信息资源整合和共享。其四，规范化的治理管理标准，规范化的管理是精准扶贫的重要保障（王宇，2016）。

2.2.1.7 参与式与利贫式扶贫理论

参与式理论的核心是参与和赋权。"参与"体现在贫困对象实际参与整个反贫困工作，而"赋权"则是在参与的基础上，政府不管控整个扶贫工作，把部分权利赋予贫困群体。参与是基础，赋权是保障，通过"参与"与"赋权"，从而构建贫困对象参与的机制。但在实践过程中，扶贫资源容易被基层政府、村中精英、富者、大户等占据，致使贫困户很难获得发展资源，从而导致贫富差距逐渐扩大。由此，产生了利贫式扶贫理论。利贫式扶贫理论在参与式理论的基础上，在扶贫中将贫困对象作为重点扶持对象，核心在于构建贫困户从扶贫产业和项目中的获利机制，使贫困对象获取绝对的利益份额，并激发贫困对象的积极性，实现持续性脱贫目标。该理论是消除贫困最有效的模式之一，为我国精准扶贫项目设计与实施提供了有益的启发。

2.2.2 微型金融的相关理论

微型金融的诞生源于20世纪60年代，第二次世界大战结束后世界上许多发展中国家经济落后，贫困群体较多，而这些国家大多以农业为主要产业，工业发展落后，国家发展的资本积累远小于储蓄，资金无法得到满足。贫困群体由于缺乏抵押和担保，很难从正规金融中获得发展资金。当时传统的扶贫策略是以政府为主，采用财政补贴等方式缓解贫困压力，然而这种做法不能从根本上解决贫困问题。为了改变这种情况，国际组织和发展中国家开始摸索为贫困群体提供信贷服务进而帮助其减贫的方式。最初实施的是通过政府补贴和捐款者资助，以低于市场的平均利率进行贷款，结果由于信贷额度控制得过于严格，以及还款周期的约束性限制，使得金融机构无法在保持自身可持续发展的同时为贫困群体提供信贷服务。

20世纪70年代中叶，亚洲和拉丁美洲的一批发展中国家在总结过去经验和借鉴民间借贷的基础上，积极探索一种商业化管理的适合贫困群体的信贷方式，微型金融由此应运而生。孟加拉乡村银行（Grameen Bank，GB）是最早提供小额信贷服务的机构，它利用针对目标客户的方式，为其提供符合客户特点的贷款金额和期限的信贷服务，由于客户主要为贫困群体，缺乏相应的抵押物和担保物，他们的还款保障一般来自还款自觉性，为确保较高的还款率，金融机构对于不熟悉的新客户只提供额度小、风险低的信贷，再根据其不断建立的还款信誉增加信贷额度。随后，印度尼西亚人民银行（Bank Rakyat Indonesia，BRI）、玻利维亚阳光银行（Bacosol）、国际社区资助基金会等众多机构均开始实践微型金融业务。随着越来越多的国家开始发展微型金融，微型金融的业务模式和领域不断拓宽，从最初仅仅提供信贷服务到向储蓄、保险、担保等多领域发展，完成了从以扶贫为目标到探索在维持自身可持续发展的情况下提供多样化服务的转变。与微型金融相关的基础理论主要包括金融深化理论、金融创新理论以及信息不对称理论，具体理论的内容如下所示。

2.2.2.1 金融深化理论

20 世纪 50 年代，肖（E. S. Shaw）与格利（J. G. Gurly）撰写的关于发展中国家金融问题的著作中，阐明了金融与经济两者之间的关系，以及金融中介在储蓄—投资过程中的重要地位。戈德史密斯（R. W. Gddsmith）开创了金融结构和金融发展理论的研究基础。上述三者的开创性研究为金融深化理论的产生奠定了理论与思想基础。1973 年，麦金农（S. R. Mackinnon）和肖研究发展中国家的金融问题，提出了"金融抑制"与"金融深化"理论，主张发展中国家要恢复金融体系聚集金融资源的能力从而达到金融深化的目的，需放松利率管制、通过控制通货膨胀使利率反映真实的市场对资金的需求水平。

金融深化理论以发展中国家作为研究对象，聚焦金融市场的信贷配给机制，运用利率手段来评估金融发展的结果。区别于其他金融理论，金融深化理论改变了之前金融部门的有效运行离不开政府的干预等主导性的看法。

2.2.2.2 金融创新理论

1912 年，著名经济学家熊彼特（J. A. Schumpeter）率先提出并采用金融创新理论来分析社会过渡与经济周期等问题。金融创新理论指在金融体系内对要素重新整合所形成的新事物。金融创新主要有业务、制度以及组织这三方面的创新。许多学者对金融创新的原因及效果等进行探析，形成了四个派别。第一，以凯恩（E. J. Kane）为代表的规避型创新理论派别。在利益最大化的驱动下，为规避多方面的金融管制，相关市场主体进行的一种自发的创新活动。一方面管制激发创新，另一方面创新又会引发新的管制措施，最终创新与管制措施交替出现达到动态均衡。第二，约束诱导型金融创新理论，以西尔柏（W. L. Silber）为代表。他认为金融创新则是经济主体为缓解来政府的管制以及机构内部的风险防控管制而产生的对抗行为，正因外部管制与内部压制迫使追求利润最大化的经济主体极大发挥其金融创新的能力。第三，交易成本创新理论，以希克斯（J. R. Hicks）为代表。该流派认为刺激金融创新的推动力就是通过科技的创新，降低交易成本。第四，制度学派金融创新理论。以诺斯（D. C. North）领衔的金融创新理论认为能引起金融制度改变的政府行为都带动了金融创新，并得出金融创新是经济制度变革的一部分。而微型金融正是一种全新的金融创新形式又被称为微型金融革命，既是一种制度模式的创新，也是一种组织形式的创新。

2.2.2.3 信息不对称理论

20世纪50年代，信息不对称理论由马尔萨克（J. Marschak）、斯蒂格利茨（J. E. Stiglitz）等学者提出，该理论认为在市场经济活动中，各类经济主体对交易相关信息的拥有程度是不同的，拥有信息多的一方通常处于优势地位，反之，缺少信息的一方，则处于劣势。为掌握更多相关信息，经济主体通常采取降低信息成本的手段，而信息成本是交易双方由于信息不对称而带来的风险所须付出的成本。信息不对称一般包括交易前的逆向选择和交易后的道德风险。比如，商业银行除进行贷前信用考察及对担保物品和自有财产的要求外，还对客户获得贷款后的贷款用途进行规定，并对客户担保品的保值和资产报表等提出要求。由于低收入人群一般很难提供符合正规金融机构要求的信用记录，导致银行采集信用信息成本增加。加之，贫困群体也难提供满足要求的抵押品等，导致他们不能从正规金融机构中获得贷款。

微型金融机构创造了全新的贷款模式，比如在小组贷款模式下，原来被正规金融体系排斥在外的低收入人群可以通过自愿组成小组，承担连带责任，以相互担保的方式向微型金融机构贷款。这种模式将有潜力却被正规金融机构排斥在外的对象重新纳入，另外，由于小组模式，组员之间彼此了解共担责任，故微型金融机构信息成本降低，且贷款的风险也被分散，同时也促进了金融市场的良性循环，进而金融市场的运行效率得到提高。

2.2.3 机制设计理论

机制设计理论是近几十年来微观经济学领域发展最快的理论之一。赫维茨认为构建一个完善的经济机制（包括具体方式、法则、政策条令、资源配置等规则）需满足在自由选择、自愿交换的分散化决策条件下，使参与经济活动的个人与机制设计者的目标一致。相比博弈而言，博弈一般是给定规则来预测结果，而机制设计正好相反，先构建目标，希望得到某个结果，然后寻找博弈规则来实施这个结果。

机制设计理论主要围绕解决两个问题：一是信息成本问题，一个经济机制的设计和执行皆需信息传递，而信息传递需花费成本；二是机制的激励问题，在所设计的机制下，需匹配个人利益目标与设计者所设定目标。

机制设计由设计、分析和评价机制构成，机制设计理论的流程如图2-1所示。第一步，简化、明确社会目标，抓住本质，明晰目标；第二步，设计最优机制，在这一过程决定机制性能优劣，要考虑到激励相容、直接显示和实施可行性问题；第三步，分析机制运行情况，重点考查机制的可行性；第四步，评价机制性能，通过计算机制的成本和效益，得出机制的价值所在；第五步，校对社会目标，若机制成本过高或副作用过大，就应调整机制，以实现最优成本效益。长期来看，随外界变化，机制需不断改进，机制设计是一个不断循环的过程，以此达到最优效果。

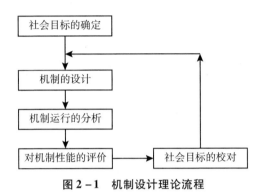

图 2 - 1 机制设计理论流程

经济机制设计理论展示了在分散资源配置中，信息、交流、控制、激励和经济代理人所拥有的能力，以及市场失灵的根源，为人们研究和改善社会经济资源配置提供了较科学合理的方法与思想。

2.2.4 其他相关理论

2.2.4.1 信贷配给理论

信贷配给理论最早主要是用于修正传统凯恩斯主义不能解决西方经济滞胀的问题，而现今主要用于解释"金融排斥"以及"精英俘获"现象导致信贷配给效率低下的原因。通俗意义上来说，信贷配给是指在现有市场利率水平下，银行等金融机构所能提供或是所愿意提供的信贷数量少于市场中所需信贷数量；贷款人基于风险和利润的考虑，不是完全依靠利率机制，而往往附加各种贷款条件，使得部分借款人受到非价格因素的影响而被拒绝。除利率机制以外的约束条件包括以下几类：第一类是贷款者特性，如经营情况、工作单位、信用记录等；第二类是银行要求借款对象提供担保或抵押等；第三类则是借款人身份、个人喜好等。而在这些信用分配的标准中，有些是有助于减少市场整体风险的，包括要求借款者达到一定的经营规模、信用记录良好、提供担保或抵押等，但是对于身处金融环境发展滞后的广大农民特别是贫困户来说，信贷配给的标准将导致信贷不足，造成"金融排斥"现象，加之一些变相的标准，降低了整个经济体的资源配置效率。

2.2.4.2 交易成本理论

交易成本理论是产权经济学的核心，最早由科斯（Ronald H. Coase）在《企业的性质》一书中提出，后由阿罗和威廉姆森进一步深入与完善。交易成本泛指所有为促成交易发生而形成的成本。交易活动中交易成本包含搜寻信息的成本、协商与决策成本、契约成本、监督成本、执行成本与转换成本（Dahlman，1979）。

金融交易成本则是指在金融交易发生的过程中所产生的各项费用，广义上指整个金融体系运行的成本，主要包含界定产权和维持金融市场的交易秩序所耗费的成本。狭义的金融交易成本是指金融交易活动所产生的费用，一个交易活动包含资金需求方、资金供给方与金融中介三部分，进而可把金融交易成本概括为金融市场成本和金融中介成本两部分。

在微型金融机构提供相关交易活动的过程中，交易成本也随之产生；对于微型金融机构而言，金融交易成本过高会阻碍其持续为贫困户提供金融服务。在其金融服务中，交易成本主要体现在贷款业务上；中低收入阶层和微小企业的业务规模普遍较小，而且住地分散，按照商业银行传统的业务模式，要付出高昂的交易成本；而覆盖那些从未使用过正规银行业务的贫困和低收入客户需要投入更多的时间和精力，还必须解决一些其他问题，例如文化障碍、金融产品或服务的定位、借贷双方责任和义务的讨论，以及基础设施不完善地区的交通和交流问题。同时，对于贷款客户来说，也要付出交易成本，即需要支付交通费用、时间成本等。

2.2.4.3 社会资本理论

詹姆斯·科尔曼（James S. Coleman，1990）在《社会理论的基础》一书中，以微观和宏观的联结为切入点，认为社会资本与物质资本、人力资本并存，且每个人生来具备这三种资本，三者之间可以转换。就罗伯特·帕特南（Robert D. Putnam，1993）而言，一个依赖普遍性互惠的社会比一个没有信任的社会更有效率，因为信任为社会生活增添润滑剂。也就是说，社会资本是一种信任，是一种互惠规范，也表现为一种社会网络关系。信任表现为两种形式，一种是基于血缘地缘的"熟人之间"的信任，即为一种特殊信任；另一种是陌生人之间的信任，该种信任是基于互惠规范基础之上的"陌生人之间"的信任，即是一种普遍信任。而后，波茨（Alejandro Portes，1995）把社会资本概念归结为一个人的社会网络及其获取能力。王曙光、王琼慧（2018）分析得出微型金融能为贫困人群构建社会网络助力，因为贫困人群在接受微型金融服务的过程中，通过联保小组、信用互助、合作组织等社会组织，提升自己的社会资本并拓宽社会网络，从而摆脱孤立无援的境况。

2.2.5　本书理论依据与研究视角

本书依据四省涉藏地区贫困藏民的多维致贫原因及机理，重点围绕微型金融中小额信贷、小额保险等部分展开研究。首先，界定了微型金融精准扶贫的内涵及减贫机理，从金融深化论、金融创新理论以及信息不对称理论来梳理了微型金融相关理论的发展与演变过程。其次，阐述机制设计理论，主要根据经济学家赫维茨（Hurwicz，1973）提出的机制设计理论，研究在自由选择、资源交换、信息不完全及决策分散化的条件下设计一套机制来实现既定目标的理论，包括信息成本和激励相容两方面的内容，为微型金融精准扶贫机制的优化与创新奠定理论基础。再其次，基于系统论视角，本书将微型金融精准扶贫当作一个整体或系统，其中微型金融和精准扶贫属于不同的子系统，每个子系统由多种要素构成，微型金融子系统中包括小额信贷、小额储蓄、小额保险、小额支付等产品与服务、微型金融的需求主体、供给主体、监管主体等，精准扶贫子系统中包括了精准扶贫的政策制定者、贫困户、金融机构、政策制度等。每个子系统的各要素之间都遵循组合规则，从而形成相应的子系统结构，各个子系统并不是各自单一的运转，各种要素彼此之间相互作用，各项措施协调一致共同运行。子系统之间也有着一定的联系，从而构成微型金融精准扶贫的总系统体系。最后，根据"精准"与"协同"的目标，构建微型金融精准扶贫机制协同分析的理论框架。一个稳定的系统，它的子系统都是按照一定的方式协同地活动，有次序地运动，子系统之间相互制约、相互影响、相互作用，最终会形成一个有序的结构，产生整体的协同效应。微型金融精准扶贫机制的协同发展分为三个层次：第一层次是微型金融与精准扶贫两个子系统内部各要素之间的协同，第二层次是微型金融与精准扶贫两个子系统之间的协同，第三层次是微型金融精准扶贫总系统与外部文化、自然、经济、社会环境的协同。

2.3　文献综述

2.3.1　关于四省涉藏地区的贫困及致贫原因研究

关于涉藏地区的致贫原因，孙向前和高波（2016）指出涉藏地区存在着自然条件恶劣、生态脆弱、经济欠发达、高原连片等问题，而廖桂蓉（2014）研究发现涉藏地区大多属于高寒地区，地质灾害和自然灾害频发，地震灾害危险性高，交通、通信极其闭塞，人畜饮水和取暖困难，并指出自然条件的恶劣和基础设施的薄弱是涉藏地区脱贫的主要障碍。孙久文等（2019）认为连片特困区信息化程度是制约经济增长和消除贫困的重要影响因素，网络设施是贫困地区获取外界信息和开拓市场的关键途径。李卿（2014）认为，涉藏地区存在贫困面大、贫困程度深、生态保护压力大、市场意识不足等问题。李优树等（2013）分析涉藏地区时指出由于经济基础落后、交通网络不齐全、人口极度稀薄等因素的共同作用，涉藏地区的城镇化进程不容乐观。杨明洪（2017）指出涉藏地区因为经济发展滞后、基础设施薄弱、社会事业发展缓慢等一系列问题，成为全面建成小康社会的薄弱环节。杨健吾（2005）通过分析四川涉藏地区的现状，指出较低的社会历史起点束缚着藏族人民生产、生活的发展，封闭的视野和原始的思想也使藏族人民对现有生活水平有着极强的忍耐力，缺少动力去自发改变现有生活。陈光军（2014）认为文化教育上的落后导致涉藏地区人民缺乏可持续发展意识，使水源、草原和森林等自然资源遭遇大量浪费，因此涉藏地区的教育扶贫问题是目前扶贫工作中的最大障碍。袁晓文和陈东（2017）发现涉藏地区普遍将农牧民致贫原因归结为因学、因病、缺技能、缺劳动力等。胡原等（2020）借鉴 A-F 多维贫困测度方法，对四省涉藏地区村域多维贫困状况进行测度，结果发现，除经济贫困之外，四省涉藏地区还遭受基础教育和生产生活条件等维度的多维贫困，且存在空间异质性，云南和青海涉藏地区是四省涉藏地区中多维贫困问题最严重的区域；生活水平条件和村域发展资本维度对四省涉藏地区的多维贫困指数贡献率最高；基层组织能力禀赋会显著影响四省涉藏地区村域的多维贫困状况、缩小地区差距，在深度贫困地区更加显著。

2.3.2 反贫困与精准扶贫研究

（1）反贫困的国内外研究。

反贫困问题是世界各国正在积极努力解决的重要问题，尤其是得到了发展中国家的重点关注。从宏观角度来看，马克思研究资本主义制度下的贫困时指出，劳动者只有通过推翻资产阶级，建设无产阶级社会才能解决现有的贫困问题。英国学者马尔萨斯则研究了人口与粮食之间的关系，指出人口的增长速度远远大于粮食的增长速度，战争、瘟疫等使死亡率增长，晚婚、晚育甚至节育等手段使出生率降低，可以起到抑制人口增长的作用，从而使粮食增长和人口增长保持同一速度，解决贫困问题。美国学者纳克斯（Ragnar Nurkse）提出了"恶性循环理论",指出了发展中国家的贫困来源于供给和需求。从供给方面来看,低收入导致低储蓄,因此没有充足的资本来有效地推动经济建设,而低下的经济建设又会造成低收入。从需求方面来看,低收入导致购买力低下,也不能很好地推动经济发展。该理论揭示出经济发展对于国家反贫困的重要性。从微观角度来看,美国学者乌普霍夫提出要给予贫困人口自我提升空间和自我发展能力,尊重贫困人口的差异性和异质性。康晓光(1995)通过系统分析中国的贫困问题,在借鉴其他国家经验的基础上,为我国的反贫困提出了制度建设方面的相关建议。林毅夫(2002)提出要通过提高增长城市的吸纳能力以解决农村劳动力问题,同时提高农业生产率,两方面相结合来解决农村现有的贫困问题。

(2)精准扶贫概念和方法研究。

王思铁(2014)指出,精准扶贫是粗放扶贫的反义词,是运用精准识别、精准帮扶、精确管理的方法对不同地区、不同特征的人口进行科学管理的治贫。随着精准扶贫的开展,学术界展开了热烈讨论,学者们从不同的角度对精准扶贫的方法、手段、效果等方面进行了充分研究。本书在这部分仅仅针对精准扶贫方法的文献进行回顾。翁伯琦等(2015)指出科技创新与科技创业可以对精准扶贫起到充分的带动作用。王嘉毅等(2016)认为,扩大农村现有的教育资源,普及各个年龄段的教育,提高教育水平对精准扶贫可以起到基础性和持续性的作用。何茜灵和宋亮凯(2015)指出,因地制宜地发展乡村旅游业可以充分促进乡村发展和农民就业,从而达到精准扶贫的目的。全承相等(2015)认为,产业精准扶贫过程中要针对贫困农户的差异开展差异化的技能培训,充分利用本地的现有资源扶贫,针对性地推行当地扶贫产业的发展。

(3)涉藏地区的反贫困与精准扶贫研究。

杜明义和赵曦(2010)研究发现,涉藏地区开展扶贫过程中,偏重于整体返贫,而不重视个体瞄准返贫,贫困村扶贫过程中往往采取平均分配方式,而此类分配方式使真正贫困的农户并不能得到应有的扶贫资金。因此在反贫困过程中要注重贫困户之间的差异性,针对不同的贫困户实施不同的扶贫政策。廖桂蓉(2009)从社会资本视角分析,认为涉藏地区具有高度的同质性,因此外部资源和信息难以进入,造成其贫困固化,并提出如果依靠外出的内部人引入异质性资源的方式来打破贫困人口社会资本的封闭状态,可以对涉藏地区扶贫起到一定效果。唐建兵(2016)认为当前扶贫中缺乏科学分析和盲目模仿,并没有重视自身拥有的资源,更没有将已有的资源优势转化为产业优势。因此应该建立产业项目瞄准机制,提供产业扶贫的精准度。罗莉和谢丽霜(2016)指出涉藏地区的精准扶贫难度大,以特色产业带动农户脱贫也会由于技术、资金、体制和观念等问题遭遇不少障碍，因此在特色产业发展过程中一方面要重视政府的主导作用，另一方面要充分发挥龙头企业和专业合作社的积极性。沈茂英（2015）指出在少数民族地区要实施多层次多维度的精准扶贫，不仅仅局限于区域能力的提高，更应该着眼于培养贫困村、贫困户的自身发展能力。李佳等（2017）探讨四川省涉藏地区的旅游精准扶贫时提出，要使连片特困民族地区的农户持续受益，需要以政府为主导的外部多主体帮扶和农户内部的自我脱贫相结合。李宏（2015）提出涉藏地区精准扶贫应该以人为关键，不同的人群采取不同的扶贫方式，突出重点区域与重点人群。

2.3.3 微型金融情况

2.3.3.1 微型金融供给情况及影响因素

目前我国的微型金融的供给中，国有大型商业银行、股份制商业银行、民营银行、城市商业银行的资产规模占据了我国金融体系半壁江山，但这些机构在服务低收入人群以及支持中小微企业发展时具有较高的准入门槛，使得金融服务无法"下沉"。相较而言，农村商业银行（以下简称"农商行"）、农信社等微型金融机构资产规模整体占比虽小，却在服务小微企业、长尾客户群体上更具优势（陆岷峰、徐博欢，2019）。由于小额信贷所涉及借贷双方信息的不对称、信用环境的不健全风险大，如果传统正规商业银行拥有的资金与非正规金融拥有的信息相结合起来，通过连带责任方式和动态激励的方法将会有效促进微型金融机构获得成功（Morduch，2005）。但在资金来源、自负盈亏以及规模经济等压力下，由于微型金融机构追求自身的生存和可持续发展，必然会导致其扶贫宗旨发生使命漂移现象（Mosley & Hulme，1998；Morduch，2000），同时，微型金融机构的规模化效应也可能导致其服务对象偏离穷人（Hishigsuren，2007）。政府对于利率的管制也会影响微型金融供给，若政府放松利率管制，采用较低的利率水平将会提高微型金融供给效率（Helms & Reille，2004）。面对不同客户的不同需求，微型金融机构自主创新是影响微型金融机构供给的重要因素（Zeller & Meyer，2002），同时利润会影响微型金融机构供给（Mcintosh & Wydick，2005）。

在农村地区，可贷来源主要是信用社和亲友，其中信用社是主要的商业渠道，银行借贷发生率极低（喻海东，2011；朱广其，2014）。现实中，未能建立一套与融资需求相匹配的融资供给体系，现阶段放宽微型金融机构的准入门槛，可能导致微型金融机构丧失"支农支小"的信贷优势，从而出现了偏离其服务于"低收入家庭"和服务于"弱质产业"的初衷。且金融服务落后和金融产品单一是抑制微型金融社会扶贫功能的重要因素。融资渠道单一，主要依赖民间商业资本，资金支持能力的不足深刻影响着微型金融的资金供给（张丽琼，2012；董薇薇，2016；杨伟坤等，2012；张新艳、张岩，2010）。微型金融服务还存在着覆盖不全面的问题，仍有很多乡镇没有提供微型金融服务的金融机构网点。政策驱动实现了微型金融机构的数量攀升，但是贫困人群和农村地区的人们常常无法提供可靠的抵押品，所以未解决抑制微型金融发展的高交易成本问题（刘乃梁，2016；徐淑芳、彭馨漫，2014）。如何同时实现财务目标和社会目标是影响微型金融可持续发展的最大冲突和障碍（张正平，2011）。从解决方案上看，微型金融机构可以通过增加资产规模、加强风险管理等提高自身经营能力，保障其社会扶贫功能（熊芳，2012；林堉华，2014）；也可以通过专业化的经营主体降低风险，如农业龙头化企业就是微型金融机构及开展微型金融服务的机构支持和竞争的焦点（刘星，2010）；运用小额信贷模式能在实践中较好地解决贫困户贷款的目标瞄准和风险管理问题（谢玉梅等，2016）。在业务类型上，中小型商业银行、邮储银行、农信社等应主要开展微型金融、零售性金融扶贫业务（罗煜、贝多广，2016），为贫困人群创造社会资本（张爽等，2007；陈军等，2008；赵剑治，2009；陈银娥、王毓槐，2012）。

2.3.3.2　微型金融需求情况及影响因素

微型金融需求是对微型金融产品和服务的需求，本书针对微型金融产品中对贫困户收入提高和风险抵御起重要作用的信贷和保险进行研究。正规信贷需求指有偿还能力的低收入人群对农信社等正规金融机构的贷款产品的借款意愿。解决问题的关键是识别与估计农户正规信贷需求。不能以是否具有正规借贷来进行识别，在未有的情况下存在没有信贷需求，与有信贷需求但申请了贷款而被拒的两种情况。因此要根据是否有正规信贷需求来识别，正规信贷需求包括有效需求、潜在需求和隐蔽需求（刘西川等，2014）。

影响低收入群体微型金融需求的因素有：年龄、文化程度、婚姻经历、工作特征、距离金融机构距离、信用状况、负债情况、信息化程度、生产经营特征、专业技能、患病情况（宋玉颖、李亚飞，2017；严谷军，2013；龙云飞、王丹，2017；马乃毅、蒋世辉，2014）；经营规模、民间借贷经历、投资和支付倾向、单笔借贷金额等对借贷需求有正向影响，而家庭年收入水平、所拥有住房财产状况对借贷需求有负向影响（程杨等，2014；周小斌等，2004）。家庭生产经营性和生活消费性支出对信贷需求有重要的影响（谢昊男，2011；李乐等，2011）。影响微型金融需求的外部因素有政策落实程度、金融机构的激励机制、金融机构的结构缺陷、功能缺陷、自主创新能力、服务意识、合格主体（裴洁宇，2015）。除此之外，借款农户家庭拥有牲畜的市场价值是决定其能否从正规金融机构获得贷款的重要因素。在性别上,男性农户的临时收入与文化程度对其借贷行为影响显著(Akram,2008)。

从区分正规和非正规微型金融需求来看,在发展中国家,农户对正规信贷的需求主要以生产为主,对非正规信贷的需求以非生产为主(Okurut et al.,2005)。文化程度对获得正式金融机构的借款是正向关系,对获得非正式金融机构的借款影响不显著(李盼盼、王秀芳,2012)。农户较高的工资性收入显著降低了农户正规借贷需求,有较高工资性收入的农户会同时存在正规借贷与非正规借贷需求,且较高的收入会显著降低农户正规借贷需求,然而对非正规借贷需求的影响并不显著(Chattopadhyay,2011)。

单个农户的金融需求十分微小,如果考虑农户数量的话,资金总需求十分巨大(张新艳、张岩,2016),以家庭为单位的中国农村经济决定了农村金融需求分散性强、单笔额度小、机动性大的特点,应该构建有效的反贫困农村金融制度安排,发展具有针对性的微型金融扶贫模式(黄承伟等,2009)。农户金融需求存在地域性、层次性、季节性、高风险性及对资金需求较大而偿还能力较弱的特点,同时农村金融需求还具有不固定性、小规模、高成本性特征(裴洁宇,2015)。但是,农村小额信贷需求总量和需求额度呈现不断增长的趋势,主要是发展性及追求生活质量的信贷需求大幅增长(王勇强,2009;周明,2014)。

2.3.3.3 微型金融供需对接情况

微型金融供需对接存在较大的矛盾,矛盾主要体现在金融信贷支持与财政税收政策不协调、需求多样与供给单一的结构矛盾、需求量大供给量小的总量矛盾、信贷额度结构与期限结构的矛盾四个方面(王娟,2013)。农村微型金融市场资金供给远远小于需求,并且二者差距有逐年扩大的趋势。供需数量方面,贫困户潜在借贷需求较高,而实际满足率较低;且实际资金需求较高,但实际放款额度较小。在供需结构上,贫困农户消费性贷款偏好与金融机构生产性贷款倾向错位。建房、教育、婚丧嫁娶和医疗等方面的消费性信贷,虽短期可能会对贫困程度起到舒缓作用,但长期来看会形成未来收入的负向支出,甚至加剧贫困(刘芳,2016)。

供需矛盾的原因,从信息不对称视角来看,低抵押率、信息不对称和较高的交易成本是农村金融市场供需难以有效匹配的重要因素(Hoff,1997),由于资金拥有者和贷款需求者掌握的信息严重不对称,微型金融机构或提供微型金融服务的金融机构处于明显的优势位置,而农户处于被支配地位,所以贷款利率较高、交易成本及贷款门槛高,从而限制了农户资金的取得,存在着金融约束(校建立,2010)。从资金的供需特点来看,农业生产的季节性特征使得金融机构与农户之间存在明显的"协同风险"，这将引致农村金融的供需无法有效匹配（Braverman，1989）。另外，从经济社会学的视角，微型金融机构内生于农村经济的关键在于是否运用了乡村银行核心的社会资本要素，即是否有效开发各种社会资本（Benjamin，2000）；农村的资金供给不能满足农村的资金需求的原因既有经济性的，又有体制性的（王金龙，2005）。

2.3.4　微型金融减贫机理

微型金融是以低收入群体为目标客户，并向他们提供贷款、储蓄、保险、转账服务以及其他金融产品的金融业务，目的是为了帮助贫困农户增加收入，最终实现脱贫。微型金融作为参与精准扶贫的一种方式，从起初的小额信贷发展到微型金融，在国际上被长期关注，但其在国内的发展和研究相对缓慢。相关微型金融扶贫的研究肯定了其对于缓解贫困的作用，认为微型金融机构增加了贫困人口金融服务的可获得性（Claessens、Feijern，2006），以此来释放金融约束和缓解贫困（Marie、Godquin，2004），通过提升贫困人口抵御风险的能力，帮助其获得持续性的收入（Khandker，1998；Remenyi，2000；Imai，2010；Swain，2007；Bakhtiari，2006）。国内学者的研究主要侧重于农村小额信贷、村级发展互助资金、社区发展基金等微型金融扶贫模式对减贫的作用，其作用机制包括提高贫困农户素质、加强贫困农户信用水平、增强贫困农户在脱贫过程中自身的作用。运用系统性的激励和约束框架，鼓励小额信贷机构发展，可以在一定程度上缓解穷人的信贷约束（王曙光，2018）。从理论上来讲，微型金融机构能够处理金融交易信息不对称、降低金融交易风险以及降低金融交易成本的优势，使其资金供给与融资需求高度匹配（宋玉颖、李亚飞，2017）。微型金融机构开发出来的产品服务一般为小额信贷，期限短、贷款范围狭窄、贷款金额小。而小额信贷在农村地区脱贫致富中发挥的作用是显著的，使农村的资金募集和运用之间形成了良性循环（胡小莉，2013；周明，2013）。一方面，微型金融增加了弱势群体贷款可得性，使其购买力提升并促进投资，平滑其消费，提高家庭抵御风险能力，降低脆弱性；另一方面，通过微型金融促进经济发展间接达到实现弱势群体收入增长与减少贫困的目的（许振国、邓可斌，2019）。

相应地，女性贫困问题研究与社会福利政策的联系日益密切，社会福利政策逐渐成为女性反贫困的长效机制，发展中国家的女性贫困问题日益受到重视，微型金融是对贫困女性进行能力扶贫的重要创新方式，对于女性减贫效果显著（陈银娥等，2015）。

涉藏地区的微型金融需求方面，金融产品创新不足，抵押担保难问题突出，农牧民居住地分散，且部分牧民过着游牧生活，以圈舍和牲畜为作为抵押物的价值不易评估且存在较高风险；同时由于市场经济意识薄弱，自我发展能力不足，导致了需求不足（李卿，2014）。

2.3.5 微型金融精准扶贫机制

建立在农村网络之中的微型金融，运行的机制体现在根据金融需求主体特征，以微型金融扶贫产品为载体，通过服务贫困人口，实现扶贫资金在供需主体之间良性互动，同时也促进完善农村金融系统的整体功能。

在精准扶贫框架中，一方面，政府通过建立风险补偿机制等增强金融机构扶贫的积极性与主动性，从而使金融机构扩大涉农贷款规模；另一方面，金融机构通过扩大贷款规模以及创新扶贫产品为农户生产和经营提供有效的金融支持。另外，乡村金融基础设施方面，随着金融机构网点的发展，可以提升农村地区金融的可得性，提高农村金融资源配置效率（孙继国、孙茂林，2020）。黄建新（2008）认为微型金融通过"小额贷款——经营能力提高——个人收入结构多样化——收入水平上升——生活条件和居住环境改善——就业机会增加"的路径最终增加贫困户收入。黄承伟和袁泉（2018）提出扶贫小额信贷政策以激励机制和规范机制创新解决小额信贷实施过程中的关键问题和关键环节，使资金能贷得出，贫困户用得上、用得好。怀特（Wright，2000）提出参加微型金融项目的贫困农民的收入往往有所改善，反过来也促使他们有条件改善家庭的卫生条件及儿童的营养状况，从而保持收入持续增长。蒋远胜（2017）通过对瞄准机制中的直接瞄准和机制瞄准方法进行比较，对农村金融需求特征进行分析，同时结合机制设计理论，对农村银行瞄准贫困的机制创新提出建议，以减少信息成本和提高贫困瞄准度。从民族地区文化和少数民族人群心理诉求出发，黄英君和胡国生（2017）借用心理账户分析了贫困人群的金融心理特质，得出金融精准扶贫需要建立横向和纵向的金融联动机制，并从信贷、储蓄和移动金融三个方面进行机制设计。

2.3.6 扶贫绩效评估

不少国内外学者对扶贫的效应评估提出了自己的看法。在粗放扶贫过程中，提高扶贫绩效的关键因素不在于扶贫资金的多少，而在于资金使用效率的高低，而瞄准、资金的监管、资金投向等都会影响使用效率（Piazza et al.，2001）。指标、贫困县和匹配方法的选择会左右对扶贫效果的估计，而这种项目效果的不确定性会使参与者很难推测能够永久获得的收入（Cohen，2002）。

在精准扶贫过程中，国内学者也对精准扶贫效应评估方法做出了不少研究。

林文曼（2017）运用因子分析法对海南省绩效评估时指出，扶贫资金利用率、扶贫资金到户率、资金项目报账率、项目招投标率等指标对农村贫困人口减少率和农村恩格尔系数、农村失学率都有重要的影响。刘世成（2016）认为扶贫政策的绩效受瞄准对象、瞄准方法和扶贫资源的准确投放的影响，并发现小额信贷在资源配置中仍存在一定的贫困漏出、瞄准效果一般、顺周期性等问题，并且影响着精准扶贫的效果。李延（2016）提出，在对效应进行考核时，常用的层次分析法、主成分分析法、聚类分析法都有自身固有的缺点，因此在研究过程中不要局限于一种方法的使用，而应该根据实际需要综合使用各种方法。

2.3.7　金融减贫效应的影响因素

流向贫困群体的金融供给会影响金融发展的减贫效应。金融发展的减贫作用会受金融总量规模、私人部门信贷规模以及金融可得性的影响（单德朋等，2016），还要使金融发展的好处能被贫困人口实际拥有，贫困人口的金融可得性也会影响金融减贫效应（Kunt & Levine，2008）。为了让金融发展更好地服务于减贫，在提升金融规模的同时，还需提升金融可得性（Bae et al.，2012）。从金融数量匹配角度来看，金融需求和金融供给约束是制约金融减贫效应的重要因素（刘西川等，2007；王定祥等，2011）。从金融结构匹配角度来看，不同金融服务与金融信贷需求对减贫的影响机理与结果不同。比如信贷服务能通过改善经营性收入来影响减贫；存款等服务通过改善财产性收入来影响减贫；消费性的信贷需求对贫困减缓可能具有负向的影响。因此，金融减贫效应受贫困人口金融服务匹配的影响。

2.3.8　四省涉藏地区的微型金融精准扶贫情况

民族地区微型金融的发展对贫困减少有着显著的促进作用（谢园园，2018）。但从实际情况来看，在民族地区，金融支持精准扶贫面临自然环境恶劣、基础设施薄弱、金融扶贫成本较高、农业经济发展模式单一且脆弱、金融扶贫路径选择面较窄、信用体系不完善等问题（王蕾，2017）。在涉藏地区微型金融需求端，农牧户的信贷需求具有与农户结构和家庭生产方式相适应的特征，贷款用途主要是生产性用途和生活用途，以平滑消费，维持简单再生产与副业经营。同时，较低的储蓄存款余额占 GDP 比例与贷款余额占 GDP 比例也间接反映出涉藏地区金融服务需求的满足率较低（巩艳红，2016）。在涉藏地区微型金融供给方面，正规性金融供给主体主要有政策性银行、商业银行、信用社以及保险公司等，金融机构服务半径大，供给对象多以单户农牧户为主，金融机构数量较少和金融供给不足并存（刘建康，2010）。伴随着国家的贴息和补贴，极大地刺激了涉藏地区内金融机构投放贷款（蒋霞，2014）。但金融扶贫的生态环境不佳，受传统宗教等因素的影响，涉藏地区农牧民在选择还款次序时，民间借贷和寺院借贷优先于银行贷款，同时部分农牧民难以在性质上区分商业银行贷款和政策救济款，造成农牧区信用环境差、信用基础薄弱、道德风险问题突出，导致微型金融发展可持续性差、使得微型金融机构使命漂移。要使连片特困民族地区的农户持续受益，建议政府与金融机构在扶贫政策上应紧密配合，共同促进涉藏地区脱贫，且需要以政府为主导的外部多主体帮扶和农户内部的自我脱贫相结合（李佳等，2017；黄河等，2017）。

2.4 本章小结

首先，本章依据国内外学者的研究，论述了扶贫与精准扶贫、微型金融、机制等相关概念的发展历史和渊源，为后续微型金融精准扶贫机制的理论探讨构建基础框架。扶贫即通过扶贫政策、扶贫计划和项目的实施，帮助贫困人口解决生产生活困难、培养自我脱贫和发展能力，并扶持贫困地区发展，以达到摆脱贫困的目的。我国的扶贫主要从主体框架的基础上建立相应的制度措施，即从政府、金融机构、贫困户这三大主体来进行多维分析。

其次，阐述机制的概念，重点阐述精准扶贫机制的运作机理，精准扶贫机制是以消除或减少贫困为目的，以扶贫工作对象精准识别为前提，在政府主导下精准统筹运用各种扶贫资源、各种机制要素；同时在考虑政府与市场的关系下，对精准扶贫机制进行相关研究，为后文更好地深入研究微型金融的相关理论奠定基础。

再次，利用多维贫困理论、反贫困的生命周期理论、精细化治理扶贫理论、权利扶贫理论、益贫式减贫理论、涓滴理论、参与式与利贫式扶贫理论等对精准扶贫进行阐述，同时在金融深化理论、金融创新理论、信息不对称理论的基础上对微型金融相关理论进行探讨。通过对概念和理论的梳理可以进一步为四省涉藏地区微型金融精准扶贫提供理论基础和依据，努力寻求四省涉藏地区精准扶贫机制优化与创新的有效途径。

最后，通过对已有研究成果的分析发现，微型金融在供需层面存在明显的抑制问题，尤其是微型金融的供需之间无法达到有效匹配。但较少有人对涉藏地区微型金融精准扶贫的供需特征进行深入分析，也较少有文献从机制视角对供需矛盾进行探讨，因此有一些问题亟待解决。如何结合涉藏地区贫困的异质性，优化与创新微型金融的精准扶贫机制，从而提高微型金融扶贫供需匹配程度，本书正是基于此问题进行研究。

第3章

微型金融精准扶贫机制的理论框架分析

3.1 微型金融精准扶贫机制的概念提出

3.1.1 微型金融与精准扶贫的内生耦合性

"耦合"是物理学中的一个概念，物理学把两个或者两个以上的体系或者两种运动形式之间通过各种相互作用而彼此影响以致联合起来的现象称之为耦合。微型金融是面向难以获得基本金融服务的贫困人口和弱势群体提供信贷服务，以实现贫困人口的脱贫和贷款机构可持续发展为目标，参与精准扶贫的一种方式。微型金融有利于减少贫困的发生，被大多数学者肯定。精准扶贫的内涵是针对不同的贫困区域与人口，运用科学有效的手段对扶贫对象实施精确识别、精确帮扶和精确管理的治贫方式。针对这两个不同的系统，将其重要因素进行分析后发现，微型金融与精准扶贫之间具有高度内生耦合性，二者的内生耦合性体现在以下四个方面。

第一，精准扶贫和微型金融的耦合能够增加扶贫资金的投入。我国扶贫开发的资金主要由财政提供，精准扶贫政策配套了大量的扶贫专项资金并逐年增加，但财政扶贫资金的数额还是难以满足实际需求。而微型金融机构提供的各类贷款是弥补贫困户资金缺口的重要途径，以财政资金为支点撬动更庞大的资金流，为精准扶贫的推进不断注入活力。传统正规金融机构提供的贷款服务手续复杂、条件严苛，造成了"金融排斥"，而微型金融简化了手续、降低了门槛，贫困户不需要提供抵押物，有利于扩大贷款对象的覆盖面，使更多贫困农户获得生产经营性资金。

第二，精准扶贫和微型金融的耦合能进一步实现二者的共同目标。一直以来，金融的逐利属性与贫困不相关联，金融不能为贫困人群带来服务以及其发展不能惠及贫困人群一直受到人们的诟病，甚至一些专门针对贫困人口的优惠政策也不能达到目的。其根本原因在于瞄准机制的不完善，导致国家针对贫困户出台的优惠政策投向不准，使投放资金被非贫困人群占有，不能真正惠及贫困人群，或者由于获得资金的成本较高使贫困人群放弃优惠政策。而精准扶贫可以有效解决贫困的识别问题，政府制定的贫困户建档立卡政策是精准扶贫的基础性工作，金融机构对此加以完善并共享信息，可弥补金融服务无法精准惠及贫困人口的缺陷，使资金和政策精准流向贫困农户。且微型金融不限于贷款业务，还为贫困人群提供全方位的金融服务，通过普及金融知识、技能培训等提高贫困户自身发展能力。

第三，精准扶贫和微型金融的耦合有利于金融机构自身可持续性发展。微型金融可以高质量地服务于精准扶贫，为其提供新思路，但不能将微型金融机构的性质等同于扶贫金融以及慈善组织。微型金融参与精准扶贫完成社会效益的同时应当更注重其经营的营利性质，要实现微型金融的可持续发展以及持续为贫困地区、贫困人口提供金融服务，需要长效的获利机制支持。扶贫金融的目标以帮助贫困户脱贫为核心，是单一目标，当扶贫目标实现后，扶贫金融也随之结束；而微型金融的经营有双重目标，要在可持续发展的前提下助力精准脱贫。扶贫金融与微型金融在服务对象上也有差异，扶贫金融的服务对象是贫困弱势群体，而微型金融的服务对象除了贫困弱势群体外，还包括小微企业等一切难以获得正规金融服务的群体。扶贫金融又称之为"福利性"金融、"输血式"金融，为贫困户无偿提供金融服务及产品，通过国家贴息降准、税收优惠等措施维持其经营；而微型金融旨在激发贫困户内生动力，尤其对能力贫困的群体提供融资途径，促进其靠自身努力获得金融服务，并通过金融服务实现脱贫致富，微型金融在其中属于"配角"，起到辅助的作用。

第四，微型金融和精准扶贫的耦合更加体现政府和市场的深度合作，使扶贫机制更加完善。精准扶贫机制是由政府发起以及主导开展的，但扶贫对象和方式却是市场化的。其中扶贫对象是贫困农户，扶贫的方式是帮助贫困农户提高生产经营能力从而获得持续稳定的收入，实现脱贫致富。贫困农户在本质上是市场中的微观主体，其生产经营活动也是市场活动。虽贫困对象获得市场外部政府部门的帮助，但其自身的生产经营是在市场中进行的，必须经受市场的考验。因此，须介入微观市场主体的行为研究扶贫。然而，由于政府并非微观市场主体，政府直接参与微观市场活动的方式效率不高，且可能扰乱市场的正常运行。

3.1.2 微型金融精准扶贫机制的内涵与外延

3.1.2.1 微型金融精准扶贫机制的内涵

微型金融精准扶贫机制的内涵就是通过构建微型金融与精准扶贫的有机整

体，在金融机构可持续发展的前提下帮助贫困户脱贫致富，关键在于三点。

一是减少信息不对称，解决融资难题。贫困人口难以发展生产最大的原因是有生产意愿或者生产能力但没有发展生产的资金，又由于自身的资质较差，信息获取不足，征信缺失，导致其难以获得资金。而微型金融本身具有信息获取的优势，他们早期就与基础政府部门关系密切，且随着地区经济的发展，征信系统逐步完善，微型金融机构与贫困人口的信息进行有效对接，都有利于打开贫困人口的融资渠道，同时也减少了微型金融机构的信息不对称风险。

二是资金投放精准化，经济效益显著。微型金融改变了以往"大水漫灌"的粗放式信贷资金发放，转而直接作用于贫困源头，以"定点滴灌"的精准方式来发放信贷资金，如扶贫小额信贷。微型金融机构依托和基层行政组织合作，立足农村信用体系，能较容易获得贫困群体的各类信息，防止银行资金和贫困户资金投资于高危险项目，提升贷款风险控制能力。随着互联网金融的发展以及扶贫信息大数据的建立，有助于更加精准地识别扶贫救助对象，从而提高资金投放的准确性。

三是扶贫资金杠杆化，打破资金"瓶颈"。微型金融扶贫带有较大的杠杆性，扶贫效率更高。部分微型金融机构相比传统扶贫机构可利用手中"银行牌照"优势，合法吸纳存款，发放贷款。由于较高的资金杠杆，使贫困地区可调拨资金规模大幅提升，更能促进区域经济发展。农村贫困群体以往由于自身经济基础较差、资金投向于其高风险的农业领域，只能获得少量的金融机构资金支持。中央和地方政府一方面可以通过财政贴息使贫困户获贷成本降低，也可以通过风险补偿等方式降低金融机构的风险；另一方面，对微型金融进行财政倾斜，可释放财政资金扶贫的杠杆性。

3.1.2.2 微型金融精准扶贫机制的外延

在"高质量"完成脱贫工作后，微型金融可以继续助力乡村振兴战略、促进区域经济增长和改善收入分配。

第一，构建微型金融支持乡村振兴机制。微型金融支持乡村振兴机制的路径有：一是促进农村金融基础服务体系完善，使其更好地服务于乡村振兴。微型金融服务有助于为农村群众提供更优质、便捷、高效的金融服务，促进乡村振兴的快速发展。二是以产业为支撑，积极创新金融产品。区域经济发展离不开产业，必须以产业作为支撑，将产业发展与农民利益联结在一起。三是对微型金融机构进行风险补偿、财政奖补、支农税收等外部激励机制，增加金融机构的信心。

第二，微型金融可以促进区域经济增长，经济增长的成果又可以反哺贫困群体。金融业的发展带动农村地区首先形成"储蓄效应"，为经济发展积累物质资本，再形成"投资效应"将资金转换为信贷资源。微型金融的逐步发展，一方面，促使金融中介和金融市场竞争加剧，有利于缓解信息不对称，提升储蓄转为投资的效率，保障资金的高效匹配；另一方面，形成"资源配置效应"，通过金融中介对借贷者进行评审和督促，使信贷资金投放到高效率的项目上，提升资本边际生产效率，优化资源配置从而拉动经济增长，使发展红利惠及贫困人口以及贫困地区。

第三，微型金融的不断深化可以改善收入分配方式，缩小收入差距，进而减缓贫困。微型金融的迅速发展可以优化土地、资金以及劳动力的配置，同时助推产业结构优化升级。微型金融促进经济增长的同时，一方面刺激了对技能劳动力的需求，另一方面积累了对贫困群体进行技能培训的资金，贫困群体通过技能培训，有一技之长，可获取更高收入水平的工作，从而实现脱贫致富。除自身的能力提升外，微型金融也促使贫困人群将闲散资金投入子女教育，有利于改善教育资源分配不均衡的情况，有效地阻断了贫困的代际传递。

3.1.3 微型金融精准扶贫机制的要素与功能

3.1.3.1 微型金融精准扶贫机制的要素

根据系统理论，微型金融精准扶贫可以当作一个整体或系统，其中微型金融和精准扶贫属于不同的子系统，每个子系统由多种要素构成。微型金融子系统的要素包括小额信贷、小额储蓄、小额保险、小额支付等产品与服务，微型金融的需求主体包括贫困户、供给主体微型金融机构、监管主体政府等，精准扶贫子系统的要素包括精准扶贫的政策制定者和实施者、贫困户、金融机构、政策制度等。各子系统并不是各自单一的运转，各种要素彼此之间相互作用，各项措施协调一致共同运行，从而形成微型金融精准扶贫的总系统结构。

3.1.3.2 微型金融精准扶贫机制的功能

微型金融服务于低收入和贫困群体，贫困群体在获得有效的微型金融服务后，可以增加家庭收入水平，增强自我发展能力，提升子女受教育水平，获得更好的医疗卫生服务，故微型金融服务在帮助贫困人口平滑消费、增加收入、降低脆弱性等方面起到重要作用。

（1）储蓄服务与减贫。

作为金融服务重要功能构成部分的储蓄，对提高穷人的收入具有保障功能。首先，储蓄为穷人提供资金积累渠道，并为借贷者带来可靠利息收入。其次，在穷人面临不确定因素带来的收入或是支出大幅变动时，储蓄可用来维持基本生活消费，增强其抵御收入风险的能力，降低了穷人的贫困脆弱性。最后，储蓄拓宽了微型金融机构的资金来源，促进维持其财务方面的良性持续运作，进而有利于更好地解决贫困问题。

（2）信贷服务与减贫。

信贷服务作为金融机构的一项基础业务，对减缓贫困具有重要意义。第一，为低收入人群面临生产经营等资金需求缺口时提供解决途径。第二，能帮助穷人抵御风险，改善家庭的资金管理，降低其贫困脆弱性。第三，为小微企业提供资金。由于小微企业普遍缺乏作为还款保证的自有资金和担保物，导致小微企业"融资难"。微型金融机构将小微企业纳入其目标客户，并提供信贷、培训、咨询等服务，提高了小微企业的营运能力和获利水平。第四，女性赋权。微型金融机构通过向妇女提供贷款，提高其在社会活动中的参与程度，同时妇女是连接家庭的桥梁，一般妇女更为关注家中儿童的教育与健康，因此妇女减缓贫困会使整个家庭受益。第五，提升儿童受教育水平。微型金融机构可以通过为贫困人口提供儿童教育的资金等，提升儿童受教育水平，减少贫困的代际传递。

（3）保险服务与减贫。

农业生产具有极大的不确定性，自然灾害往往是致贫、返贫的主要原因。农业保险可以帮助贫困户有效分散和化解农业生产经营中所面临的风险，使贫困户受灾后得到及时赔付，为其提供有效的资金支持，更快地从灾害中恢复再生产，有效降低农民因灾致贫、返贫的风险。

（4）培训服务与减贫。

微型金融机构在提供金融服务的同时，也为穷人提供咨询、技能培训等服务，一方面，为广大参与者相互交流、相互帮助提供平台，提升贫困人口从事相关工作的必要技能，提高其创收能力；另一方面，对于小微企业而言，通过微型金融机构的各项培训，可以提升自主决策分析能力，有效促进自身的成长和发展。

3.2 微型金融精准扶贫机制的系统分析

3.2.1 微型金融精准扶贫机制的主体

微型金融精准扶贫机制的主体主要包括两个方面，一方面是微型金融产品和服务的供给者；另一方面则是政府。

3.2.1.1 微型金融的供给者

在微型金融精准扶贫的系统里，微型金融供给者主要提供微型金融产品与服务，不同类型的微型金融，比如福利主义微型金融和机构主义微型金融的供给方会存在一定的差别。首先，福利主义的微型金融供给主要是公益机构，国际上一些政府组织，特别是非政府组织（Non-Government Organization，NGO）通过给贫困群体提供公益性的微型金融服务来实现减贫的目的，其主要是以提升贫困人口的福利为目标。其次，政府或准政府主导型小额信贷。政府主导的小额信贷，其供给主体多为原国务院扶贫办、各地区的农业部门等，它们从金融扶贫角度赋予贫困户更多的信贷权，以改变贫困人口被正规金融机构排斥在外的状况。最后，商业机构主导型小额信贷。商业机构主导型小额信贷的提供者有农村的小额贷款公司、村镇银行、农信社、农村合作银行和农商行、农行、邮储行、股份制银行以及地方商业银行等，它们为贫困农户、中小企业提供小额信贷服务，提升了小额信贷体系的运行效率。而本书则依据国际上微型金融所采取的主办行制度，结合四省涉藏地区微型金融实际的供给情况讨论微型金融的供给者，主要是扶贫小额信贷的供给者，包括农信社、邮储银行以及农行、村级资金互助社、民间金融的供给方等。

3.2.1.2 政府

《中国普惠金融发展情况报告》明确指出要优化政府在推进发展普惠金融中的作用，完善法律框架、监管体制及金融基础设施，创造有利于普惠金融发展的生态环境，及时纠正市场失灵和激励扭曲，形成有效的市场与有为的政府相互补充的良好局面。微型金融作为普惠金融的一部分，同样要求政府在精准扶贫中承担相应的重要角色。

我国微型金融精准扶贫需要以政府为主导，同时充分发挥市场主体和市场机制的优势，实现扶贫资源的市场化配置。在世界范围内，扶贫主要存在两种模式：一种是以政府为主导，主要依靠行政手段消除贫困，多为发展中国家采用；另一种是政府不直接参与，通过法律或非政府组织来减少贫困，多发生在欧美发达国家。在我国，政府是精准扶贫的决定性主体和主导力量，政府掌握扶贫资源，同时肩负动员社会力量参与扶贫的职责。

减少以至消除贫困不仅是一个社会问题，更是一个政治问题。政府需要完善各项政策，制定金融扶贫整体规划，引导和激励各项扶贫工作的开展，为金融扶贫提供行动指南。政府主导精准扶贫能够解决大面积、集中性的贫困问题，却也存在出现资源配置效率低下、扶贫精准度较低等问题的可能性。因此，在坚持政府扶贫主体地位的情况下，还要充分发挥市场主体和市场机制的优势，提高扶贫效率和精准性。扶贫小额信贷是发挥政府主导作用、市场辅助作用的最好体现。然而，现实中金融机构本身追求盈利性，经营目标与金融精准扶贫的政策性目标不匹配，为贫困群体提供金融产品和服务会增大自身风险和成本，使得金融机构精准扶贫的意愿和动力不足，在扶贫金融市场失灵的情况下，政府需要采取措施对其进行激励和约束，解决金融机构参与金融扶贫的持续性差、动力不足问题，提高其扶贫的主动性和积极性，引导金融机构和金融资源向贫困地区倾斜。

3.2.2　微型金融精准扶贫机制的客体

目前金融扶贫的对象主要是扶贫部门确认的建档立卡贫困户，对建档立卡贫困户具有带动支持效应的种养大户、家庭农场、农民专业合作社、农业龙头企业等经营主体。

微型金融作为针对贫困人群的反贫困思路与创新，通过金融赋权贫困人群，使"饥饿"状态的低收入者拥有发展资金，以此满足他们多元化的资金需求，推动社会经济"短板"的提升。微型金融的目的是为了贫困人口的增收，在设置利率时低于民间借贷的利率但是高于市场利率，可缓解贫困人口信贷约束，抑制消费、增加储蓄，使得贫困人口获得资金的积累，进而平滑收入支出波动，减少经济的脆弱性。微型金融兼顾扶贫目标与经营可持续性的财务目标。金融的普惠性凸显了微型金融的社会责任，同时也平衡自身的盈利目标。

微型金融的自身特点决定了其在扶贫过程中具有的不可替代作用。具体来说，微型金融以赋权为核心参与式扶贫，强调弱势群体的主体性。金融机构注入资金，在社会组织的协助下，借贷对象全面介入扶贫开发的全过程，充分参与、决策、执行和监督赋权项目，自下而上地提高自我发展和自主脱贫的能力。在扶贫开发中，把知情权、发言权等交给弱势群体，加之政府和其他非政府组织的协助，培养弱势群体的自我发展、自我管理和自我服务能力。可见，微型金融不仅直接缓解贫困人口的信贷约束，而且在服务过程中，可间接改善贫困人口的资源配置能力、财富积累能力、社会参与能力和风险抵御能力等。微型金融精准扶贫框架如图 3-1 所示。

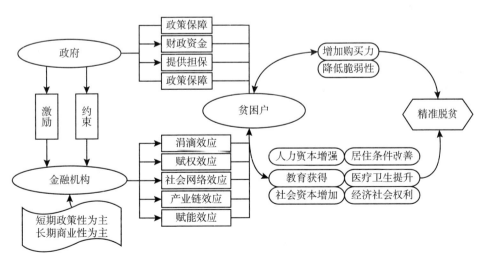

图 3-1　微型金融精准扶贫框架

3.2.3 微型金融精准扶贫机制的运行机理

3.2.3.1 微型金融精准扶贫机制的直接运行机理

微型金融作为一种以弱势群体与贫困客户为主的制度创新，有助于贫困人口积累资金、抵御风险、降低脆弱性。这些客户获得有效的金融服务后，能积累资金、培育发展能力，进而提高收入水平，减少贫困的发生，也能在一定程度上缓解返贫现象。微型金融精准扶贫机制的直接运行主要是向贫困户精准投放微型金融产品与服务（如小额信贷、储蓄、保险、支付和教育培训），贫困户在获得这些产品与服务后不仅能够提升可行能力，增加生产经营收入，还能更好地获得医疗、教育、社会保障等多项权利，帮助其实现多维减贫。

微型金融产品与服务需要精准投放到贫困户，严格避免"寻租行为"和"精英捕获"现象。贫困户获得了微型金融产品与服务后，能够从收入、健康、教育等多方面实现改善，实现多维减贫。

第一，通过小额信贷等方式取得金融服务，可以改善贫困人口的资金条件，提升他们发展生产的可能性，从而取得可持续性的收入。收入方面，贫困户将信贷资金用于生产性用途，可以提高生产能力，增加家庭收入。教育方面，微型金融在服务贫困人群的过程中，能促进贫困人群在教育方面基本需求的提升，鼓励贫困家庭有更多的教育支出，从需求方倒逼教育体制变革，使贫困人群享受更多的公共教育服务。目前四省涉藏地区整体的识字率、高中及以上学历者占比仍然较低，仍然有不少贫困户未完全获得优质的教育资源，贫困的代际传递使他们往往安于现状，故步自封，缺乏获得更多教育资源的意识、机会和能力。同时，微型金融提供的技术培训，能够提升劳动力的生产技术水平，从而增强家庭收入，有利于贫困户实现自我脱贫。健康方面，健康所体现的人力资本是影响收入水平的关键性因素，对于贫困户脱贫具有重要影响。

第二，储蓄甚至有时被认为是优于信贷的减贫工具（Robinson，2001），大多数贫困阶层不可能经营企业，但他们却会不定期的储蓄（Beverly & Sherraden，1999）。一方面，小额储蓄为贫困户提供了安全的资金积累渠道，约束了资金的随意使用，有利于财富积累；另一方面，其所积累的资金可以在遇到重大风险事件时用于抵御风险、平滑消费，在一定程度上降低贫困户面对风险的脆弱性。

第三，小额保险提升了贫困户风险规避的能力，贫困户的收入和风险承受能力较低，收入现金流通常情况下不够稳定，而且他们的文化水平相对较低，在遇到自然灾害或家庭突发情况时，小额保险能帮助贫困户渡过难关，降低各类风险对贫困家庭带来的冲击。

第四，技能培训、知识扫盲是金融机构以及政府关注的重点，解决贫困问题需要长远考虑，对贫困人口进行知识培训以及技能培训有一定必要性，一方面，可帮助贫困户获得从事相关工作必要的技能、经验，提升其自我创收与可持续发展能力；另一方面，可提升微型金融机构的贷款质量。

3.2.3.2　微型金融精准扶贫机制的间接运行机理

（1）宏观角度。

从宏观角度看，微型金融对减缓贫困的作用主要通过增长效应和分配效应两条途径来实现。

增长效应指的是微型金融可以通过促进经济增长实现社会总财富的增加，创造更多的经济机会从而达到减缓贫困的效果。这一效应包含了两个环节：微型金融发展促进经济增长和经济增长能够减缓贫困。在功能观的金融发展理论下，金融发展最基本的功能是动员储蓄和投资转化，结合其他功能共同提高投资效率，降低成本消费，稳定经济环境，促进经济增长。金融发展助推经济增长后，经济增长又能通过两条途径来达到减缓贫困的效果——即"涓滴效应"和"利贫经济增长"。涓滴效应指的是经济增长所带来的收益即使不能直接使贫困户受益，也能通过中间阶层最终使他们受益。以四省涉藏地区为例，政府有针对这些地区的优惠金融政策如扶贫专项贴息贷款、财政补贴等，这实质上就是将经济增长的收益进行再分配使其流向贫困户，从而达到精准扶贫的目标。利贫经济增长指贫困人口比非贫困人口获得的经济增长比例更大，因为经济建设过程中对社会资源的再分配会使得对贫困地区的转移支付加大。

金融发展的分配效应还可以通过收入提高和经济增长两种方式来实现减少收入分配差距，进而改善贫困人口的收入分配水平。首先，信贷市场的信息不对称将影响贫困人口就业、投资情况，从而影响其收入与产出，进而影响其生活、消费、人力资本的积累等。故调节收入的初次分配可以提高贫困人口的实物资本与人力资本的预期回报，有利于减缓贫困。其次，收入分配也会影响经济增长进而影响减少贫困，即分配效应和增长效应之间也会存在相互关系。收入分配差距过大会导致信息不对称且会扩大社会冲突（Alesina & Perotti, 1993），这在一定程度上会降低经济增长，进而影响贫困的减缓。

（2）微观角度。

微观角度具有两条途径，一是微型金融产品和服务直接到达贫困户，贫困户获得这些产品和服务之后发展自身能力，实现脱贫。二是将微型金融产品与服务到达专业合作社、农村资金互助社、龙头企业等载体，再通过它们的带动作用帮助贫困户实现脱贫。

第一，微型金融通过向贫困群体提供小额信贷、小额储蓄和微型保险、支付等形式的金融产品和服务，帮助其增收，改善健康医疗条件，提高子女受教育程度，最终实现多维减贫。小额信贷解决了贫困人口由于收入低、缺乏抵押和担保难以从正规金融机构获得贷款的难题，从而增加了贫困户获得贷款的机会，满足其生产经营所需要的资金，能够用于扩大生产，增加家庭收入。微型保险是贫困户转移风险的有力工具，能够在一定程度上弥补家庭因为自然灾害而遭受的损失，增强家庭抗击风险的能力。贫困家庭在获得微型金融服务后，在教育上投资更多，子女更有可能接受学校教育，减少代际贫困的发生。

第二，专业合作社、家庭农场、农村资金互助社、龙头企业等新型农业经营主体作为一种载体，能扮演起在微型金融机构和贫困户间的中介桥梁角色。微型金融机构先将信贷、保险等微型金融产品和服务给予专业合作社等新型农业经营主体，同时政府对专业合作社等给予一定的政策倾斜，再通过它们的辐射带动作用帮助贫困户实现脱贫。新型农业经营主体对贫困户的减贫机制可以概括为：一是增加收入。贫困户可以将家庭土地、资金、农产品等入股新型农业经营主体以获得分红，增加财产性收入；贫困户加入新型农业经营主体基地进行农业生产，进而获得工资性收入；新型农业经营主体通过提供社会化服务的方式，比如提供技术指导，增加贫困户经营性收入。二是赋能效应。农民合作社在提升贫困户自我管理水平、自我发展和参与现代化建设能力等方面有着重要作用（徐旭初、吴彬，2016）。三是积累社会资本。在合作社内部，异质成员间的频繁互动能拓宽社员的社会网络，在培育与优化社员农户的社会资本方面发挥着重要作用（朋文欢，2018）。

3.2.4 微型金融精准扶贫的机制形成与演变

微型金融在孟加拉国反贫困过程中取得了成绩，引起了学术界的高度关注和重视，微型金融在全世界范围内得到迅速发展，在这种背景下，我国也开始引入微型金融。我国微型金融的发展始于20世纪90年代，最初源于国际援助机构和我国非政府组织就当时中国政府的一项扶贫政策——贴息贷款计划中所产生的问题进行的改进和尝试。我国微型金融的实践主要是以孟加拉乡村银行的小额信贷为蓝本的小额贷款业务。大量的农业人口与小企业面临着迫切的小额贷款等金融服务的需求，使得微型金融在我国获得了巨大的发展机遇，主要的发展经历了四个阶段。

第一阶段为项目小组信贷与非政府组织操作微型金融共同试验阶段（1993～

1996 年）。1993 年，中国社会科学院农村发展研究所首先将孟加拉国的"乡村银行 GB"小额信贷模式引入了中国，成立中国特色的"扶贫经济合作社"，并先后在 6 个县开展微型金融。到 1995 年，联合国开发计划署（United Nations Development Programme，UNDP）与中国国际经济技术交流中心开展的小额信贷扶贫项目，在中国 17 个省份的 48 个县市进行尝试，后针对下岗职工开展了城市微型金融的实验以及业务。之后，其他一些国际组织相继在我国开展一系列的微型金融项目。该阶段的资金主要来自外部、国家财政资金和扶贫贴息贷款，大多数项目贷款额为 1 000 ~ 2 000 元不等，期限 1 年；资金的外部来源和民间机构的微型金融额度为 400 ~ 1 000 元，期限为 3 ~ 12 个月。

第二阶段是由政府主导的，微型金融的拓展阶段（1996 ~ 2000 年）。1997 年后，微型金融在非政府部门的实验取得了初步的成效，与此同时政府部门作为扶贫的主体，针对新的模式进行尝试，积极参与到微型金融的建设中来。据原国务院扶贫开发领导小组办公室（以下简称"扶贫办"）统计，到 1998 年底，政府小额贷款扶贫项目在中国 22 个省份的 605 个县开展，各个地区按 GB 模式发放贷款仅 6 亿元，投入资金总计 10 多亿元，而到 1999 年微型金融投入的扶贫资金总量不到 30 亿元。这一阶段微型金融发展的显著特点是借助国际参与的同时政府通过投入财政资金积极参与到微型金融中，但从实施的情况来看，效果一般并且投入的资金总量也是有限的。

第三阶段正规金融机构进入及制度化建设（2000 ~ 2005 年）。2000 年以来，农信社在政府再贷款政策的支持下，进入微型金融的市场，这也标志着中国微型金融事业开始步入正规化发展阶段。通过借鉴农信社的做法，我国在 2002 年开始针对国有企业下岗失业人员再就业发放自主创业贷款。这一阶段的特点是政府参与不再是主体，而正规金融机构是主力军，但仍靠财政的资金支持，总体资金量有所提高，微型金融服务的覆盖面有所增加，但服务深度方面还存在问题。

第四阶段为微型金融新型金融组织开展业务的试点阶段（2005 年至今）。2004 年之后，在政策激励与引导下，金融界逐渐开展微型金融制度的创新。中国人民银行、中国银行监督管理委员会分别开展商业性微型金融组织试点，原国务院扶贫办和财政部在贫困村开展互助资金试点，形成了微型金融制度创新的热潮，尝试将民间融资正规化。在这个新阶段，不仅正规金融机构参与到微型金融业务中，而且创新成立了专门面向农村社区的微型金融机构，如村镇银行、农村资金互助组织等。中国微型金融的正规化发展迈入了一个新的台阶。

从国外的微型金融反贫困情况看，不少学者专注于微型金融对减少收入贫困、能力贫困和权利贫困等的影响，而国内的微型金融研究起步较晚，从当前的研究情况来看，主要专注于对微型金融的发展模式及其反贫困绩效等方面的研究。而精准扶贫作为本轮贫困的重要特征，从目前的研究情况来看，很少有学者涉及微型金融精准扶贫的研究。本书则结合微型金融精准扶贫的机理，分析微型金融精准扶贫机制的形成与演变。

精准扶贫资金的分配主要有两种方式，一种是基于财政体系以政府为主导的计划机制，另一种是基于金融体系以市场为主的机制。因此微型金融精准扶贫机制的形成和演变主要是从计划机制向市场机制的转变。首先，政府的计划机制，主要以行政力量为准，将资金精准投递给贫困户，而且资金无偿使用；其次，随着微型金融精准扶贫计划机制弊端的暴露，微型金融精准扶贫机制逐渐向市场化过渡，主要表现为瞄准识别机制、风险规避机制、惠贫机制、利润机制以及声誉机制等。

3.3　微型金融精准扶贫机制的绩效评估

3.3.1　微型金融精准扶贫机制的绩效评估导向与内涵

绩效是指项目的产出与回报的情况。如何评价一个项目的好坏，需要对其实施的绩效进行分析，评估得出的结果是评价项目的依据。绩效可以运用于各个领域，主要是经济领域以及政府管理领域。政府管理领域的绩效，主要用于评价政府在社会、经济活动中的业绩以及评估其办事效率。而经济领域的绩效则是更加关注于投入与产出的情况，以及更加注重经济活动的成果。

金融扶贫绩效包括金融扶贫宏观绩效和微观绩效两个层面的内容，主要考核金融对扶贫支持的成效。在宏观层面金融扶贫绩效是指在既定金融资源投入下，最大程度地实现贫困减缓的能力；就微观层面而言，它是指金融扶贫对象对金融扶贫工作是否达到预期的目标以及产生的经济与社会两方面影响的评价。

微型金融精准扶贫机制绩效评估主要是对微型金融机构开发的产品与服务在贫困地区的宣传效果、覆盖面、使用情况以及贫困户多维贫困减缓状况的一种综合衡量。四省涉藏地区作为除西藏自治区之外的第二大涉藏地区，由于自然地理的脆弱性、民族文化的独特性、政治的敏感性、经济的边缘性、社会的复杂性，表现出贫困程度深、范围广、原因复杂、返贫率高等特点，呈现出多维贫困的特征，即贫困不仅仅是收入的匮乏，更是对发展权利和可行能力的剥夺，因此微型金融精准扶贫减缓的是多维贫困，包括收入、教育、健康、精神状态等多个维度。

3.3.2　微型金融精准扶贫机制的绩效评估方法及指标

（1）评估指标体系法。

评估指标体系是指针对一个对象进行评估而构建的多指标体系，由于该对象需要进行立体的评估，不能简单使用单因素指标，需要建立多维评价体系，针对对象的特征设定相应指标进行评价。评估指标的选取需按照研究进行构建并遵循科学性、代表性、简洁性、可比性等原则。评估指标体系主要是一种定量评估法，通过这种定量分析，能找到评估对象构成特征和状况以及其内在本质规律。将评估指标赋值后，通过各指标分值可比较绩效的优劣。评估指标体系通常是进行专家打分、层次分析、数据包络分析、回归分析等综合评估的基础。

（2）计量回归方法。

计量回归方法通过构建一元或者多元的经济学模型，一般将项目成效作为因变量，将投入作为自变量，然后根据回归结果，分析项目投入对扶贫效果的影响。在扶贫绩效评估中，因变量的选取通常围绕收入增长或基本保障事业改善情况等。

（3）数据包络分析法。

数据包络分析法（data envelopment analysis，DEA）即 DEA 效率评价法，是在绩效的评估分析中运用较多的方法之一，该方法是一种非参数统计方法，通过数学规划模型，计算、比较决策单元之间的相对效率来评价研究对象，运用线性规划理论和模型来研究评价在多种投入和多种产出情况下的多个决策单元（decision making units，DMU）的相对有效性。DEA 模型中投入指标的选取在借鉴普惠金融指标体系的基础上（焦瑾璞，2015），基于微型金融精准扶贫的内涵，选择金融服务的可获得性及使用状况两个维度来衡量微型金融精准扶贫的投入力度。具体选取"2015～2017 年您是否申请到了小额信贷"来衡量金融服务的可获得性；而金融服务的使用情况则选取"获得的贷款数额"来表示，如表 3 - 1所示。

表 3 - 1　　　　　　　　　　　　　　投入指标

	维度	指标名称
投入指标	金融服务的可获得性	2015～2017 年您是否申请到了小额信贷
	金融服务的使用情况	获得的贷款数额

结合我国扶贫开发"一达标、两不愁、三保障"的要求以及国际多维贫困指

数（multi-dimensional poverty index，MPI），并考虑到四省涉藏地区特点，本书构建了四省涉藏地区的多维贫困指标，从教育、健康、生活条件、经济水平、消费水平、精神状态等多个维度来构建多维减贫综合指数，反映微型金融精准扶贫的产出情况，如表3-2所示。

表3-2 产出指标

	维度	指标名称
产出指标	教育	家庭成员受教育情况
	健康	自评健康状况
	生活条件	住房情况
		房屋结构
	经济水平	收入情况
	消费水平	食物消费
		文化消费
	精神状态	是否感受到幸福

（4）因子分析法。

因子分析法是从各个变量中提取出一个公因子进行估计的统计方法。基本原理是对观测变量进行分类，将关联性高的归为同一种类。每一种类的变量被看作一个公因子，代表一个互相之间关联性较低的基本结构。进行因子分析的目的就是用少数代表性因子代替众多因素之间的关联关系，起到降维的作用。因子分析模型的目标不仅是得出主因子，且更重要的是找寻主因子背后所蕴藏的实际经济意义。为了得到满意的主因子的得分，可以利用因子旋转。

金融扶贫绩效评价由宏观层面和微观层面两部分构成，借鉴相关文献构建出如表3-3所示的指标体系。本书将金融扶贫绩效评价指标体系设置分为评价内容、准则层和指标层。评价指标的内容分为宏观部分及微观部分，宏观部分按照投入和产出两部分来构建，其中投入指标的选择借鉴农业生产函数模型，再考虑到现阶段金融服务与农村生产要素相互影响共同作用于贫困减缓，因此选取金融服务深度、金融服务密度等5项，共8个指标作为投入指标；产出方面包括脱贫减困、经济效益等8项，具体18个指标。金融扶贫微观绩效方面，按照农户对金融支持基础设施、经济水平等6个方面的满意度进行构建。

表 3-3　　　　　　　　　　　　金融扶贫绩效评价的指标体系

评价内容	准则层		指标层
金融扶贫宏观绩效	投入	金融服务深度	银行类金融机构农业贷款余额占第一产业 GDP 比重
			保险机构农业保费收入占第一产业 GDP 比重
		金融服务密度	人均银行类金融机构农业贷款余额
			人均农业保险赔付支出
		金融服务的可得度	每万人农村金融机构就业人员数
			每平方公里农村金融机构数
		农业劳动力	乡村从业人数与乡村总人口的比值
		农业资本	人均耕地面积
	产出	脱贫减困	贫困发生率
			贫困发生强度
		经济效益	人均第一产业 GDP
			恩格尔系数
			单位粮食产量
		就业效应	第三产业从业人员占比
		收入效应	农民人均纯收入
			农民人均消费水平
			城乡收入差距
		基础设施建设	通公路率
			城镇化水平
		医疗及社会保障体系	养老服务机构年末人数
			农村社会救济费占第一产业 GDP 比重
			万人乡村医生拥有数
		人力资本培养	劳动力受教育水平
			教育质量（师生比）
		生态建设	耕地受灾面积占比
			有效灌溉面积比例
金融扶贫微观绩效	基础设施		农户对金融支持道路交通、饮水灌溉等基础设施建设的满意度
	经济水平		农户对金融支持经济水平提升的满意度

续表

评价内容	准则层	指标层
金融扶贫微观绩效	特色产业	农户对金融支持当地特色农业、旅游、民族文化产业等特色优势产业发展的满意度
	就业创业	农户对金融支持贫困农户、农村青年致富带头人、妇女等群体就业创业的满意度
	贫困户脱贫致富	农户对金融支持贫困户脱贫致富的满意度
	生态保护	农户对金融支持退牧（耕）还草（林）、防护林体系建设、荒漠化治理等生态保护措施的满意度

3.4 本章小结

首先，本章提出了微型金融精准扶贫机制的概念，阐述了微型金融与精准扶贫的内生耦合性，微型金融能够为被正规金融排斥在外的贫困群体提供金融产品与服务，帮助贫困群体获得自我发展的内生动力，是精准扶贫的一种重要方式；提出了微型金融精准扶贫机制的内涵与外延，微型金融精准扶贫不仅解决了贫困户发展资金不足的问题，增加了家庭收入，更从教育、医疗、卫生等多个维度帮助贫困户实现减贫。随后本章阐释了微型金融精准扶贫机制的要素与功能，微型金融精准扶贫可以当作一个整体或系统，其中微型金融和精准扶贫属于不同的子系统，每个子系统由多种要素构成，包括小额信贷、小额储蓄、小额保险、小额支付等产品与服务，微型金融的需求主体贫困户，供给主体微型金融机构，监管主体政府等，同时分别介绍了信贷、储蓄、保险、培训等微型金融产品与服务的减贫功能。

其次，本章对微型金融精准扶贫机制进行了系统分析，先界定了微型金融精准扶贫机制的两个主体：微型金融产品与服务的供给者，即福利主义与机构主义金融机构、政府或准政府、公益型金融机构、商业金融机构以及微型金融精准扶贫的政策制度制定者和监管者——政府；同时界定了微型金融精准扶贫机制的客体：扶贫部门确认的建档立卡贫困户，对建档立卡贫困户具有带动支持效应的种养大户、家庭农场、农民专业合作社、农业龙头企业等经营主体。接着介绍了微型金融精准扶贫的政策与制度规则。再分别从直接和间接两条途径分析了微型金融精准扶贫机制的运行机理，微型金融精准扶贫机制的直接运行机理主要是通过向贫困户精准投放微型金融产品与服务（如小额信贷、储蓄、保险、支付和教育培训），贫困户在获得这些产品与服务后不仅能够提升可行能力，增加生产经营收入，还能更好地获得医疗、教育、社会保障等多项权利，帮助其实现多维减贫。微型金融精准扶贫机制的间接运行机理从宏观和微观两个角度进行分析，从宏观角度看，微型金融对减缓贫困的作用主要通过增长效应和分配效应两条途径来实现。从微观角度看也具有两条途径，一是微型金融产品和服务直接到达贫困户，贫困户获得这些产品和服务之后发展自身能力，实现脱贫；二是将微型金融产品与服务到达专业合作社、农村资金互助社、龙头企业等载体，再通过它们的带动作用帮助贫困户实现脱贫。随后介绍了微型金融精准扶贫的机制形成与演变，从非政府组织开始到扶贫小额信贷。

　　最后，本章阐述了微型金融精准扶贫机制的绩效评估。先提出了微型金融精准扶贫机制的绩效评估导向与内涵，再用评估指标体系法、计量回归方法、数据包络分析、因子分析法等提出了微型金融精准扶贫机制的绩效评估方法及指标。

第4章

四省涉藏地区的贫困现状与多维贫困测度

4.1 四省涉藏地区区域社会经济概况

4.1.1 区域划分

历史上由于交通不便，涉藏地区形成了独特的、相对封闭的藏文化。根据地形地貌、民族特征及文化习俗，对涉藏地区进行了划分。四省涉藏地区是指除西藏自治区以外的青海、四川、云南、甘肃四省藏族与其他民族共同聚居的民族自治地区。各省涉藏地区分布情况如表4-1所示。

表4-1　　　　　　　　　　　　四省涉藏地区分布情况

省	州（市）	县（市）
青海省	海北藏族自治州	海晏县、祁连县、刚察县、门源回族自治县
	黄南藏族自治州	同仁县、尖扎县、泽库县、河南蒙古族自治县
	海南藏族自治州	共和县、贵德县、贵南县、同德县、兴海县
	果洛藏族自治州	玛沁县、班玛县、甘德县、达日县、久治县、玛多县
	玉树藏族自治州	玉树市、称多县、囊谦县、杂多县、治多县、曲麻莱县
	海西蒙古族藏族自治州	德令哈市、格尔木市、天峻县、都兰县、乌兰县
四川省	阿坝藏族羌族自治州	马尔康市、小金县、金川县、阿坝县、若尔盖县、红原县、壤塘县、理县、汶川县、茂县、松潘县、九寨沟县、黑水县
	甘孜藏族自治州	康定市、泸定县、丹巴县、九龙县、雅江县、道孚县、炉霍县、甘孜县、新龙县、德格县、白玉县、石渠县、理塘县、色达县、巴塘县、乡城县、稻城县、得荣县

省	州（市）	县（市）
四川省	凉山彝族自治州	木里藏族自治县
云南省	迪庆藏族自治州	香格里拉市、维西傈僳族自治县、德钦县
甘肃省	甘南涉藏地区自治州	合作市、舟曲县、卓尼县、临潭县、迭部县、夏河县、碌曲县、玛曲县
	武威市	天祝藏族自治县

4.1.2　地理位置边缘与极端气候并存、产业发展受限

四省涉藏地区幅员辽阔，其总面积约占我国陆地面积的 1/9，是全国仅次于西藏的第二大集中连片特困地区。区域大多分布在高海拔地区，形成了典型的高原气候，高山高原高寒特征突出，风雪、干旱、冰雹等极端气候易发，95% 以上属于高寒地区，农牧区"七月飞雪八月冰"，极端气候对生产生活都产生重要影响，不利于农业生产。恶劣气候条件对居民收入和资产保值形成重要风险冲击，是造成贫困的重要因素。

四川涉藏地区面积约 24.98 万平方千米，平均海拔 3 000 米以上，最高峰海拔超过 7 000 米。四川涉藏地区主要属于青藏高原气候，随高差呈明显的垂直分布姿态，其特点是降水少，日照足、气温低、冬季长。四川涉藏地区地域辽阔，人口密度小，人口分布极不平衡，平均每平方公里 8 个人，地旷人稀的特点非常显著。

云南涉藏地区总面积 23 870 平方千米，境内绝对高差达 5 254 米，较小范围内的巨大高差使得境内出现了垂直气候和立体生态环境特征。云南涉藏地区属于温带—寒温带气候。立体气候明显，有"一山分四季，十里不同天"的说法。

甘肃涉藏地区总面积 45 670 平方千米，位于青藏高原东北边缘，平均海拔 3 000 米以上，地势西北高，东南低，由西北向东南呈倾斜状，地势呈现三个地貌类区，即山原区、峡谷区与山地丘陵区。甘肃涉藏地区具有大陆性高原季风气候与温带大陆性半干旱气候的特点，年均气温在 −8℃ ~13℃ 之间，气温垂直分布明显，地域差异很大，小区域气候复杂多变。

青海涉藏地区总面积 74.12 万平方千米，平均海拔 3 000 米以上，大部分地区海拔高度在 3 000 ~ 5 000 米，最高海拔 6 860 米，地势西高东低，地域辽阔，地形地貌复杂，气候多变，环境严酷。青海涉藏地区是典型的高寒大陆性气候区，大气稀薄，干旱少雨，光照时间长，太阳辐射强，昼夜温差大。

总体来看,四省涉藏地区地势险峻,自然气候恶劣,发展生产面临很强的自然条件约束。同时,四省涉藏地区地域辽阔,具有地广人稀的显著特征,不利于公共品的集中供应和农业生产活动多元化发展,生产活动和产业发展面临较高的交通、信息等成本。

4.1.3 生态环境脆弱与保护生态并存、多元开发困难

四省涉藏地区生态较脆弱,为了保护生态环境,四省涉藏地区有 78 处被纳入国家禁止开发区域,面积为 265 151.32 平方千米,约占四省涉藏地区总面积的25%。其中青海涉藏地区有 33 处禁止开发,面积为 210 921.24 平方千米,约占青海涉藏地区面积的 28%。四川涉藏地区有 31 处禁止开发,面积为 34 393.64平方千米,约占四川涉藏地区面积的 14%。云南涉藏地区有 4 处禁止开发,面积为 11 407.41 平方千米,约占云南涉藏地区面积的 48%。甘肃涉藏地区有 10处禁止开发,面积为 8 429.03 平方千米,约占甘肃涉藏地区总面积的 18%(见表 4 - 2)。

表 4 - 2 　　　　　　　　　　　四省涉藏地区国家禁止开发区域

地区	类型	名称	面积 (平方千米)	位置
青海 涉藏地区 (210 921.24 平方千米)	国家级自然保护区	青海湖、可可西里、三江源、隆宝自然保护区	202 394.00	刚察县、共和县、海晏县、治多县、玉树县等
	国家级风景名胜区	青海湖风景名胜区	4 583.00	刚察县、共和县、海晏县
	国家森林公园	仙米、哈里哈图、麦秀、坎布拉国家森林公园	1 699.78	门源县、乌兰县、泽库县、尖扎县
	国家地质公园	格尔木昆仑山、贵德、久治年保玉则、尖扎坎布拉国家地质公园	5 432.00	尖扎县、格尔木市、贵德县、久治县
	国家湿地公园	贵德黄河清、洮河源国家湿地公园	429.09	贵德县、河南县
	国际重要湿地	青海湖鸟鸟、扎棱湖、鄂陵湖湿地	1 672.80	刚察县、海晏县、共和县、玛多贵德县、河南县
	国家重要湿地	冬给措纳湖等地	19 669.37	玛多县、玉树县等

续表

地区	类型	名称	面积 （平方千米）	位置
四川 涉藏地区 （34 393.64 平方千米）	国家级自然保护区	卧龙、九寨沟、四姑娘山、若尔盖、贡嘎山、海子山、亚丁、长沙贡玛等	4 868.68	汶川县、九寨沟县、小金县、若尔盖县、康定县、泸定县等
	国家级风景名胜区	九寨沟—黄龙寺、四姑娘山、贡嘎山风景名胜区	14 055.00	康定县、泸定县、九龙县、石棉县、小金县、九寨沟县
	世界文化自然遗产	九寨沟、大熊猫栖息地、黄龙	10 665.00	甘孜州、阿坝州
	国家森林公园	措普、雅克夏、铁山、荷花海、海螺沟、九寨、福宝、夹金山国家森林公园	2 559.03	黑水县、巴塘县、宝兴县、康定县、达县、合江县、九寨沟县、小金县、泸定县
	国家地质公园	海螺沟、黄龙、九寨沟、四姑娘山国家地质公园	1 650.00	泸定县、松潘县、九寨沟县、小金县
	国家湿地公园	若尔盖国家湿地公园	26.63	若尔盖县
	国家重要湿地	若尔盖高原沼泽区、九寨沟湿地	10 600.00	若尔盖县、红原县、松潘县、九寨沟县
云南 涉藏地区 （11 407.41 平方千米）	国家级自然保护区	白马雪山	2 764.00	德钦县、维西傈僳族白治县
	世界文化自然遗产	三江并流保护区	16 984.19	迪庆藏族自治州、怒江傈僳族自治州行政区（部分）
	国家级风景名胜区	三江并流风景	8 609.10	香格里拉
	国家森林公园	云南飞来寺国家森林公园	34.31	德钦县
甘肃 涉藏地区 （8 429.03 平方千米）	国家级自然保护区	莲花山、尕海 - 则岔、洮河自然保护区	5 477.90	卓尼县、康乐县、临潭县、碌曲县、迭部县、合作市
	国家森林公园	沙滩、腊子口、大峪、大峡沟、天祝三峡、冶力关国家森林公园	2 951.13	舟曲县、迭部县、卓尼县、天祝县、舟曲县、临潭县、迭部县
	国家湿地公园	尕海 - 则岔国家湿地公园	2 474.31	碌曲县

资料来源：《全国主体功能区规划 2010—2020》（表中的计算除去了重叠面积之后的面积和）。

4.1.4　宗教文化独特与民族特征并存

四省涉藏地区有其特殊的历史文化背景，是我国藏族人民聚居地，藏传佛教在四省涉藏地区有广泛而深刻的影响，经过长期的发展，形成了严密的宗教组织和制度，规范着藏民的信仰和道德行为，一定程度上影响和决定着其社会活动。

根据调研数据，在调研村庄中，有87%的村子村内设有寺庙，其中65%的村庄设有1座寺庙，18%的村庄设有2座寺庙，3%的村庄设有5座寺庙（见图4-1）。在对村民去寺庙频率的调研中，仅有0.69%的受访者从不去寺庙，71.62%的受访者会在特别的宗教节日去寺庙，17.85%的受访者每月会去寺庙一次及以上，这体现出寺庙文化对四省涉藏地区的重要性，寺庙朝拜已成为四省涉藏地区居民生活中重要的一部分（见图4-2）。

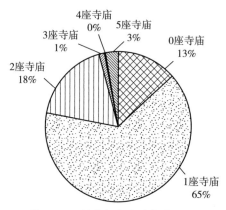

图4-1 村内拥有寺庙数量比重

资料来源：国家社会科学基金资助课题调研问卷——《四省涉藏地区精准扶贫》（以下简称"调查问卷"）。

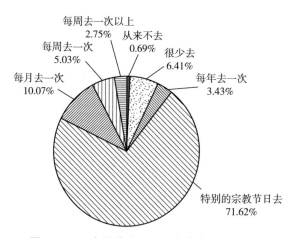

图4-2 四省涉藏地区居民去寺庙的频率分布

资料来源：调查问卷。

4.1.5　民族团结稳定与繁荣发展并存

四省涉藏地区是多民族聚集的区域,是我国领土不可分割的一部分,处于"稳藏必先安康"的战略地位,维护涉藏地区稳定对维护我国长治久安具有重要意义。近年来由于国际形势变化莫测等外部因素,同时也有涉藏地区发展不平衡、整体落后等内部因素,导致涉藏地区总体稳定形势复杂严峻,对经济发展和民生改善产生一定影响。

从外部看,国际形势严峻以及境外民族分裂势力大肆煽动破坏,影响着涉藏地区发展民生,也极大地牵扯了政府和基层干部的精力。在当前经济全球化、全球信息化,世界政治经济格局一超多强,国际关系错综复杂情况下,民族问题已成为地区局势动荡不安的重要原因,维护涉藏地区稳定是维护中国民族地区甚至全国稳定的重要任务之一。

从内部看,随着中国政治体制改革以及经济改革的持续深入,社会结构东西部、城乡之间发展不均衡问题受到关注。幅员辽阔、战略地位十分重要的涉藏地区,其长治久安直接关系到国家整体的和谐发展。

4.1.6　涉藏地区地理与经济双重边缘并存

在地理位置上,四省涉藏地区分布于青藏高原外延地带,地形地貌多种多样,且离省级经济中心远,属于地理及经济上的"双重边缘"地带。藏族属于"直过"民族,"一步跨千年",社会发育程度较低,经济发展落后。

2018 年,四省涉藏地区生产总值为 2 101.04 亿元,其中青海涉藏地区最高,为 1 050.37 亿元,甘肃涉藏地区最低,为 203.64 亿元。四省涉藏地区地方公共财政收入为 162.57 亿元,其中青海涉藏地区最高,为 76.94 亿元,云南涉藏地区最低,为 11.45 亿元。四省涉藏地区社会消费品零售总额为 424.30 亿元,固定资产投资的总额为 2 021.28 亿元,青海涉藏地区均为最高,金额为 169.21 亿元与 1 146.35 亿元,社会消费品零售总额最低的为云南涉藏地区,为 56.70 亿元,固定资产投资最低的为甘肃涉藏地区,金额为 189.33 亿元(见表 4 - 3)。除旅游业、农牧业外,还缺乏规模化的工业企业,产业体系缺少竞争。

表 4 - 3　　　　　　　2018 年四省涉藏地区宏观经济情况　　　　　　单位:亿元

地区	GDP	地方公共财政收入	社会消费品零售总额	固定资产投资
青海涉藏地区	1 050.37	76.94	169.21	1 146.35
四川涉藏地区	629.51	60.98	115.25	480.68

续表

地区	GDP	地方公共财政收入	社会消费品零售总额	固定资产投资
云南涉藏地区	217.52	11.45	56.70	204.92
甘肃涉藏地区	203.64	13.20	83.14	189.33

资料来源：各州 2018 年国民经济和社会发展统计公报、各县 2019 年政府工作报告。

据国家统计局的统计数据，2018 年，全国城镇居民人均可支配收入与全国农村居民人均可支配收入分别为 39 251 元与 14 617 元，均高于四省涉藏地区所有自治州、县的收入水平，最低的甘南涉藏地区自治州农民人均可支配收入为 7 677 元，较全国平均水平低约 50%（见表 4 - 4）。

表 4 - 4　　　　　　　　　　2018 年四省涉藏地区各州收入情况　　　　　　单位：元

省	州（县）	城镇居民人均可支配收入	农村居民人均可支配收入
青海省	海北藏族自治州	31 737	12 770
	黄南藏族自治州	31 056	8 952
	海南藏族自治州	30 803	11 404
	果洛藏族自治州	33 314	7 740
	玉树藏族自治州	32 949	7 808
	海西蒙古族藏族自治州	32 718	13 755
四川省	阿坝藏族羌族自治州	33 407	12 840
	甘孜藏族自治州	32 022	11 540
	凉山彝族自治州木里县	27 452	9 927
云南省	迪庆藏族自治州	34 411	8 524
甘肃省	甘南涉藏地区自治州	24 783	7 677
	武威市天祝藏族自治县	24 232	7 569

资料来源：各州（县）2019 年政府工作报告。

四省涉藏地区以牧区为主，城市化水平低。涉藏地区教育、医疗发展相对滞后，教育文化素质较低，农村劳动力综合素质总体偏低。群众人均受教育年限不足 6 年，农村青壮年劳动力半文盲率、文盲率较高，有相当比例的群众不会说汉语。深度贫困地区医疗机构比较薄弱、地方病防治任务较重，"不进学校进寺庙，不看医生找活佛"现象时有发生。

总体来看，近年来，四省涉藏地区经济社会快速发展，综合实力不断增强，但经济总量小；财政收入增幅较显著，靠国家转移支付维持运行，自给能力不足；农牧民群众生活水平日益提升，但离整体脱贫致富差距较大，可持续发展能力较低。教育医疗条件相对薄弱，除了硬件投入外，更需要人才支持。

4.2　四省涉藏地区的贫困概况

4.2.1　贫困"量大、面宽、程度深"

四省涉藏地区贫困人口众多，贫困覆盖面积广阔，部分人口处于深度贫困状况，脱贫难度大且易返贫，呈现出"量大、面宽、程度深"等特征。近些年，涉藏地区扶贫工作取得了一定成果。按现行国家农村贫困标准测算，2018 年四省涉藏地区贫困人口 30 万人，比上年减少了 21 万人；贫困发生率为 5.6%，比上年下降 3.9 个百分点。2013 年四省涉藏地区贫困人口规模为 117 万人，贫困发生率为 27.6%。与 2013 年相比，5 年来四省涉藏地区农村贫困人口共减少 87 万人，贫困发生率下降 22 个百分点，年均下降 4.4 个百分点（见图 4 - 3）。涉藏地区贫困人口规模迅速减小，但与其他地区相比，仍存在一定差距。

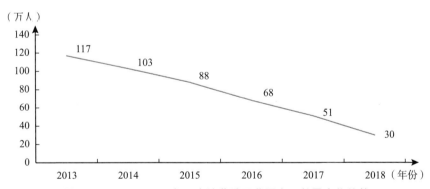

图 4 - 3　2013～2018 年四省涉藏地区贫困人口数量变化趋势

资料来源：《中国农村贫困监测报告 2019》。

2018 年末连片特困地区农村贫困人口 935 万人，贫困发生率 4.5%。与其他连片贫困地区相比，四省涉藏地区农村贫困发生率仍处于较高水平。2018 年末全国农村贫困发生率为 1.7%，约为四省涉藏地区的 1/3，由此可见四省涉藏地区贫困程度之深，脱贫工作难度之大（见图 4 -4）。

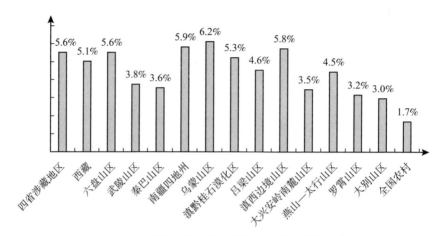

图 4-4 2018 年各连片特困地区农村贫困发生率

资料来源:《中国农村贫困监测报告 2019》。

4.2.2 经济贫困突出,生产经营方式落后

据 2019 年全国农村贫困监测调查,2018 年四省涉藏地区农村居民人均可支配收入为 9 160 元,比上年增加 1 142 元,名义增长 14.3%。与 2014 年相比,四省涉藏地区人均可支配收入增加了 3 434 元。2018 年,四省涉藏地区人均可支配收入低于西藏 2 290 元,低于全国农村 5 457 元;名义增速高于西藏地区 3.5 个百分点,高于全国农村平均水平 5.5 个百分点(见表 4-5)。

表 4-5 　　　　　　　　2014~2018 年各地区人均可支配收入情况

年份	地区	人均可支配收入（元）	名义增速（%）
2014	四省涉藏地区	5 726	15.4
	西藏	7 359	12.3
	全国连片特困地区	6 724	12.9
	贫困地区	6 852	12.7
	全国农村	10 489	11.2
2015	四省涉藏地区	6 457	12.8
	西藏	8 244	12.0
	全国连片特困地区	7 525	11.9
	贫困地区	7 653	11.7
	全国农村	11 422	8.9

续表

年份	地区	人均可支配收入（元）	名义增速（%）
2016	四省涉藏地区	7 288	12.9
	西藏	9 094	10.3
	全国连片特困地区	8 348	10.9
	贫困地区	8 452	10.4
	全国农村	12 363	8.2
2017	四省涉藏地区	8 018	10.0
	西藏	10 330	13.6
	全国连片特困地区	9 264	10.5
	贫困地区	9 377	10.5
	全国农村	13 432	8.6
2018	四省涉藏地区	9 160	14.3
	西藏	11 450	10.8
	全国连片特困地区	10 260	8.4
	贫困地区	10 371	10.6
	全国农村	14 617	8.8

资料来源：2015~2019 年《中国农村贫困监测报告》。

总体来说，四省涉藏地区人均可支配收入增速较 2017 年有所上升。但与全国农村地区、西藏等相比，人均可支配收入仍为较低水平。

四省涉藏地区地域广阔，宜农土地资源匮乏，土地整体利用率不高，农牧民总体生产经营方式较为原始，"二牛抬犁"的传统耕作方式在一些地区仍然可以看到，农牧民整体效率比较低下，农业经营体系不健全，以现代农牧业科技为基础、以农牧业合作组织为平台的现代农牧业生产方式基础薄弱。在这种原始经营方式的影响下，四省涉藏地区农牧户缺乏农牧业适度产业化、规模化的意识，因此其对信贷需求较少。

4.2.3　消费水平较低，与其他贫困地区消费比较差距大

2018 年四省涉藏地区居民人均消费支出为 8 246 元，比上年有大幅提升，增加 1 660 元，名义增长 25.2%，高于西藏 794 元，低于全国农村 3 878 元。名义增速比西藏地区高 13.8 个百分点，比全国农村人均消费支出增速高 14.5 个百分

点。与 2014 年相比，居民人均消费支出增加了 3 236 元。总体来说，虽四省涉藏地区人均消费支出增速较 2017 年有明显提升，但支出水平与全国农村相比仍有待提高（见表 4-6）。

表 4-6 　　　　　　　　　　2014～2018 年各地区人均消费支出情况

年份	地区	人均消费支出（元）	名义增速（%）
2014	四省涉藏地区	5 010	6.8
	西藏	4 822	17.6
	全国连片特困地区	5 898	10.7
	贫困地区	6 007	11.2
	全国农村	8 383	12.0
2015	四省涉藏地区	5 437	8.5
	西藏	5 580	15.7
	全国连片特困地区	6 573	11.4
	贫困地区	6 656	10.8
	全国农村	9 223	10.0
2016	四省涉藏地区	6 186	13.8
	西藏	6 070	8.8
	全国连片特困地区	7 273	10.7
	贫困地区	7 331	10.1
	全国农村	10 130	9.8
2017	四省涉藏地区	6 586	6.5
	西藏	6 691	10.2
	全国连片特困地区	7 915	9.0
	贫困地区	7 998	9.2
	全国农村	10 955	8.1
2018	四省涉藏地区	8 246	25.2
	西藏	7 452	11.4
	全国连片特困地区	8 854	11.9
	贫困地区	8 956	12.0
	全国农村	12 124	10.7

资料来源：2015～2019 年《中国农村贫困监测报告》。

在耐用消费品方面，四省涉藏地区农村传统耐用消费品拥有量持续增加。2018 年，四省涉藏地区每百户拥有洗衣机、电冰箱、移动电话分别为 83.3 台、76.7 台和 247.8 部，分别比上年增加 4.9 台、9.2 台和 22.4 部。2018 年，四省涉藏地区每百户汽车和计算机拥有量分别为 29.2 辆和 8.3 台，比上年增加 8.3 辆和 0.8 台。与西藏地区相比，四省涉藏地区耐用消费品数量更多。与连片特困地区、贫困地区农村、全国农村平均水平相比，四省涉藏地区除汽车外，其他耐用消费品数量均未达到平均水平（见表 4 - 7）。

表 4 - 7　　　　　　2014 ~ 2018 年各地区居民每百户耐用消费品拥有量

年份	地区	汽车（辆）	洗衣机（台）	电冰箱（台）	移动电话（部）	计算机（台）
2014	四省涉藏地区	12.0	68.1	55.1	174.0	3.8
	西藏	17.1	33.5	37.9	146.2	0.2
	全国连片特困地区	6.2	70.1	58.5	196.0	9.8
	贫困地区	6.7	71.1	60.9	194.8	11.1
	全国农村	11.0	74.8	77.6	215.0	23.5
2015	四省涉藏地区	15.0	73.1	60.6	192.1	4.3
	西藏	17.1	44.0	44.6	173.4	0.2
	全国连片特困地区	7.9	75.0	65.8	210.5	12.0
	贫困地区	8.3	75.6	67.9	208.9	13.2
	全国农村	13.3	78.8	82.6	226.1	25.7
2016	四省涉藏地区	19.7	75.7	65.1	215.4	5.5
	西藏	18.1	59.9	53.3	187.3	0.2
	全国连片特困地区	10.6	80.4	73.8	226.1	13.6
	贫困地区	11.1	80.7	75.3	225.1	15.1
	全国农村	17.4	84.0	89.5	240.7	27.9
2017	四省涉藏地区	20.9	78.4	67.5	225.4	7.5
	西藏	18.7	64.9	54.8	189.3	0.2
	全国连片特困地区	12.4	83.3	77.6	235.6	15.3
	贫困地区	13.1	83.5	78.9	234.6	16.8
	全国农村	19.3	86.3	91.7	246.1	29.2

续表

年份	地区	汽车(辆)	洗衣机(台)	电冰箱(台)	移动电话(部)	计算机(台)
	四省涉藏地区	29.2	83.3	76.7	247.8	8.3
	西藏	35.0	77.0	71.5	249.8	3.4
2018	全国连片特困地区	18.9	87.0	86.2	261.6	15.9
	贫困地区	19.9	86.9	87.1	257.8	17.1
	全国农村	22.3	88.5	95.9	257.0	26.9

资料来源：2015～2019 年《中国农村贫困监测报告》。

4.2.4　生活水平低下，农户基本生活标准有待提高

在住房质量方面，2018 年，四省涉藏地区农村居民户居住在竹草土坯房的农户比重为 3.6%，比上年下降 5.5 个百分点。居民住房条件得到明显改善，但与全国其他贫困地区相比，住房质量依然较为落后（见表 4 - 8）。

表 4 - 8　　　　　　　　　　**2014～2018 年各地区住房情况**　　　　　　　单位：%

居住竹草土坯房的农户比重					
地区	2014 年	2015 年	2016 年	2017 年	2018 年
四省涉藏地区	9.5	9.5	9.4	9.1	3.6
西藏	3.4	2.5	1.7	1.5	0.8
全国连片特困地区	7.0	6.1	4.8	4.4	2.0
贫困地区	6.6	5.7	4.5	4.1	1.9

资料来源：2015～2019 年《中国农村贫困监测报告》。

在饮水质量方面，2018 年，四省涉藏地区饮水有困难的农户比重为 14.4%，比上年下降 3.5 个百分点。其中使用管道供水的农户比重为 70.2%，比上年提高 1.9 个百分点；使用经过净化处理自来水的农户比重为 34.7%，比上年下降 0.5 个百分点，与上年相比，饮水质量有一定提高。与西藏地区相比，四省涉藏地区饮水质量更高。与连片特困地区、贫困地区农村平均水平相比，四省涉藏地区饮水困难农户的比例更高，饮水质量有待提高（见表 4 - 9）。

表 4－9　　　　　　　　　　　　2014～2018 年各地区饮水情况　　　　　　　单位：%

年份	地区	饮水困难的农户比	使用管道供水的农户比	使用经过净化处理自来水的农户比
2014	四省涉藏地区	23.1	60.5	20.8
	西藏	35.2	50.0	21.3
	全国连片特困地区	19.1	55.9	31.7
	贫困地区	17.7	55.9	33.1
2015	四省涉藏地区	23.1	62.8	23.9
	西藏	34.2	50.0	25.5
	全国连片特困地区	16.0	61.2	34.7
	贫困地区	14.7	61.5	36.4
2016	四省涉藏地区	18.6	67.5	26.5
	西藏	25.0	48.9	25.8
	全国连片特困地区	13.1	67.4	38.5
	贫困地区	12.1	67.4	40.8
2017	四省涉藏地区	17.9	68.3	35.2
	西藏	19.0	60.7	26.1
	全国连片特困地区	11.4	70.5	41.8
	贫困地区	10.8	70.1	43.7
2018	四省涉藏地区	14.4	70.2	34.7
	西藏	12.6	53.1	33.3
	全国连片特困地区	6.4	80.4	53.5
	贫困地区	6.4	79.8	56.4

资料来源：2015～2019 年《中国农村贫困监测报告》。

卫生设施方面，2018 年四省涉藏地区农村居民独用厕所的农户比重为81.3%，比上年提高 1.1 个百分点。炊事能源中，2018 年贫困地区使用柴草作为炊用能源的农户比重为 37.4%，比上年下降 10.2 个百分点。与西藏地区相比，四省涉藏地区独用厕所的农户比例更高，炊用柴草的农户比例更低。与连片特困地区、贫困地区平均水平相比，四省涉藏地区独用厕所的农户比例更低，炊用柴草的农户比例更低（见表 4－10）。

表 4-10 2014~2018 年各地区居住设施情况 单位：%

年份	地区	独用厕所的农户比重	炊用柴草的农户比重
2014	四省涉藏地区	78.4	50.6
	西藏	69.4	68.2
	全国连片特困地区	92.5	58.8
	贫困地区	93.1	57.8
2015	四省涉藏地区	78.4	50.6
	西藏	71.5	64.9
	全国连片特困地区	93.0	55.5
	贫困地区	93.6	54.9
2016	四省涉藏地区	79.8	49.4
	西藏	71.2	54.7
	全国连片特困地区	93.9	52.0
	贫困地区	94.2	51.4
2017	四省涉藏地区	80.2	47.6
	西藏	71.2	54.7
	全国连片特困地区	94.1	50.3
	贫困地区	94.5	49.7
2018	四省涉藏地区	81.3	37.4
	西藏	71.1	54.0
	全国连片特困地区	95.5	40.7
	贫困地区	95.9	39.2

资料来源：2015~2019 年《中国农村贫困监测报告》。

在基础设施条件方面，四省涉藏地区覆盖面不断扩大。截至 2018 年，四省涉藏地区通电的自然村接近全覆盖；自然村 95.4% 的农户通电话，基本实现全覆盖；自然村 85.3% 的农户通有线电视信号；66.4% 的农户通宽带。同时，四省涉藏地区交通便利情况也有明显改善。2018 年，四省涉藏地区所在自然村 92.3% 的农户主干道路面经过硬化处理；能便利乘坐公共汽车的农户比重也提升了 5.3 个百分点。与连片特困地区平均水平、贫困地区农村平均水平相比，四省涉藏地区基础设施建设情况仍存在一定差距（见表 4-11）。

表 4 - 11 　　　　　　　　　2014～2018 年各地区基础设施情况 　　　　　　　单位：%

年份	地区	所在自然村通电话的农户比重	所在自然村通有线电视信号的农户比重	所在自然村通宽带的农户比重	所在自然村主干道路面经过硬化处理的农户比重	所在自然村能便利乘坐公共汽车的农户比重
2014	全国连片特困地区	99.2	86.5	—	90.1	55.4
	贫困地区	99.2	88.7	—	90.8	58.5
2015	全国连片特困地区	99.7	90.4	70.0	93.7	58.3
	贫困地区	99.7	92.2	71.8	94.1	60.9
2016	四省涉藏地区	96.2	83.1	49.2	84.4	49.8
	西藏	100.0	81.8	14.4	97.4	55.3
	全国连片特困地区	99.9	93.4	77.4	95.6	61.2
	贫困地区	99.9	94.2	79.8	96.0	63.9
2017	四省涉藏地区	99.0	85.7	59.7	88.2	48.1
	西藏	96.6	77.0	27.1	100.0	51.0
	全国连片特困地区	99.9	96.3	85.6	97.3	67.5
	贫困地区	99.8	96.9	87.4	97.6	67.5
2018	四省涉藏地区	95.4	85.3	66.4	92.3	53.4
	西藏	98.8	82.3	67.6	98.0	66.4
	全国连片特困地区	99.9	97.9	93.8	98.0	70.9
	贫困地区	99.9	98.3	94.4	98.3	71.6

资料来源：2015～2019 年《中国农村贫困监测报告》。

4.2.5 医疗与教育水平落后，难以阻止贫困代际传递

在教育方面，四省涉藏地区教育文化设施状况取得较大提升，农村受教育情况改善明显。2018 年，四省涉藏地区有 77.0% 的农户所在的自然村上幼儿园便利，79.0% 的农户所在的自然村上小学便利，相比 2017 年提高了 3.4 个和 0.2 个百分点。与西藏自治区、连片特困地区、贫困地区农村相比，四省涉藏地区上学便利程度较低，四省涉藏地区基础教育条件较为落后，有较大的提升空间（见表 4 - 12）。

表 4 – 12　　　　　　　　　　　2015 ~ 2018 年各地区教育情况　　　　　　单位：%

年份	地区	上幼儿园或学前教育班便利的行政村比重	上小学便利的行政村比重
2015	四省涉藏地区	38.3	27.9
	西藏	26.0	29.7
	全国连片特困地区	57.1	66.2
	贫困地区	56.7	63.6
2016	四省涉藏地区	67.8	77.5
	西藏	83.4	94.7
	全国连片特困地区	79.6	85.2
	贫困地区	79.7	84.9
2017	四省涉藏地区	73.6	78.8
	西藏	90.2	95.1
	全国连片特困地区	84.7	88.0
	贫困地区	84.7	88.0
2018	四省涉藏地区	77.0	79.0
	西藏	91.6	90.4
	全国连片特困地区	86.9	90.1
	贫困地区	87.1	89.8

资料来源：2016 ~ 2019 年《中国农村贫困监测报告》。

　　四省涉藏地区在教育方面具有异质性，寺庙对于藏民来说是一个特殊的存在，一部分藏民家庭会将孩子送至寺庙进行学习，这与藏民独特的历史文化背景有关。根据调研结果显示，有 10.81% 的家庭曾送孩子去寺庙学习（见图 4 – 5）。

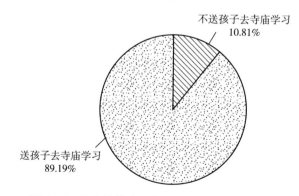

不送孩子去寺庙学习
10.81%

送孩子去寺庙学习
89.19%

图 4 – 5　四省涉藏地区农牧民送孩子去寺庙情况

资料来源：调查问卷。

　　四省涉藏地区属于深度贫困民族地区，基础设施薄弱、环境恶劣、交通不便等众多原因导致贫困代际传递严重，而教育是阻断贫困代际传递的重要举措，是精准扶贫的根本之策。四省涉藏地区部分家庭将子女从小送至寺庙进行佛教文化的学习，导致其子女错过了在学校系统学习科学文化知识的机会，使其在知识技能等方面落后。而在语言学习方面，少数民族聚集的区域多以民族语言交流为主，且长辈们接触普通话的机会有限，同时将子女送去寺庙学习，使其失去了在学校学习普通话的机会，对子女未来的发展造成一定影响，使贫困更容易发生代际传递。

　　在医疗方面，2018 年，四省涉藏地区所在自然村有卫生站的农户比重为81.5%，相比上年下降了 1.3 个百分点。72.7% 的农户所在自然村能进行垃圾集中处理，相比上年提高了 7.5 个百分点。与连片特困地区、贫困地区农村相比，四省涉藏地区的医疗条件有待提高（见表 4 - 13）。

表 4 - 13　　　　　　　　　**2014 ~ 2018 年各地区医疗卫生情况**　　　　　　　单位: %

年份	地区	所在自然村有卫生站的农户比重	所在自然村垃圾能集中处理的农户比重	使用经过净化处理自来水的农户比重
2014	四省涉藏地区	74.2	—	20.8
	西藏	64.6	—	21.3
	全国连片特困地区	86.2	—	19.1
	贫困地区	94.1	35.2	33.1
2015	四省涉藏地区	78.0	—	23.9
	西藏	69.6	—	25.5
	全国连片特困地区	89.2	—	34.7
	贫困地区	95.2	43.3	36.4
2016	四省涉藏地区	78.9	58.1	26.5
	西藏	91.3	53.1	25.8
	全国连片特困地区	90.6	49.5	38.5
	贫困地区	91.4	50.9	40.8
2017	四省涉藏地区	82.8	65.2	35.2
	西藏	73.0	62.7	26.1
	全国连片特困地区	91.3	59.1	41.8
	贫困地区	92.2	61.4	43.7

年份	地区	所在自然村有卫生站的农户比重	所在自然村垃圾能集中处理的农户比重	使用经过净化处理自来水的农户比重
2018	四省涉藏地区	81.5	72.7	34.7
	西藏	72.5	78.3	33.3
	全国连片特困地区	92.7	76.9	53.5
	贫困地区	93.2	78.9	56.4

资料来源：2015~2019年《中国农村贫困监测报告》。

慢性病是健康的隐形杀手，持续危害着涉藏地区农民的身体情况。由图4-6和图4-7可知，四省涉藏地区有24%农牧民饱受慢性病的折磨，其中高血压、

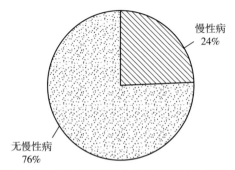

图4-6 四省涉藏地区农牧民有无慢性病情况

资料来源：调查问卷。

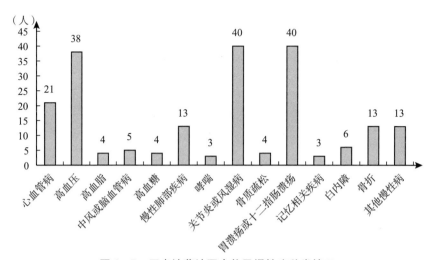

图4-7 四省涉藏地区农牧民慢性病种类情况

资料来源：调查问卷。

关节炎或风湿病、胃溃疡或十二指肠溃疡是对涉藏地区人民健康威胁最大的疾病，心血管疾病也不容忽视。

4.3　四省涉藏地区多维贫困测度

4.3.1　多维贫困的测度方法

本书结合四省涉藏地区的实际情况，以中外众多学者研究为基础，以匹配"两不愁、三保障"的新阶段精准扶贫要求为目标，进行指标选取并设计多维贫困的指标体系，利用调研取得的数据，运用 A－F 双临界值法对涉藏地区人民的多维贫困情况进行测量，并取得研究结果。

4.3.1.1　多维贫困指标的选取

目前，国内外众多学者就多维贫困的维度和指标展开了研究，但目前并没有统一的标准。阿玛蒂亚·森提出"能力贫困"，是多维贫困测量的理论基础。之后，联合国开发计划署在《1990 年人类发展报告》中构建了人类发展指数（human development index，HDI），包含"预期寿命、教育水平和生活质量"三项基础变量，同时，提出了人类贫困指数（human poverty index，HPI）。纳斯邦（M. C. Nussbaum）提出了寿命、情感、健康、思维等十项能力，进一步丰富了多维贫困指标的选取。在众多研究的基础上，由联合国开发计划署发布的《人类发展报告》中的多维贫困指数（MPI）取代了人类贫困指数，成为测量贫困的重要方法。MPI 包括教育、健康和生活水平三个维度，共包含 10 个指标，分别为：营养状况、儿童死亡率、儿童入学率、受教育程度、饮用水、电、日常生活用燃料、室内空间面积、环境卫生和耐用消费品。

《中国农村扶贫开发纲要（2011—2020）》中明确指出，到 2020 年稳定实现扶贫对象的"两不愁、三保障"问题。其中具体涉及的指标为：基本农田和农田水利、特色优势产业、饮水安全、生产生活用电、交通、住房、教育、医疗卫生、公共文化、社会保障、人口和计划生育、林业和生态。

结合实际调研情况，考虑到指标的可获得性，本书对多维贫困测量指标体系进行了一定调整。医疗保障对于贫困家庭十分重要，因此将医疗保险情况纳入指标体系中。家庭人均收入是衡量家庭贫困程度重要的货币性指标，因此增加人均收入这一指标。而家庭资产对衡量家庭贫困程度也有着重要的意义，因此增加资产这一维度。对于四省涉藏地区农牧民而言，牦牛是其较有特色的家庭实物资产，因此将牦牛与家庭耐用品一起设为资产指标。经过调整后，本书选取了衡量涉藏地区人口多维贫困状况的 6 个维度 11 个指标（见表 4 - 14）。

表 4 - 14　　　　　　　　　　　　多维贫困测量指标体系

维度	指标	临界值
教育	平均受教育年限	受访者和配偶平均受教育年限小于 9，赋值为 1，否则为 0
	适龄儿童入学	家庭有适龄儿童辍学，赋值为 1，否则为 0
健康	自我健康评价	自我评价为"不好"或"很不好"赋值为 1，否则为 0
	身体情况	家庭成员有慢性病或者残疾赋值为 1，否则为 0
生活水平	道路情况	对道路情况很不满意或比较不满意，赋值为 1，否则为 0
	住房情况	住房不为砖混结构，赋值为 1，否则为 0
	燃料情况	主要燃料为天然气、电、沼气、太阳能等清洁性能源以外，赋值为 1，否则为 0
经济情况	人均收入	人均收入小于国家贫困线（2017 年为 3 335 元），赋值为 1，否则为 0
资产	牦牛数量	牦牛数量小于中位数的一半，赋值为 1，否则为 0
	家庭耐用品	无机动车（包含摩托车）、电视机、电话、电脑中的任意 2 个，赋值为 1，否则为 0
医疗保障	医疗保险	受访者没有参加医疗保险，赋值为 1，否则为 0

4.3.1.2　多维贫困指标体系权重的确定

目前，贫困维度与指标权重尚没有统一标准。杨龙等（2014）运用等权重赋值法，即赋予每个维度同等权重，对多维贫困进行测算。张全红和周强（2014）在测量多维贫困指标权重时，采用主成分分析法。但这两种方法均存在一定局限性，等权重赋值法缺乏科学性，带有过多的主观色彩，无法准确衡量每个权重的大小；主成分分析法仅适合处理连续变量，而剥夺指标多为 0、1 变量。之后的研究中，谢家智（2017）引入人工神经网络（artificial netural network，ANN）方法，测度并分解了农村家庭多维贫困的广度、深度和强度水平。车四方等（2018）分别采用等权重法、变异系数法和 BP（back propagation）神经网络法计算权重并进行比较，最终得出 BP 神经网络法对多维贫困测度更精确的结论。本书采用 BP 神经网络的方法获得权重，更具有客观性与科学性。BP 神经网络旨在模仿人工智能来处理复杂的非线性问题，结构原理如图 4 - 8 所示。

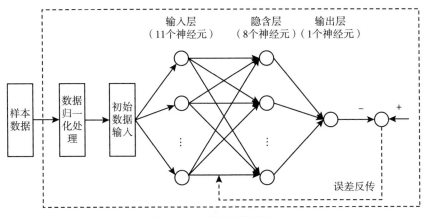

图 4 - 8　神经网络原理

首先将调研数据进行归一化处理，使各数据的范围映射到 0 ~ 1（或 -1 ~ 1），经归一化处理后的数据无量纲，能够消除不同数据的取值范围、单位等对权重计算的影响，并且归一化后数据值减小，在进行梯度下降计算时收敛速度更快，加快运算速度。归一化处理后的数据传入 BP 神经网络输入层神经元，每个神经元分别乘上随机初始权系数后，经过激活函数运算后进入隐含层，作为隐含层神经元的输入。进入隐含层的数据经过同样的加权、激活过程后作为隐含层神经元的输出进入输出层。经过以上过程获得的输出结果即为神经网络初始输出，该值往往与实际结果存在偏差（因为输入层与隐含层、隐含层与输出层间的初始权系数是 0 ~ 1 的随机数），故将二者取差值，并将此差值作为调整权系数的依据，即为图 4 - 8 中的误差反传。将此差值传递给输入层与隐含层之间的权系数，若输出结果大于实际结果，则应减小对应的权系数，反之增大权系数。多次重复这个过程来逐渐调整权系数，使输出结果与实际结果的差值在预设的允许范围内。由于误差反传过程的存在，神经网络往往需要大量的数据作为理论支撑。

通过以上步骤对初始随机权系数进行调整，最终可以得到精度符合要求的权系数矩阵。运用 BP 神经网络求权重矩阵最终公式如下：

$$w_{ij} = \sum_{c-1}^{m} H_{Ci}(1 - e^{-t})/(1 + e^{-t})$$

$$t = u_{je}$$

$$Q_{ij} = \left| (1 - e^{-p})/(1 + e^{-p}) \right|$$

$$p = w_{ij}$$

$$A_{ij} = Q_{ij} \Big/ \sum_{i=1}^{n} Q_{ij}$$

其中，i 是神经网络输入单元，取值为 1 到 n 的整数；j 是神经网络输出单元，取值为 1 到 f 的整数；A_{ij} 为最终求得的权重；c 是神经网络的隐含单元，取值范围为 1 到 m 的整数；u_{jc} 是神经网络输入层与输出层的权系数，w_{ij} 是输出层与隐含层之间的权系数。

本书通过构建一个三层 BP 神经网络，求出隐含层分别与输入层、输出层之间的权系数矩阵，最终确定指标体系中各指标的权重。由指标的设置可知，神经网络输入层为 11，输出层为 1。在设置隐含层神经元个数时，遵循小于输入、输出层神经元之和，大于输入、输出层神经元一半的原则，将隐含层设置为 8。根据 BP 神经网络训练结果，最终得到权重结果如表 4 - 15 所示。

表 4 - 15   指标权重情况

指标	权重
平均受教育年限	0.10930120
适龄儿童入学	0.02513319
自我健康评价	0.07106829
户主身体情况	0.11397352
道路情况	0.11208289
住房情况	0.11461871
燃料情况	0.11282978
人均收入	0.10644683
牦牛数量	0.10659662
家庭耐用品	0.11028835
医疗保险	0.01766062

4.3.1.3　多维贫困指数的构建及分解方法

1901 年，最早朗特里从个体的角度来定义贫困，用货币量来划分贫困线，但该方法存在一定缺陷，除营养需求外的其他必需品很难设定最低水平从而用货币进行衡量。国外学者对多维贫困的研究始于 1976 年，阿玛蒂亚·森开创了多维贫困理论，提出"能力贫困"的概念，表明贫困不仅局限于收入方面，在住房、社会保障、公共卫生设施等方面均有体现，"能力贫困"又会对自身发展造成限制，使其陷入恶性循环。在此之后，国外众多学者开始走上多维贫困探索之路。在多维贫困维度与指标拓展方面，联合国开发计划署构建了人类发展指数

（HDI）、人类贫穷指数（HPI）、多维贫困指数（MPI），这些指标为后来的学者提供了重要参考。在多维贫困测度方法探索方面。2007 年，牛津大学贫困与人类研究中心的学者阿尔凯尔（Alkire）和福斯特（Foster）提出 Alkire-Foster 方法，被之后学者广泛应用于多维贫困的研究中。此外，模糊集方法、信息理论方法、多元统计方法等均被应用于多维贫困的测度中。这些方法中，使用 A-F 方法进行贫困研究的文献数量最多，被学者们广泛认可与采纳。该方法相对之前的方法较为完善，因此本书采用此方法对贫困进行测度。

多维贫困测量首先需要通过调查获得个体或者家庭在每个维度上的取值，然后将在每个维度定义一个衡量贫困的标准，再根据这一标准逐个判断个体或家庭在该维度上是否贫困。多维贫困的测量方法和步骤如下：

第一，选择多维贫困指标，建立指标体系，将调研数据代入设计好的 $n \times d$ 维矩阵 $Y_{n,d}$ 中，其中矩阵元素 y_{ij}（属于 $Y_{n,d}$）表示个体 i 在维度 j 上的取值，其中 i 的取值为 1 到 n 的整数，j 的取值为 1 到 d 的整数。n 为样本数量，即调研中贫困户的数量，j 为指标数量。

第二，计算剥夺矩阵，判断矩阵元素 y_{ij}（属于 $Y_{n,d}$）与剥夺临界值 Z 的关系。若农户在某指标下是被剥夺的，则在剥夺矩阵中赋值为 1，否则，赋值为 0。

第三，在剥夺矩阵中，根据贫困临界值 D 来确定多维贫困个体，为剔除非贫困个体的干扰，将非贫困个体的剥夺值进行归零处理，把归零后的剥夺矩阵称为已删减矩阵 $g^0(D)$，该矩阵可反映多维贫困个体指标被剥夺的情况，D 表示被确定为多维贫困的个体的被剥夺指标数量大于或等于 D 值。

第四，将已删减矩阵的贫困个体的剥夺信息进行贫困加总，计算得出多维贫困的发生率 H、平均剥夺份额 B 以及 MPI，并采用这些指标来得出平均被剥夺的指标数量以及区域的贫困程度。多维贫困测算变量释义如表 4 – 16 所示。

表 4 – 16　　　　　　　　　　　　　多维贫困测算变量释义

变量名	释义
剥夺临界值（Z）	指某指标下，农户是否被剥夺的临界值，被剥夺则为贫困
贫困临界值（D）	判断农户各指标是否被剥夺，D 为农户多维贫困的临界值（若小于 D 则不为多维贫困）
多维贫困发生率（H）	$H = \dfrac{w}{q}$，其中，w 为区域内多维贫困人口数，q 为区域人口数量
平均剥夺份额（B）	$B = \dfrac{\sum\limits_{i=1}^{n} C_i(k)}{q * m}$，其中，$C_i(k)$ 表示在贫困临界值为 K 的情况下个体 i 被剥夺的指标数量；q 表示贫困人口，m 为测量指标数量

续表

变量名	释义
多维贫困指数（MPI）	$MPI = B * H$，用来描述区域内多维贫困的综合情况，B 为平均剥夺份额，H 为多维贫困发生率
指标贡献度（C）	$C = \dfrac{w_i CH_i}{MPI} * 100$，其中，$CH_i$ 表示指标 i 被剥夺的人口率，w_i 表示指标 i 的权重值
指标剥夺率（X）	$X = \dfrac{a}{b}$，其中 a 为某指标被剥夺人数，b 为总人口数量

4.3.2 多维贫困的测度分析

4.3.2.1 样本情况

本书数据来源于课题组于 2019 年在四省涉藏地区开展的调研。从调研结果来看，受访者及其配偶的学历水平较低，均值小于 2，显示出很大一部分人未受过教育或未读完小学。在生活水平方面，受访者对道路满意程度的均值为 3.14026，受访者房屋大部分均不为砖瓦结构。在经济水平方面，由均值水平可以看出，受访者除电脑以外其他的耐用品拥有比率较高。在医疗保障方面，受访者绝大部分均参加了医疗保险。具体变量情况如表 4 – 17 所示。

表 4 – 17　　　　　　　　　　　　　变量情况

项目	极小值	极大值	均值	标准差
受访者学历（未受过教育 = 1，未读完小学，但能读、写 = 2，小学毕业 = 3，初中毕业 = 4，高中毕业/职高/中专 = 5，大专毕业 = 6，大学本科 = 7，硕士及以上 = 8）	1	6	1.902985	1.115764
配偶学历（未受过教育 = 1，未读完小学，但能读、写 = 2，小学毕业 = 3，初中毕业 = 4，高中毕业/职高/中专 = 5，大专毕业 = 6，大学本科 = 7，硕士及以上 = 8）	1	7	1.834783	1.036517
孩子中途有无辍学（有 = 1，没有 = 2）	1	2	1.972810	0.162884
自我健康评价（很好 = 1，好 = 2，一般 = 3，不好 = 4，很不好 = 5）	1	5	2.516049	0.948090
自身及亲属有无残疾（有 = 1，没有 = 2）	1	2	1.865140	0.342009
受访者有无慢性病（有 = 1，没有 = 2）	1	2	1.756477	0.429765

续表

项目	极小值	极大值	均值	标准差
家庭总人口	1	7	4.209524	1.408771
对道路满意程度（很不满意=1，比较不满意=2，一般=3，比较满意=4，很满意=5）	1	5	3.140260	1.291424
房屋是否为砖混瓦结构（是=1，否=2）	1	2	1.773171	0.419293
家中是否有机动车（有=1，没有=2）	1	2	0.220096	0.414807
家中是否有电视机（有=1，没有=2）	1	2	0.028708	0.167185
家中是否有电话/手机（有=1，没有=2）	1	2	0.011962	0.108844
家中是否有电脑（有=1，没有=2）	1	2	0.894231	0.307912
家庭拥有牦牛数量	0	180	9.569007	24.69972
是否参加医疗保险（是=1，否=2）	1	2	1.004878	0.069758

4.3.2.2　单维贫困测算

从表 4 - 18 可以看出，从单一维度对贫困状况进行考察，四省涉藏地区贫困发生率最高的三个指标为平均受教育年限、住房情况以及燃料情况，贫困发生率分别为 95.53%、77.32% 和 74.46%。贫困发生率排第四到第六的指标为牦牛数量、身体情况和道路情况，贫困发生率分别为 56.90%、34.13% 和 29.87%。贫困发生率排第七到第九的指标为人均收入、家庭耐用品和自我健康评价，贫困发生率分别为 25.12%、23.68% 和 13.33%。儿童是否辍学和医疗保险方面受剥夺的程度最低，均不超过 5%，仅有 0.49% 的人没有参与医疗保险。

表 4 - 18　　　　　　　　　　单一维度贫困状况

维度	指标	贫困发生率（%）	排序
教育	平均受教育年限	95.53	1
	儿童是否辍学	2.72	10
健康	自我健康评价	13.33	9
	身体情况	34.13	5
生活水平	道路情况	29.87	6
	住房情况	77.32	2
	燃料情况	74.46	3
经济情况	人均收入	25.12	7

续表

维度	指标	贫困发生率（%）	排序
资产	牦牛数量	56.90	4
	家庭耐用品	23.68	8
医疗保障	医疗保险	0.49	11

4.3.2.3 多维贫困测算

由表4-19可以看出，K=1时，四省涉藏地区农户贫困发生率最高，为0.9961，意味着99.61%的受访者至少在某一个维度存在贫困状况，此时平均被剥夺份额为0.3983，多维贫困指数为0.3968。K=2时，四省涉藏地区受访者中有99.22%的人至少在某两个维度存在贫困情况，且平均被剥夺份额为0.3995，多维贫困指数为0.3964。K=3时，贫困发生率为0.9419，平均被剥夺份额为0.4111，多维贫困指数为0.3872。K=4时，四省涉藏地区贫困发生率为73.26%，平均被剥夺份额为0.4507，多维贫困指数为0.3302，仍有七成以上的人存在贫困状况。

表4-19　　　　　　　　　　多维贫困情况

	贫困发生率	平均被剥夺份额	多维贫困指数
K=1	0.9961	0.3983	0.3968
K=2	0.9922	0.3995	0.3964
K=3	0.9419	0.4111	0.3872
K=4	0.7326	0.4507	0.3302
K=5	0.4457	0.5067	0.2259
K=6	0.1860	0.5795	0.1078
K=7	0.0659	0.6417	0.0423
K=8	0.0039	0.7273	0.0028
K=9	0		

从图4-9中可以看出，随着K值的增加，四省涉藏地区多维贫困指数与贫困发生率都具明显下降的趋势。当K=9时，贫困发生率与多维贫困指数均下降为0，说明不存在九个及以上维度贫困的情况。根据得出的数据可以看出，四省涉藏地区多维贫困指数较高，说明其贫困范围非常广，具有规模性，贫困涉及的人数众多。

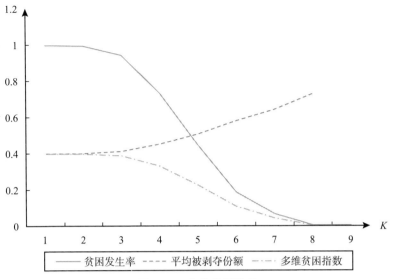

图 4 - 9 多维贫困情况

4.3.2.4 多维贫困指数分解

由表 4 - 20 可知，随着 K 值的变化，每个指标的贡献率也存在一定差异。K =
1 时，平均受教育年限对四省涉藏地区居民多维贫困的贡献程度最大，为
26.69%；排第二的是住房情况，贡献度为 23.07%；排第三的是燃料情况，贡献
度为 21.82%；排第四的是牦牛数量，贡献度为 15.83%；排第五的为居民身体
情况，贡献度为 9.02%，可以看出以上 5 个指标是多维贫困产生的主要因素。道
路情况、人均收入、家庭耐用品、自我健康评价、是否辍学和医疗保险均对多维
贫困产生一定影响，其贡献率分别为 7.56%、7.07%、6.68%、2.22%、0.17%
和 0.02%。K = 8 时，医疗保险、儿童是否辍学、人均收入的贡献度为 0，表明
贫困临界值为 8 时，这些指标对多维贫困指数没有影响。

表 4 - 20 多维贫困指数分解情况 单位：%

K	1	2	3	4	5	6	7	8	均值
平均受教育年限	26.69	26.72	26.04	23.87	21.20	18.47	17.03	15.03	21.88
是否辍学	0.17	0.17	0.18	0.21	0.30	0.36	0.23	0.00	0.20
自我健康评价	2.22	2.22	2.28	2.42	3.17	3.58	4.56	9.77	3.78
身体情况	9.02	9.03	9.24	10.30	11.74	11.06	13.58	15.67	11.21
人均收入	7.07	7.08	7.14	7.87	9.86	12.25	13.66	0.00	8.12

续表

K	1	2	3	4	5	6	7	8	均值
道路情况	7.56	7.56	7.74	8.42	8.46	8.86	9.25	15.41	9.16
燃料情况	21.82	21.84	21.80	20.40	17.81	16.23	16.55	15.51	19.00
住房情况	23.07	22.97	23.29	22.34	20.85	19.37	17.86	15.76	20.69
牦牛数量	15.83	15.84	15.58	16.14	16.28	15.71	13.68	14.66	15.47
家庭耐用品	6.68	6.69	6.84	7.90	9.46	12.69	12.13	15.16	9.69
医疗保险	0.02	0.02	0.02	0.02	0.00	0.00	0.00	0.00	0.01
MPI	0.40	0.40	0.39	0.33	0.23	0.11	0.04	0.00	

从指标贡献率均值来看，平均受教育年限对多维贫困贡献最大，其次是住房情况、燃料情况、牦牛数量、身体情况，均在10%以上，表明以上几个指标对四省涉藏地区多维贫困贡献较大，在扶贫时需重点关注这几个方面。随着扶贫维度的增加，儿童是否辍学、自我健康评价、身体情况、人均收入、道路情况、家庭耐用品呈现明显的递增趋势，平均受教育年限、燃料情况、住房情况呈现递减趋势，牦牛数量、医疗保险变动不大。

贡献率递增趋势的指标主要集中在教育、健康、资产和经济水平4个维度，说明四省涉藏地区居民贫困程度越深，在这几个方面被剥夺的情况就越严重。平均受教育年限、燃料情况、住房情况指标贡献率较高，随着贫困维度增加其指标贡献率降低较为合理。牦牛的饲养周期比一般黄牛要长，因此牦牛数量较为稳定。居民购买医疗保险具有连续性与稳定性，故医疗保障方面贡献率变化不大。

4.4 本章小结

通过对四省涉藏地区区域社会、经济状况、贫困与减贫概况、多维贫困测度进行分析，得出以下结论。

第一，四省涉藏地区处于深度贫困的人口众多。根据调查结果可知，四省涉藏地区多维贫困维度在3个及以上比率的为94.19%，属于UNDP发布的多维贫困标准范畴。被剥夺指标为4的比率为73.26%，这显示出有七成以上的居民处于4个维度的多维贫困状态。被剥夺指标为5的比率为44.57%，有将近一半的居民处于5个维度的多维贫困状态。由此可以看出，四省涉藏地区处于多维贫困状态人口众多，多维贫困覆盖率较高。

第二，四省涉藏地区部分人口仍处于深度贫困状况。据调研结果可知，四省涉藏地区居民中有 0.39% 在 8 个指标上被剥夺，有 6.59% 在 7 个指标上被剥夺，有 18.6% 在 6 个指标上被剥夺。这样的家庭处于深度贫困状态，脱贫难度大。当 K 值增加时多维贫困发生率下降，平均被剥夺份额上升，说明这些贫困家庭多维贫困的程度在不断加深。

第三，教育、住房和燃料是贫困发生率最高的三个维度。在单维贫困的测算上，平均受教育年限、住房情况和燃料情况贫困发生率分别为 95.53%、77.32% 和 74.46%。在开展扶贫工作时，需要聚焦这三个方面。教育能激发贫困户脱贫的内生动力，对脱贫攻坚具有重要作用。住房情况、燃料情况反映了四省涉藏地区居民在生活条件方面的不足，是贫困渗透到生活方面的具体表现。

第四，深度贫困人口需要在教育、健康、生活方面给予帮助。当 K 值较大时，平均受教育年限、住房情况、燃料情况、身体情况多维贫困指数贡献率较高，这表明贫困程度越深，这三个指标的剥夺程度就越大，在扶贫方面应给予重视。

第 5 章

四省涉藏地区微型金融的
发展现状与问题

5.1 四省涉藏地区微型金融发展的供给现状分析

5.1.1 微型金融机构

微型金融在国内外的发展都呈现出多元化的趋势,种类众多,运作模式和目标也有所不同。国际上微型金融的运行模式主要有三种:小组模式、个人贷款模式和村银行模式。小组模式即孟加拉乡村银行模式,以联保小组和乡村中心为运行基础,构建三级组织结构,设置分期还款模式,"整借零还";个人贷款模式是根据个人向小额信贷机构提供的还款保障和一定程度的担保能力,向他们提供贷款;村银行模式以乌干达的国际社会资助基金会(Foundation for International Community Assistance,FINCA)为典型代表,以村互助小组为核心,实现小组成员高度参与和经济民主化。国内的微型金融也在借鉴国外成功案例的基础上开创了一些新的模式。

目前,四省涉藏地区的微型金融体系主要分为小额信贷和小额保险两方面内容,并以小额信贷为核心。从微型金融机构的分类上来说:在小额保险方面,主要指的是各类农业保险公司等,如中国人民财产保险股份有限公司、中华联合财产保险公司、中航安盟财产保险有限公司、阳光财产保险股份有限公司等,他们主要提供农业保险和微型金融再保险,农业保险主要就是指涉藏地区特有的藏系羊保险、牦牛保险。此外在青海涉藏地区还有小麦、马铃薯、玉米、蚕豆和高原特色作物青稞在内的特色品种。针对涉藏地区农业保险标的特点,各农业保险公司与气象、农业、水利等部门加强合作,在各省探索构建覆盖全面、管理清晰、运行规范、服务到位的"三农"保险销售服务体系。在小额信贷方面,四省涉藏地区微型金融机构的种类错综复杂，但大致可分为以下三类：正式微型金融机构、半结构式微型金融机构和非正式微型金融机构。其中，正式微型金融机构主要指的是各类商业银行，如农业银行、农村商业银行、邮储银行等，农村信用合作社也属于此类；半结构式微型金融机构主要指的是各类微型金融公司（或小额信贷公司）、非政府组织微型金融和农村资金互助社；非正式微型金融机构则包括了民间借贷组织和涉藏地区最富特色的寺院借贷（蒋霞，2014）（见图5-1）。

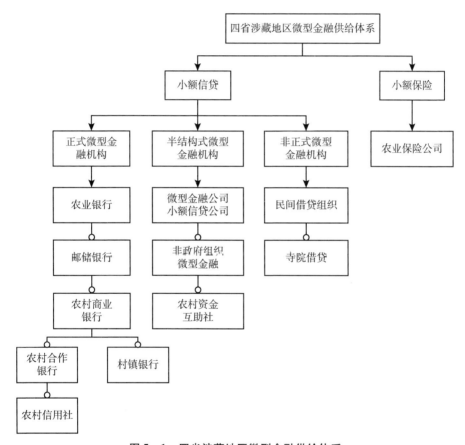

图5-1 四省涉藏地区微型金融供给体系

邮储银行和农村信用社在涉藏地区业务发展较多，是四省涉藏地区微型金融供给的主力军，广受藏民青睐。而一些新型农村金融机构如村镇银行、小额信贷公司和农村资金互助社也有发展，它们是为适应小微企业和农户的贷款需求而逐渐发展起来的微型金融机构，也是对金融供给体系的有效补充。由于农村信用社、农村商业银行等在涉藏地区贫困村经常呈现一家独大的现象，这些机构发展规模暂时不是很大，但其对于四省涉藏地区微型金融服务的贡献却不容忽视，且其发展速度近年来也在不断加快，已经逐渐成为四省涉藏地区微型金融的中坚力量。此外，寺庙金融作为涉藏地区一种最为特殊的金融活动，发展十分广泛，是非正式微型金融供给的主要力量，同时，亲友互助借贷、放贷人借贷等民间借贷形式也因涉藏地区社会网络、人情往来的特殊性而普遍存在。

5.1.1.1 邮储银行

早在 2008 年，邮政储蓄分支机构就已遍布涉藏地区城乡，随后则更是作为吸储大户一直支持着涉藏地区金融的发展。在四省涉藏地区，邮储银行高度重视扶贫工作，专注发展小额贷款业务，全力推进金融精准扶贫的运行成效。截至 2019 年 3 月，邮储银行在四省涉藏地区共计发放贷款余额为 108.64 亿元，为涉藏地区农户及小微企业提供了较为可靠的融资渠道。此外，参考银行业评级的常用指标，主要选取了不良贷款率和存贷比来进一步分析邮储银行自身的经营状况。根据图 5-2 结果显示，自 2014 年起到 2018 年第二季度，邮储银行的不良贷款率基本呈现波动上升的趋势，但随后不良贷款率又开始降低，这可能是因为其初期对于小额信贷的发放与经营经验不足，无法有效防范农牧户的还款风险，但随着经营业务增多，风控手段升级，银行的不良贷款开始逐渐减少。

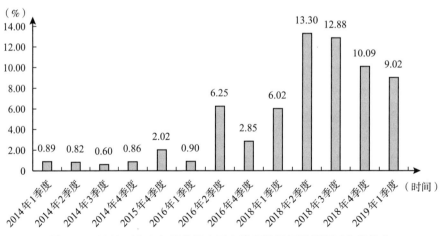

图 5-2　2014~2019 年部分季度四省涉藏地区邮储银行不良贷款率

资料来源：中国人民银行西宁中心支行调查统计处。

从金融机构追求盈利的角度来看，存贷比应该越高越好，表明它的收入高成本少，盈利状况较好；但从其抵抗风险的角度来看，存贷比不宜过高，因为一般微型金融机构还会同时经营着小额储蓄业务，需要有充足的流动资金来应对客户的日常现金支取和结算。一般认为 50% 的存贷比是商业银行的盈亏平衡点，表明至少有 50% 的存款转化为贷款才不会发生亏损。而从 2015 ～ 2019 年现有数据的分析来看，邮储银行的存贷比维持在 20% 以下，处于一个较低的水平，其盈利能力明显不足，这在一定程度上与长期以来对四省涉藏地区的 "输血式扶贫" 是分不开的，涉藏地区经营成本高、贷款风险大，银行的盈利能力受到一定限制（见图 5 - 3）。

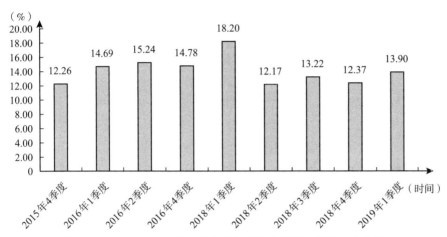

图 5 - 3　2015 ～ 2019 年部分季度四省涉藏地区邮储银行存贷比

资料来源：中国人民银行西宁中心支行调查统计处。

在四川涉藏地区，以邮储银行甘孜州分行为例，据该行统计数据，截至 2019 年 10 月末，其各项存款余额 7.29 亿元，各项贷款结余 2.91 亿元，在两年时间内信贷规模翻了近 4 倍。[①] 在此期间，甘孜州分行积极推进 "银担、银政、银会" 合作，持续创新金融产品和服务方式，增强风险防控措施，加快创新 "农业＋旅游＋金融" 的步伐，有力地支持了甘孜州地方特色产业发展和 "旅游兴州" 战略的实施。通过推广小微易贷、信用易贷、加油站贷、旅游贷（蜀易贷）等新产品，极大地支持了甘孜州旅游、能源、矿产、现代农牧、特色文化、中藏医药 "六大产业" 的发展，从产业扶贫、科技扶贫、就业扶贫等角度创新经营模式，为微型金融精准扶贫提供助力。

青海涉藏地区也是涉藏地区脱贫攻坚的主战场之一，以邮储银行果洛州支行为例，采取了多种扶贫模式全力推进金融扶贫，如 "政府＋银行＋企业＋合作社＋贫困户" 的产业扶贫模式、"双基联动＋驻村第一书记" 整村推进的 "530" 扶

---

① 中国邮政储蓄银行官网，http：//finance. newssc. org/system/topic/9180/index. shtml。

贫贷款集中投放模式等。从全省情况来看，截至2018年8月末，邮储银行青海省分行有22家基层网点办理"双基联动"合作贷款业务，累计发放"双基联动"合作贷款1 148笔，金额达1.29亿元[①]。目前，青海涉藏地区邮储行提供的担保方式有政府风险补偿资金、两权抵押和农户联保，作为金融扶贫主办行之一发挥着主力军的作用，但还缺乏相应的经验，扶贫与金融之间存在矛盾，担保抵押创新受阻，如草原使用证无法实现担保。

5.1.1.2 农村信用社

在涉藏地区，农村信用社是最有特色、最活跃的金融机构之一，担任着精准扶贫任务，在广大农牧民心中的地位越来越高。农信社的独立法人资格、灵活的经营方式，导致各地效益不同，由于前期的运作欠规范，加之通存通兑上的劣势，限制了其吸储能力，而农牧民的借贷需求偏高，因此存在惜贷、筛选优质客户的现象。但通过近几年农信社的改革，其内部治理与风险控制能力有很大的提升（蒋霞，2015）。根据2015～2019年的统计数据可以看出，农信社的存贷比基本保持在60%～70%，是一个较为合理的水平，不会因过高而无法抵抗流动性风险，也不会因过低而导致自身无法持续经营（见图5-4）。

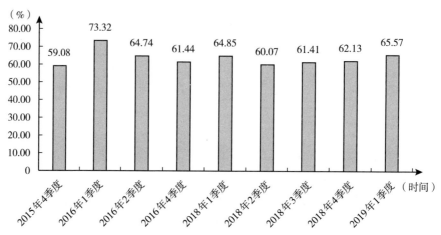

图5-4　2015～2019年部分季度四省涉藏地区农村信用社存贷比

资料来源：中国人民银行西宁中心支行调查统计处。

从涉藏地区农信社的经营现状看，以四川涉藏地区和青海涉藏地区为例，2015～2019年，四川涉藏地区的存贷比普遍保持在55%左右，而青海涉藏地区

[①]　数据来源：中国邮政储蓄银行青海省分行。

的存贷比则维持在 70% 左右，基本处于正常盈利水平，可以保证农信社自身的进一步发展，为农牧户持续发放贷款，从而在保障机构正常运营的基础上为藏民提供更多的信贷支持（见图 5 - 5）。

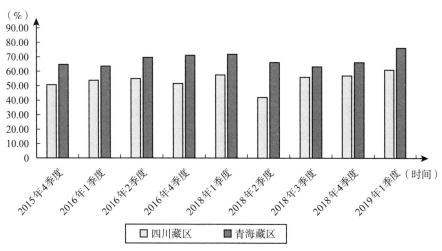

图 5 - 5　2015 ~ 2019 年四川和青海涉藏地区农信社存贷比

资料来源：中国人民银行西宁中心支行调查统计处。

　　在青海涉藏地区，农信社是网点最多、覆盖最广、服务最贴近基层的地方性金融机构，以黄南州为例，农信社支持涉藏地区农牧业发展的模式主要有四种：农户小额信用贷款风险基金机制、"电子银行 + 惠农卡"金融服务模式、"信用评定 + 贷款优惠"模式和"扶贫 + 信贷 + 创新产品"模式，通过与当地扶贫开发部门、财政部门协同合作，进一步改善了农牧区信用环境，为藏民提供信贷支持（马震，2013）。但受涉藏地区特殊经济结构和农信社天然劣势的影响，其支农能力有限，职能匹配和风险防范方面还有待加强，所推行的创新型金融产品并未得到完全普及，仍需更深一步的改革。

　　在四川涉藏地区，农信社积极走访调查做实评级授信，全力推动"双创"工作开展，采用"扶贫再贷款 + N"模式，低利率发放涉农贷款。以阿坝州为例，2019 年累计发放扶贫再贷款 27.68 亿元，为客户节约融资成本 1 亿余元，并建立金融助推扶贫攻坚基地 45 个，带动 1 万余户农户增收致富。截至 2019 年 3 月末，阿坝州农村信用联社累计发放金融精准扶贫贷款 62.63 亿元、余额 29.21 亿元，主要用于个人、产业和项目精准扶贫，其中，产业精准扶贫贷款发放占比最高，达 48%（见图 5 - 6）。

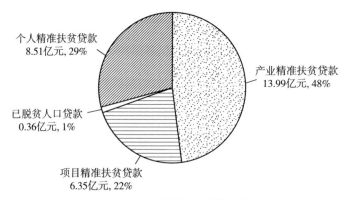

个人精准扶贫贷款
8.51亿元，29%

产业精准扶贫贷款
13.99亿元，48%

已脱贫人口贷款
0.36亿元，1%

项目精准扶贫贷款
6.35亿元，22%

图 5 - 6　阿坝州金融精准扶贫贷款余额构成

资料来源：阿坝州农村信用联社股份有限公司（截至 2019 年 3 月）。

在四川阿坝自治州，若尔盖农信社是四川农信的典型代表，作为"牧民群众自己的银行"，其承担了全县 100% 的牧民定居行动计划信贷支持任务，2019 年累计发放牧民定居贷款 20 474 万元，支持 74 个村场 6 791 户 50 319 位牧民告别千年"逐水草而居"的游牧生活；建成县域内唯一实现"县、镇、村"三级金融服务全覆盖的金融机构，共布局 9 个营业网点，配备懂"藏汉"双语的大堂经理，减少了银行与客户的语言障碍，提升对客户的亲和力；不断完善以"固定网点 + 金融自助机具 + 助农取款点 + 汽车银行 + 金融服务联络员"为架构的综合金融服务渠道体系建设，大力发挥定时定点服务、汽车银行流动服务等灵活便捷服务特点，有效改善边远牧区金融服务环境。同时，全面参与服务地方经济发展规划、精准扶贫项目、"三农"发展贷款项目、旅游资源开发等实体经济发展，全力助推若尔盖县重大民生工程的顺利实施。

但是目前阿坝州农信社的扶贫工作还存在一定问题和困难，主要体现在以下三个方面：一是受自然灾害对地方旅游业的影响，农信社涉旅行业的产业扶贫带动效果减弱，贷款风险不断暴露，不良贷款占比较高；二是部分贫困户将信贷资金当成免息救济款，还款意愿不强，信贷风险大；三是部分信用社无风险补偿金，但对于申请贷款的贫困户只要符合贷款条件都照单全收，增大了风险。

5.1.1.3　村镇银行

村镇银行通常由一家或多家境内银行业金融机构发起设立，企业和个人均可按一定比例共同出资，为当地"三农"经济发展提供存贷款等金融服务。村镇银行有效地填补了农村金融服务的空白，服务对象瞄准在农户和小微企业，资本规模较小，享有独立法人资格、决策灵活，且业务范围十分广泛，除办理基本的银行存贷款、结算、代理、承兑等业务外，也可代理政策性银行、保险公司、证券公司的业务。

但就目前四省涉藏地区村镇银行的建设情况来看，覆盖率总体较低，网点分布极少。截至 2018 年底，仅有云南涉藏地区的迪庆藏族自治州和青海涉藏地区的海北藏族自治州各设有 1 家村镇银行，其中，海北州的门源大通村镇银行于 2018 年 7 月才注册成立，发展尚不成熟。从云南涉藏地区迪庆州近几年的经营状况来看，其发放贷款数额持续增加，支农作用渐渐增强，不良贷款率虽然前期一直在上升，但后期逐渐下降，且一直维持在全国村镇银行不良率的平均水平 4% 左右（见图 5 – 7 和图 5 – 8）。整体来看，迪庆州村镇银行的经营状况较好，但受涉藏地区借贷人群的个体特征和当地经济状况的影响，农户的贷款意识薄弱、

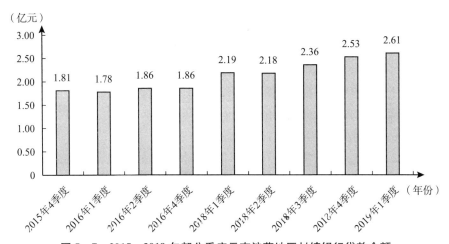

图 5 – 7　2015～2019 年部分季度云南涉藏地区村镇银行贷款余额

资料来源：中国人民银行西宁中心支行调查统计处。

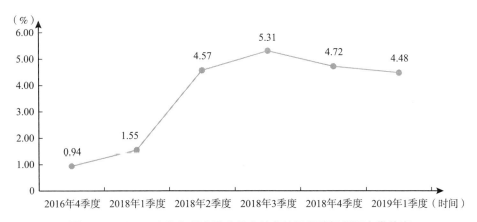

图 5 – 8　2016～2019 年部分季度云南涉藏地区村镇银行不良贷款率

资料来源：中国人民银行西宁中心支行调查统计处。

还款意愿不强，再加上藏民普遍缺乏一定的金融知识，还存在着许多的经营风险，如信用风险、流动性风险、操作风险、经济环境风险和政策风险等，其风险抵抗能力还有待加强。

5.1.1.4 农村资金互助社

农村资金互助社由社员通过自愿入股资金组成，具有独立的企业法人资格，实行社员民主管理，社员主要指当地的小微企业和农户，是一种互助性的银行业金融机构，与村镇银行和小额贷款公司相比，它主要是吸收社员的存款及向社员发放贷款，其资金来源由社员存款、社会捐赠和其他金融机构融资构成。近年来，四省涉藏地区的互助资金发展得如火如荼，对解决涉藏地区农牧民生产发展、经营贷款难的问题起到了极大的促进作用。以青海涉藏地区的海北州为例，互助资金发放的基本模式为：每个贫困村将所建立的互助资金存入主办行，主办行再按 3 ~ 5 倍放大贷给该贫困村，村民使用互助资金时不得触碰三条红线：吸储、分红、跨村使用。并且，使用互助资金要缴纳一定的费用，贫困户要上缴占用费、非贫困户除占用费外还需缴纳入会费 100 ~ 300 元，使用互助资金单笔限额 20 000 元，期限为一年以内。

在海北州海晏县，自 2013 年启动贫困村生产发展互助资金试点工作以来，截至 2019 年，全县已在 5 个乡镇的 29 个行政村开展了互助资金项目，并成立了 29 个扶贫资金互助协会。2013 年以来，共投入互助资金 1 767.32 万元，主要包括历年的财政扶贫资金和入社费、占用费。其中，财政扶贫资金投入极大地推动了海晏县农村资金互助社的运营（见图 5 - 9）。

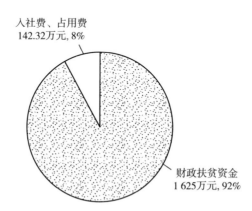

入社费、占用费
142.32万元, 8%

财政扶贫资金
1 625 万元, 92%

图 5 - 9　2019 年青海涉藏地区海北州海晏县互助资金构成

资料来源：海晏县 2019 年村级互助资金运行情况工作总结。

根据海晏县 2019 年村级互助资金运行情况工作总结来看，截至 2019 年，入协会率平均达到了村总人数的 60% 以上,贫困户入协会率更是高达 82%。2013 年运行以来,没有出现逾期资金和不良贷款,互助资金占用费按 3% 收取,贷款资金主要用于种植业、养殖业、商业和运输业。据初步统计,海晏县 29 个试点村累计向 7 214 户累计发放互助资金借款 9 535.96 余万元,资金使用率达 96%,回收率达 100%。整体来看,农村资金互助社发放的互助资金缓解了生产发展的融资难题,促进了涉藏地区特色产业发展,增强了农户脱贫致富能力,提高了农户生产生活水平,且由于互助社具有地域性特点,会员间存在着血缘、亲缘、地缘关系,彼此之间互相了解,增强了农户诚信意识,但目前也存在贫困户的借款比例不断下降的问题,使得互助社的业务经营受到影响。

5.1.1.5 小额信贷公司

小额信贷公司是独立的企业法人,自负盈亏、自担风险、自我约束,其资金来源于自有资金和借款资金,它与村镇银行的区别主要是不能吸收公众存款,主要业务是发放贷款,并以“小额、分散”为发放贷款时的原则,主要面向农户和小微企业。就其经营理念来看,小额贷款公司具有明显的地方金融特色,虽不是正式的银行业金融机构却有着涉藏地区民间金融所没有的规范性和组织性,具有灵活的产品研发能力和较好的运营成本控制能力,但目前其数量较少,在涉藏地区的覆盖面还有待扩张。以甘肃涉藏地区为例,甘南州辖内共有小额贷款公司 7 家,经过 9 年的发展,贷款发放量增加了约 10 倍。截至 2018 年 12 月末,注册资本合计 2.6 亿元,各项贷款余额 1.41 亿元,总资产 2.84 亿元,总负债 0.24 亿元。小额贷款公司客户分布广泛,贷款主要投向农民经济合作社、生产加工制造业、农产品深加工企业、个体工商户及公务员。从贷款额度看,甘南州小额贷款公司发放最多的是单笔贷款余额大于 50 万元的,合计发放约 0.96 亿元,占比高达 69%(见图 5-10)。

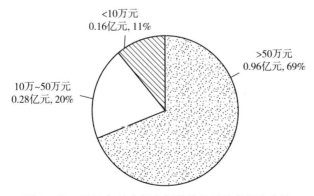

图 5 - 10 2019 年甘南州小额贷款公司贷款额度合计

资料来源:甘南州 2019 年情况说明。

此外，从甘南州小额贷款公司自身经营状况来看，7 家小额贷款公司中，除夏河县安多小额贷款公司外的所有公司权益乘数都维持在 1 左右，这意味着大部分的小额贷款公司负债较少，面临的财务风险较小（见表 5 - 1）。

表 5 - 1　　　　　　　　　　甘南州小额贷款公司基本情况

公司	权益乘数	注册资本（万元）	贷款余额（万元）
合作市壹加壹小额贷款公司	1.00	1 000	0
合作市金利小额贷款公司	1.03	2 000	2 063.59
合作市鑫源小额贷款公司	1.00	3 000	479.46
夏河县安多小额贷款公司	11.86	12 000	7 025.92
迭部县苯日钦牡小额贷款公司	1.17	1 000	965.27
碌曲县惠和小额贷款公司	1.00	2 000	2 171.70
舟曲县金域小额贷款公司	1.00	5 000	1 493.85

资料来源：甘南州 2019 年情况说明。

在小额信贷公司中，中和农信是目前中国规模最大、覆盖范围最广的农村小额信贷平台，产生了极大的社会效益和经济效益。据 2019 年中和农信工作简报数据，中和农信的在贷客户中，91.5% 为农户，59.1% 为妇女，少数民族占21%。[①] 在四省涉藏地区的 10 个藏族自治州，都有中和农信的网点分布。2013 ~ 2015 年，中和农信为青海涉藏地区共计出资 1.8 亿元，青海省配套投入 0.9 亿元，它与蚂蚁金服达成长期合作，主要推广"互联网 + 精准扶贫"模式。在甘肃涉藏地区的中和农信天祝自立服务社，自 2014 年以来一直为贫困群众提供无担保、无抵押、高效便捷的小额贷款服务，发放贷款数量不断增加，且一直保持着0.5% 左右的逾期率，为农牧民发展产业提供有力的资金支撑。2014 ~ 2018 年中和农信发放贷款数额如图 5 - 11 所示。

---

① 中和农信项目管理有限公司工作简报，http://old.cfpamf.com.cn/static/upfile/201912251419455498.pdf。

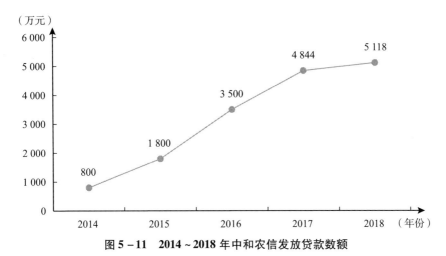

图 5－11　2014～2018 年中和农信发放贷款数额

资料来源：中国农网。

5.1.1.6　寺院借贷

寺院借贷是民间借贷的一种重要形式。近年来，四省涉藏地区的寺院借贷发展较为迅速，特别是一些欠发达地区，金融服务供给严重不足的情况下，牧民的信贷需求只能通过寺院借贷等民间借贷的形式来解决，这也为寺院借贷的发展提供了空间。

寺院借贷的资金供给方为寺院，其资金来源主要是佛事活动布施、信徒供养、生产加工经营、经商运输旅游等，而借贷的需求方则为寺院的信徒等。寺院借贷在涉藏地区历史悠久，封建农奴制的废除，从根本上改变了政教合一的制度，寺院成为重要的活动场所。随着改革开放以来，党和国家全面恢复宗教信仰自由的政策，寺院积累一定资金后，寺院借贷也逐渐开始盛行。

寺院的借贷模式一般为有资金需求的借贷者以寺院的僧侣作为中间人向寺院借贷，然后寺院根据借贷资金的用途等情况，确定是否借贷、借贷的利率、规模以及期限等。借贷的方式有抵押借贷、担保借贷以及信用借贷等。借贷的手续比较简单，双方达成协议后，一般通过书面的借据注明借贷的利率、金额、抵押物以及还款时间等，双方签名后，一手交钱，一手交借据，不产生任何手续费，当然有的还需要在佛前发誓（蒋霞，2015）。根据调研的情况显示，涉藏地区寺院借贷的规模一般为 7 万元左右，期限相对较短，利率相对较高，一般高达 20%～30%，是基准贷款利率的 6 倍以上。

5.1.1.7　民间借贷

除了寺院借贷外，民间借贷主要包括亲友互助借贷和放贷人借贷，因其信贷审批的"短、频、快"较受藏民的青睐。其中亲友间的互助借贷是最普遍发生方式，该借贷方式发生在亲朋好友之间，主要特征为不收取利息，用于生活周转、婚丧嫁娶等，期限不定，"有钱就还"，以口头协定为主，借贷的发生与否取决于借贷双方的亲密程度，故对信用的要求极高。除此之外，还存在一种类似于合会的互助借贷形式，如在四川甘孜涉藏地区，生意伙伴在相互间有深入了解，并知道贷款用途是正当生意的基础上，会给资金周转不灵的伙伴借款，并规定利息，年息一般为 10%。

近年来因退耕还林、退牧还草以及城建征地等原因，部分农牧民得到大笔补偿，由于银行低存款利率，手握富余资金的农牧民主动或被动地成为放贷者。借贷主要是发生在经营方面，金额更大，利息比正式微型金融机构高，通常还需中间人做担保或实物抵押（蒋霞，2015）。民间借贷以短期贷款为主，借贷手续简便、交易成本低，虽然借贷利息一般较高，但作为微型金融的一项补充，为促进涉藏地区经济社会又好又快发展提供了强有力的金融支撑。

5.1.2 微型金融服务

对微型金融客户而言，金融服务的主要作用在于：对经济机会做出反应、应对困难时期和对未来进行投资。在四省涉藏地区，它主要开展小额贷款、小额储蓄以及小额保险这三大业务。

5.1.2.1 小额贷款业务

在四省涉藏地区，小额信贷在促进农牧民脱贫致富方面起到了中流砥柱的作用。四省涉藏地区的农牧民致贫原因复杂多样，其中发展资金的缺乏是关键所在。涉藏地区农牧民经济收入偏低，很难形成足够资金投入再生产，而信贷很好地弥补了这一缺口。根据中国人民银行西宁中心支行统计数据显示，自实施精准扶贫、乡村振兴战略以来，四省涉藏地区信贷供给规模不断上升，2019 年 1 季度就累计发放贷款 215.81 亿元，该季度贷款余额 1 982.71 亿元。其中，金融精准扶贫贷款余额 594.83 亿元，普惠金融领域贷款余额 536.5 亿元，涉农贷款余额 1 536.8 亿元。

根据四省涉藏地区特殊的信贷发展模式，主要可从以下三个角度探讨四省涉藏地区小额信贷供给情况。

（1）扶贫小额信贷。

2015 年党中央全面部署小额信贷在精准扶贫中的重要作用以后，扶贫小额信贷发展较快，四省涉藏地区涉农金融机构不断创新其金融产品，推出了以"农户联保贷款""助力贷"等为代表的扶贫小额信贷专项产品，并不断探索"合作社＋贫困户""景区＋贫困户"等扶贫小额信贷运用模式。

从扶贫小额信贷的发放机构看，主要有农村信用社、邮储银行、农业银行、农业发展银行、村镇银行等金融机构，扶贫开发局联合人民银行在这些金融机构设计了主办行制度。主办行制度是指小微企业固定地以一家银行作为自己的主要贷款行并接受其金融信托及财务监控的一种银企结合制度。以青海涉藏地区为例，待年度金融扶贫工作计划、目标和实施方案确认后，主办银行签订"青海省扶贫开发金融服务主办银行承诺书"，确认内容和目标，人民银行、财政、扶贫部门给予主办行政策支持（王长松，2016）。

从扶贫小额信贷发放现状看，2019 年 1 季度四省涉藏地区扶贫小额信贷余额约 18.1108 亿元，比年初增长 0.8 亿元，同比增长 4.38%。其中，四川涉藏地区作为除西藏以外的第二大藏族聚居区，容纳了全国 1/4 的藏族人口，其扶贫小额信贷发放量占比最高，在四省涉藏地区中占 57%，共计发放 10.2704 亿元，仅甘孜藏族自治州就高达 7.92 亿元，而云南涉藏地区扶贫小额信贷供给最少，仅为 0.1325 亿元（见图 5 – 12）。

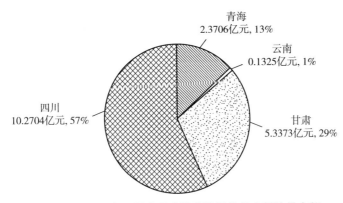

图 5 – 12　2019 年 1 季度四省涉藏地区扶贫小额信贷余额

资料来源：中国人民银行西宁中心支行调查统计处。

自推出扶贫小额信贷政策以来，各金融机构相继开展评级授信和扶贫小额信贷发放活动，积极推动"扶贫再贷款＋扶贫小额信贷"模式，切实使贫困户"贷得到、用得好、还得上、逐步富"。在四川甘孜州涉藏地区，截至 2019 年 8 月末，作为涉藏地区金融主力军的农信社累计发放扶贫小额信贷余额 6.06 亿元，约占全州金融机构的 66%；在四川阿坝州涉藏地区，农信社发放扶贫小额信贷余额为 1.98 亿元，约占全州金融机构的 64%（见表 5 – 2）。

表 5 - 2　　　　　2019 年 8 月四川地区扶贫小额信贷余额对比（分机构）　　　单位：亿元

机构	四川省	四川彝区	四川涉藏地区	
		凉山州	阿坝州	甘孜州
农信社	139.05	9.48	1.98	6.06
农行	11.19	2.80	1.03	3.04
邮储银行	7.39	1.89	0.08	0.10
其他	3.29	0.32	—	0.01
所有机构合计	160.92	14.49	3.09	9.21

资料来源：全国扶贫开发信息系统扶贫小额信贷模块。

　　从四川省、四川彝区和四川涉藏地区的扶贫小额信贷余额来看，截至 2019 年 8 月，四川彝区的扶贫小额信贷余额高于四川两大涉藏地区之和，并且发放扶贫小额信贷的主体机构主要是农信社、农行和邮储银行，其中农信社承担了四川省近 80%、四川涉藏地区和彝区近 65% 的扶贫小额信贷业务，对于精准扶贫过程中扶贫小额信贷的发展起着功不可没的作用，从这几个地区的扶贫小额信贷逾期率来看，截至 2019 年 8 月，四川涉藏地区对于贷款逾期风险的防范略有成效，两大涉藏地区的逾期率都低于全省平均水平 1.10%，分别为 0.79% 和 0.73%，扶贫小额信贷的风险管控取得了可喜的成果，反观凉山彝区的逾期率，为 1.13%，高于全省平均水平，还有待进一步采取相应改革措施化解逾期风险（见表 5 - 3）。此外，从发放机构的对比情况来看，农信社的逾期率高居榜首，这可能一方面是受其过大的业务量的影响，面临的还贷风险更大，风险管控比其他机构更为复杂；另一方面也与贫困户对扶贫小额信贷的认识有关，部分贫困户认为扶贫小额信贷等同于扶贫资金，将其当成政府的免息"救济款"，故还款意愿不强，信贷风险加大，贷款逾期风险加大。

表 5 - 3　　　　　2019 年 8 月四川地区扶贫小额信贷逾期率对比（分机构）　　　单位：%

机构	四川省	四川彝区	四川涉藏地区	
		凉山州	阿坝州	甘孜州
农信社	1.15	1.69	1.22	0.93
农行	0.76	0.02	0.02	0.36
邮储银行	0.74	0.13	—	—
所有机构平均	1.10	1.13	0.79	0.73

资料来源：全国扶贫开发信息系统扶贫小额信贷模块。

整体看，由于地区发展情况不同，各地的扶贫小额信贷供给量不一，但都面临着以下几大问题：一是扶贫小额信贷瞄准的精度准度有待提高，由于识别程序不完善，加之利率贴息等优惠政策导致寻租行为发生，使扶贫识别偏离贫困群体；二是扶贫小额信贷期限短、额度小，一般为 1~3 年，而农牧民畜牧养殖的生产周期通常在 3~5 年，使得贷款期限与生产周期出现矛盾，贷款的循环周转无法覆盖涉藏地区的特色农牧业周期；三是扶贫小额信贷主要采取政府担保和个人信用担保，应注意还款风险防范，贷款的逾期率还有待进一步降低。

（2）农户小额信贷。

农牧户为四省涉藏地区规模最大的借贷主体，各类金融机构都纷纷发展创新农户贷款。目前较为活跃的金融机构主要有：农村信用社、村镇银行、邮政储蓄银行和农业银行，它们充分发挥了支农作用，对农户生产融资给予了较大的支持。同时，一些新兴的农村金融机构如村镇银行、农村资金互助社、小额贷款公司等在农户贷款的发放中也起着愈渐重要的作用。据有关数据显示，从 2014~2019 年，四省涉藏地区的农户贷款发放量基本呈稳步上升趋势，在精准扶贫等政策的作用下，藏民的贷款需求渐渐得到满足。2014~2019 年部分季度四省涉藏地区农户贷款余额如图 5-13 所示。

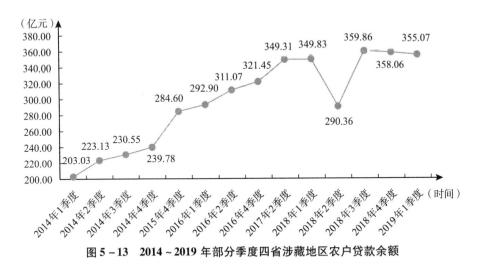

图 5-13　2014~2019 年部分季度四省涉藏地区农户贷款余额

资料来源：中国人民银行西宁中心支行调查统计处。

根据统计数据可以发现，2018 年前农户小额信贷数额基本维持在每季度 25 亿元左右，而从 2018 年起，农户小额信贷投放量陡增，此后基本维持着每季度 70 多亿元的发放量（见图 5-14）。这可能与 2017 年国家发布的小额贷款业务和小额贷款公司的监管新规定和政策条文有关，如《关于小额贷款公司有关税收政策的通知》等。整体看来，农户小额信贷在满足涉藏地区农牧民的生产生活需要上发挥着日渐重要的作用。但有关研究表明，目前农户小额信贷的供给主体主要是财政扶贫资金和农村信用社，它们虽然为涉藏地区经济增长提供了资金保障，但仍存在资金供给不足、借款期限短、信用环境差等问题，阻碍了涉藏地区经济进一步提升。

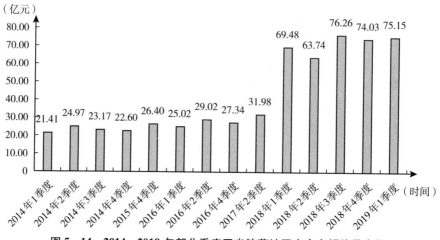

图 5 - 14　2014～2019 年部分季度四省涉藏地区农户小额信贷余额

资料来源：中国人民银行西宁中心支行调查统计处。

从四省涉藏地区农户小额信贷发放的构成来看，囊括 6 个藏族自治州的青海涉藏地区贷款供给量最高，达到 17.60 亿元，占 47%，四川涉藏地区次之，为 26%，而云南和甘肃涉藏地区的地域规模不是很大，故贷款发放量也相对较少（见图 5 - 15）。

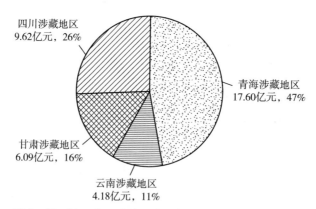

图 5 - 15　2019 年 1 季度四省涉藏地区农户小额信贷构成

资料来源：中国人民银行西宁中心支行调查统计处。

此外，从农户信贷供给结构来看，农户获得信贷的方式主要有信用、保证、抵押、质押这四种。以 2019 年 1 季度四省涉藏地区的农户中长期贷款数据为例，各类贷款中，抵押贷款占比最大，为 45%，这可能与近几年来广泛兴起的农地抵押贷款有关，农牧户可以通过抵押土地承包权获取贷款，在金融机构考察评级的基础上，能在满足农户贷款需求的同时减轻金融机构的贷款风险，提高其贷款供给的信心（见图 5 - 16）。

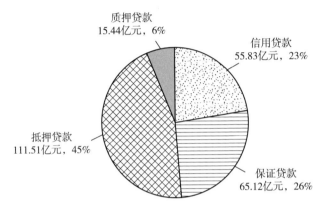

图 5 - 16　2019 年 1 季度四省涉藏地区农户信贷供给结构

资料来源：中国人民银行西宁中心支行调查统计处。

（3）个人精准扶贫贷款。

自精准扶贫政策提出以来，金融精准扶贫贷款为涉藏地区脱贫工作作出了巨大贡献，它主要由 3 个部分组成：个人精准扶贫贷款、产业精准扶贫贷款和项目精准扶贫贷款，其中，个人精准扶贫贷款主要指扶贫小额信用贷款，截至 2019 年 1 季度，余额为 42.25 亿元，为许多建档立卡贫困户提供了生产生活的融资渠道（见图 5 - 17）。

在涉藏地区，还专门成立了以"一把手"任组长的金融精准扶贫工作领导小组，指定专门部门和人员负责金融扶贫工作，先后制订金融扶贫工作方案、指导意见等相关文件数十个，2017 ~ 2019 年部分季度个人精准扶贫贷款发放数额基本稳定在 40 亿元左右，为涉藏地区金融精准扶贫工作扎实有序推进提供了强有力的保障（见图 5 - 18）。

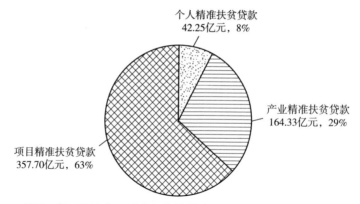

图 5 - 17　2019 年 1 季度四省涉藏地区金融精准扶贫贷款构成

资料来源：中国人民银行西宁中心支行调查统计处。

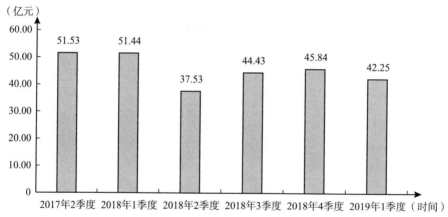

图 5 - 18　2017 ~ 2019 年部分季度四省涉藏地区个人精准扶贫贷款数额

资料来源：中国人民银行西宁中心支行调查统计处。

　　从涉藏地区 2019 年 1 季度个人精准扶贫贷款的地区发放情况来看，四川涉藏地区的投放数额占到了一半以上，这与四川涉藏地区近年来在金融扶贫上的努力密不可分（见图 5 - 19）。以阿坝州农信社为例，2018 年以来，紧盯全州脱贫计划，及时制订金融精准扶贫实施方案，积极探索贷款创新担保方式，推出了林权抵押、知识产权质押等融资担保方式，不断扩大个人精准扶贫贷款的覆盖面，但是有关研究表明个人精准扶贫贷款的不良贷款率较高，主要是受旅游不景气、自身经营不善、产业政策调整等因素影响，导致收入减少甚至中断，无法按期归还贷款。

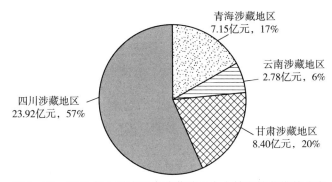

图 5-19 2019 年 1 季度四省涉藏地区个人精准扶贫贷款分布

资料来源：中国人民银行西宁中心支行调查统计处。

5.1.2.2 小额储蓄业务

除小额信贷业务以外，四省涉藏地区的微型金融服务中还包括了小额储蓄业务。虽然它在涉藏地区经济增长的融资过程中不能发挥像小额信贷那样大的作用，但它对于帮助农牧民积累财富具有重大的意义。藏民在微型金融机构中拥有一个储蓄账户，能不时地将零星资金存入一个安全的地方并可在有需要时随时取出，对于保障客户资金的安全性、流动性、便利性起到了重要的推动作用。

目前，四省涉藏地区提供小额储蓄的金融机构主要是各类银行、扶贫组织、小额信贷公司和农村资金互助社等，其中农村信用社承担了大多数的储蓄存款业务。2018 年整体看来，由于涉藏地区以农牧民为土，且畜牧业、养殖业较为发达，农业发展银行、农村信用社、农村商业银行等的小额储蓄规模相对较大。而农村信用社累计吸收存款 3 329.22 亿元，在同类金融机构中占首位（见图 5-20）。

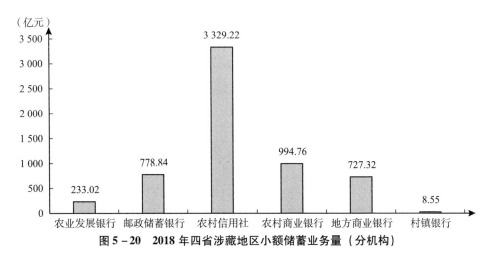

图 5-20 2018 年四省涉藏地区小额储蓄业务量（分机构）

资料来源：中国人民银行西宁中心支行调查统计处。

农村信用社在广大农牧民心中地位越来越高，是藏族地区最有特色、最活跃的金融机构，并担任主要的支农任务，但受涉藏地区特殊经济结构和农信社先天劣势影响，其支农能力有限，自身发展定位不够明确，还有待进一步改革。

5.1.2.3 小额保险业务

小额保险是一项由非银行金融机构提供的服务，小额保险市场业务明显小于储蓄与贷款市场业务。小额保险按服务对象一般可分为农村小额保险和城市小额保险，在涉藏地区则主要以农村小额保险为主，保费低廉、保额较少、期限较短，一般保费维持在 50 ~ 100 元左右。涉藏地区的保险机构不完善，产品主要为财产保险，尤指财政部自 2010 年开始施行的、对藏族地区牦牛、藏系羊、青稞三类标的进行保险保费补贴的养殖业、种植业保险，这种农业保险业务量小，开展范围小，发展缓慢。受涉藏地区保险标的生命性、流动性的影响，保险公司常常与政府达成合作，发挥政府的主导作用，由政府来负担绝大部分的保费，农户仅需承担 10% ~ 20% 的保费。以四川涉藏地区为例，四川涉藏地区主要农业保险品种及其保费情况为保险公司结合涉藏地区特色农牧产品设立青稞、牦牛等保险品种，其保费控制在 10 ~ 120 元，但农业保险本身不稳定性及风险极大，为保障保险机构的可存续性，一般会结合政府财政补贴来保障小额农业保险的正常运作，由政府承担 75% ~ 90% 不等的保费（见表 5 - 4）。

表 5 - 4　　　　　　　　　四川涉藏地区主要农业保险品种及其保费

保险品种		单位保额（元）	保险费率（%）	单位保费（元）	保费分担	
					政府补贴（%）	农户缴费（%）
青稞		200	6	12	75	25
藏系羊		500	6	30	80	20
牦牛		2 000	6	120	80	20
森林	公益林	500	0.13	0.65	90	10
	商品林	750	0.16	1.20	75	25

资料来源：白玉培. 四川藏区农业保险发展现状及问题研究 [J]. 读天下，2016，(015).

甘南涉藏地区的情况也很类似，2011 年甘南州正式启动青稞、牦牛、藏系羊政策性特色农牧业保险，于 2013 年启动马铃薯政策性特色农牧业保险。这四种农牧业保险的保费都被分成了四个部分，分别由中央财政、省财政、州县财政和农牧民承担，一般农牧民承担比重较小，具体情况如表 5 - 5 所示。总体来说，甘南涉藏地区的保险覆盖面由 2011 年的 35% 提高到 2018 年的 90% 以上，已经基本实现了全覆盖，2018 年保费收入 1.88 亿元，赔付支出 1.26 亿元，累计为全州 12 万参保农牧户提供风险保障，受灾农牧民户户均补偿款近 8 000 元以上，为涉藏地区广大农牧民群众"因灾返贫"提供了强有力的保障。

表 5-5　　　　　　　甘南涉藏地区农牧业保险保费补贴分担情况　　　　　　单位：%

保险标的	中央财政补贴	省财政补贴	州县财政补贴	农牧民
青稞	40	30	10	10
牦牛	40	30	10	10
藏系羊	40	30	10	10
马铃薯	40	25	10	15

资料来源：甘南州小额信贷扶贫基本情况。

值得一提的是，在涉藏地区小额保险中，牦牛保险正在有条不紊地发展着，以四川甘孜涉藏地区理塘县为例，中航安盟保险公司开展的理塘牦牛保险自 2018 年 10 月 13 日开始，2019 年 1 月 4 日承保数量为 26 609 头，产生保费 345.92 万元。截至 2019 年 4 月 25 日已死亡 482 头，预估赔款金为 92 万元左右。其中已决赔案 420 头，已决赔款金额 82 万元，系统待核赔案件 30 件，系统外积压案件 32 件。具体而言，产生系统外积压案件的主要原因在于三点：一是承包期间涵盖了春节假期，相关索赔资料不能及时交回；二是部分农户意识淡薄，身份信息不能及时收集到位；三是个别信息的录入错误。另外，关于牦牛保险赔付的具体举措主要有以下几个要点：一是发挥电子耳标作用，防范牦牛标的的流动性带来的理赔风险；二是制定协办人员管理标准，严控道德风险；三是针对牦牛败血病灾害情况（主要在 4~5 月），由公司当地负责人与政府衔接，密切关注病情；四是当地机构负责人不定时跟进关注赔付高的个体。在这样的运行机制下，牦牛保险对于增强涉藏地区农牧民的生产风险抵抗能力十分有利，有助于藏民实现自主脱贫。

总体来看，涉藏地区的小额农业保险发展还不太成熟，虽然各地的保险业务在渐渐兴起，但政策项目收效甚微，保险公司的经营面临巨大压力，主要表现在以下几个方面：一是涉藏地区环境复杂，服务成本高，保险业务开展的难度系数较大；二是由于承保方式不规范，保险公司的经营风险较大；三是保险公司理赔服务能力不足，经常面临道德风险引致的欺诈理赔案件。此外，四省涉藏地区的小额保险覆盖面不足，如海北涉藏地区 2019 年才刚展开牲畜保险，品种受地域特征影响较为单一，发展规模还有待进一步扩张，保险公司的经营能力也有待提升。

综合来看，四省涉藏地区微型金融的供给还有待进一步扩张，在小额信贷方面，主要业务基本都被农信社、农行和邮储银行垄断，其中以农信社为甚，虽然其在业务供给方面贡献很大，但垄断难免会造成效率的损失，如不良贷款率上升，故应给予一些新型微型金融机构更多的发展空间，扩大小额信贷的供给面；在小额保险方面，涉藏地区的小额保险机构覆盖面不足，业务较为单一，且受涉藏地区自然环境和经济状况的影响还存在较大的经营风险，仍需进一步加强产品的创新性和可行性，扩大保险机构和业务的覆盖面。

5.2 四省涉藏地区微型金融发展的需求现状分析

本节内容主要从需求者的角度去分析四省涉藏地区微型金融的发展情况。其中，书中所涉及的数据均来自针对四省涉藏地区建档立卡贫困户的实地调研，调研的样本主要是四川涉藏地区包括红原县、若尔盖县、甘孜县、马尔康市、丹巴县、道孚县，甘肃涉藏地区包括卓尼县、迭部县、夏河县，云南涉藏地区包括香格里拉县、德钦县、维西县，青海涉藏地区包括都兰县、贵德县。调查问卷内容涉及藏民银行贷款、寺院借贷、亲友借贷、还款顺序、政府补贴等方面，本次调查总共发放问卷480份，有效问卷454份，实际回收率为94.58%，其中有借贷行为的共451份，占有效样本比例为99.34%。本节内容的分析，主要围绕贫困户的信贷需求、保险需求以及支付需求等几方面进行阐述。

5.2.1 小额储蓄服务现状与需求分析

在银行卡及服务使用上，根据本书课题组的调查结果显示，2017年四省涉藏地区家庭银行卡使用数量的情况为：0张银行卡占比2.70%、1张占比37.53%、2张占比40.22%、3张占比11.91%、4张占比4.04%、5张及以上占比3.60%（见图5-21）。调研数据显示2017年家庭主要持有1~2张银行卡，其中开通银行卡手机银行81人（18.54%）、网上银行74人（16.93%）、短信余额提醒232人（53.09%），除此之外没有再开通其他功能。开通银行卡手机银行与网上银行的人较少，由于受到技术与设备的制约，当地的银行卡各种功能普及率较低，并且受观念落后以及家庭条件的影响，银行卡持有人仅选择短信余额等基础功能，而短信余额提醒服务的开通同时反映了被访者对于资金流的关注情况。

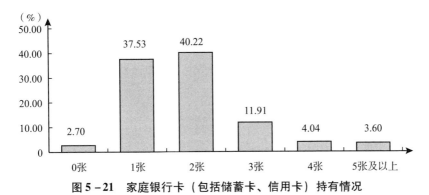

图 5 - 21　家庭银行卡（包括储蓄卡、信用卡）持有情况

资料来源：课题调研数据。

　　在结余资金用途上，被访者中结余资金以储蓄形式保存的占比 52.53%，用于还债、扩大养殖规模、做生意以及寺庙捐赠的占比 41.76%，以上是四省涉藏地区结余资金的五种主要用途。通过数据显示，结余收入用于储蓄的比重超过了 50%，多半的人选择储蓄自己的资金，由于涉藏地区环境较为恶劣，生产生活方式单一，投资渠道闭塞，因此，大部人将结余资金用于储蓄，用于做生意的仅占 5.05%，而用于还债的比重超过了 20%，四省涉藏地区藏民资金流转的压力较大，从另一方面可以看出藏民民间借贷活跃，借款活动频繁（见图 5 - 22）。

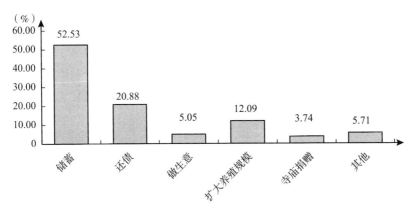

图 5 - 22　家庭结余资金主要用途

资料来源：课题调研数据。

　　在资金流转压力较大的情况下，44.76% 农户表示缺钱的时候，会通过卖牦牛获得收入，而 42.21% 的农户则不会通过卖牦牛来解决短期资金的短缺（见

图 5 - 23)。可以看出,这两种做法占的比例相当。牦牛是涉藏地区农户主要经济收入来源,但牦牛身上的属性却不仅仅限于金钱,因此使得相当一部分藏民在经济拮据时选择保留牦牛。

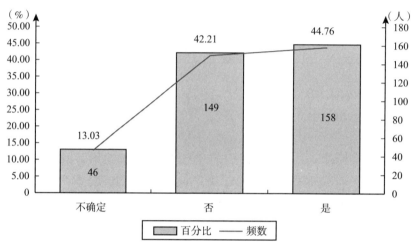

图 5 - 23　缺钱时对于是否卖牦牛的处理情况

资料来源:课题调研数据。

而在储蓄的渠道上,被访者结余收入主要存放在正规金融机构占比 71.21%,存放在家里占比 28.35%,无人存放在宗教组织。超过 70% 的人选择存放在正规金融机构,虽然存入的资金量不多,但是该行为说明了受访者对于银行储蓄的安全性认识较为准确,同时对于金融机构信任感较强。与此同时,仍有接近 30% 的人选择将收入存放家中,结合涉藏地区实际情况,很大程度上是由于金融机构的距离较远、家庭结余资金量少、家庭对现金更为偏好的特点引起的。

进一步深入分析,2017 年去过银行等金融机构存款的人数为 322 人,占比 73.02%。存款次数主要为 1 次(33.13%)、2 次(20.31%)、3 次(17.81%)。存 3 次及以下的人数占大部分,超过 70%。未曾存款的原因有多种(见表 5 - 6),41.74% 是由于自身没有多余的资金用来储蓄,其日常收入仅能满足日常开支;20.89% 的人是因为对金融机构存款程序不熟悉,藏民金融知识匮乏、信息渠道闭塞,相关宣传教育工作有待加强;20.87% 的人是由于金融机构离得太远造成的,金融基础设施的建设、交通条件的改善是普惠金融发展的重要条件。

表 5-6	未曾前往金融机构存款的具体原因	
未曾存款的具体原因	频数（次）	百分比（%）
对金融机构存款程序不熟悉	24	20.87
没有去银行等金融机构的意识	13	11.30
与银行等金融机构离得太远	24	20.87
没有存款	48	41.74

资料来源：课题调研数据。

5.2.2　贷款服务现状与需求分析

5.2.2.1　贷款服务基本描述性分析

（1）借贷渠道。

在借贷渠道上，获得过银行贷款的有 200 人（45.15%），互联网金融贷款人数仅有 10 人（2.97%）（见图 5-24）。非银行渠道借款中亲友借贷最多，有 223 人（93.31%）。即使涉藏地区地广人稀，但仍然存在较为频繁的社会交往，亲友借贷互动频繁，互通资金、实物。由于政银合作推动普惠金融，并且金融扶贫力度持续扩大，提高了藏民银行贷款的积极性与贷款的可获得性；互联网贷款比例只有2.97%，符合涉藏地区信息化程度较低，受互联网金融影响较小的特点。

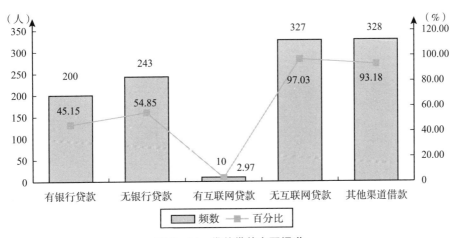

图 5-24　贷款借款主要渠道

资料来源：课题调研数据。

在其他非银行渠道借款中，向农牧民专业合作社借贷的有3人（1.26%），寺庙组织借款16人（6.72%），小额信贷公司贷款1人（0.42%），农村资金互助社借款4人（1.68%）；民间借贷11人（4.62%），其他渠道借款17人（7.14%）。可以看出，除了银行和亲友借贷，还存在其他形式的非正规金融借贷，其中寺庙借款6.72%，由于寺院借贷的特殊性和宗教敏感性，因此本书调查结果仅作为一个趋势，实际可能高于这一比例。由此可见，寺庙这一组织在资金的配置上成为农牧民较之专业合作社、小额信贷公司的优先选择，因此基于寺庙之上的社会互动是除亲友关系外最强的社会关系。

（2）小额贷款发展情况。

在小额贷款的信息普及上，被访者中听说过扶贫小额信贷的人数为338人（75.78%），主要通过扶贫工作人员（69.23%）、村干部（78.82%）、亲友（50.3%）获得信息。四省涉藏地区作为深度贫困地区，扶贫措施力度大，与此相关的扶贫小额信贷也大面积实行。由于在本次调研中，相当样本为贫困户，因此从扶贫小额信贷这一概念的了解比例可见金融扶贫的广度在涉藏地区较高。而村干部在信息渠道上处于主体地位，其次是掌握扶贫小额信贷信息的扶贫工作人员，最后是亲友。村干部作为信息渠道的枢纽对信息的传递起着重要作用，其对于扶贫小额信贷性质的理解将深刻影响村民的理解。

在小额贷款的需求上，较需要小额信贷的被访者比重（64.56%）远远超过不需要（20.39%）的比重，并且有5.83%的人很需要小额信贷，需要的资金额度主要位于100 000元以下，可见样本人群对小额信贷需求旺盛（见图5-25）。

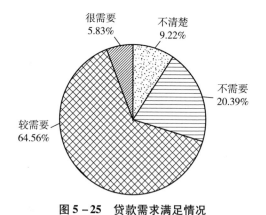

图5-25 贷款需求满足情况

资料来源：课题调研数据。

在实际申请贷款方面，申请了未能得到贷款的人数为165人（39.19%），申请到部分贷款的 112 人（26.60%），信贷需求完全得到满足的有 144 人（34.21%），（见图 5 - 26）申请了贷款却未得到的比例高达 39.19%，可见涉藏地区存在较为严重的金融约束现象。贷款申请的时间集中于 2016 年和 2017 年，与金融扶贫持续扩大力度的时间点相吻合，因此贷款的可得性与金融供给倾斜"三农"的程度密切相关。

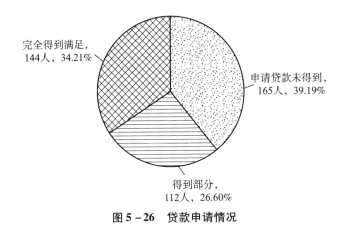

图 5 - 26　贷款申请情况

资料来源：课题调研数据。

从 2014～2017 年，申请小额贷款的数量逐年增加。小额贷款主要来源于农村信用社、农业银行、邮储银行，贷款的逐渐增加符合经济发展、普惠金融发展趋势，而银行贷款的供给主体主要为农村信用社，这与农村信用社的市场目标和涉藏地区以农村信用社为主的银行布局结构有关。

扶贫贷款项目名称多种多样，其中以扶贫贷款、精准扶贫贷款项目为多。由于样本对贫困户进行了较多考量，因此大部分贷款项目来源于扶贫贷款。扶贫贷款通常由财政贴息，在申请过银行贷款的样本中，贷款免息的比例达到 40.2%，国家对小额信贷免息、贴息比重较大。贷款期限在三年之内为主，以三年居多，占比 42.97%，一年期占比 39.36%。由于藏民贷款用途以农牧业和消费为主，农牧业生长周期强，因此贷款期限较长（见图 5 - 27）。贷款金额主要集中在 50 000 元以下，占比 95.69%，20 000 元占比 13.73%，30 000 元占比 27.45%，50 000 元占比 33.73%，同小额信贷的授信额度上限相符（见表 5 - 7）。贷款担保方式以政府担保为主，其次为个人信用担保，政府担保占比 36.48%，个人信用担保占比 23.08%，可见政策性贷款占较大比例（见表 5 - 8）。

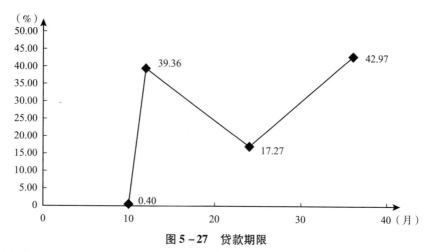

图 5 – 27 贷款期限

资料来源：课题调研数据。

表 5 – 7   贷款主要额度情况统计

额度（元）	频数（次）	百分比（%）
10 000	20	7. 84
15 000	12	4. 71
20 000	35	13. 73
30 000	70	27. 45
50 000	86	33. 73
100 000	7	2. 75

资料来源：课题调研数据。

表 5 – 8   小额贷款资金担保主要方式情况统计

担保方式	频数（次）	百分比（%）
个人信用担保	105	23. 08
小组联户担保	18	3. 96
政府担保	166	36. 48
土地经营权抵押	28	6. 15
房屋产权抵押	17	3. 74
户口本	52	11. 43
一本通	11	2. 42

资料来源：课题调研数据。

　　与此同时，针对未申请过小额贷款的被访者，笔者进行了深入调查，由于"不需要贷款"而没有申请过小额贷款的有 103 户，可以看出一些农户存在内生动力不足的问题；"没有人际关系"和"对贷款不了解"分别排在第二位和第三位，现阶段农户对小额贷款的了解不全面，说明小额贷款的宣传力度较弱（见图 5-28）。除了不需要贷款的农户，本书课题组对选择其他原因的被访者进行了调查，这部分农户需要的借款额度大多分布在 10 000~50 000 元，占比69.18%。其中 31.30% 的农户希望获得无息贷款，27.83% 的农户能接受 5%的利息，预期借款期限最长为 180 个月（15 年），最短为 5 个月，大部分集中在 1~3 年，占比 85.60%。78.21% 的农户对小额贷款的必要性评价持中立态度，仅有 19.23% 的农户认为小额贷款有必要（见表 5-9）。

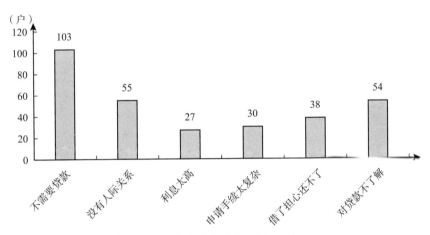

图 5-28　未申请贷款的原因情况统计

资料来源：课题调研数据。

表 5-9　　　　　　　　　　　小额贷款必要性评价情况统计

小额贷款的必要性评价	频数	百分比（%）
非常不必要	3	1.92
相对不必要	1	0.64
中立	122	78.21
相对必要	18	11.54
非常必要	12	7.69

资料来源：课题调研数据。

（3）信贷用途。

农户申请的小额贷款中，有102人选择用于消费，88人选择用于农业或畜牧业，65人用于建房，用于看病支出和用于习俗或人情支出的均有60人，有4人选择用于寺庙捐助。因此农户申请小额贷款的用途与预期有较大偏差，仅有88人选择用于农业或畜牧业生产，17人选择用于参加培训。从图5-29可知，有58.23%的（145户）农户认为申请的小额贷款对生活以及生产活动有较大的改善作用；22.50%的农户（56户）认为改善非常大；13.65%的农户（34户）认为改善作用一般；5.62%的农户（14户）认为改善比较小；没有农户认为申请的小额贷款对生活以及生产活动的改善作用非常小。总体来说，绝大部分农户认为小额贷款对其生活及生产活动有改善作用，占80.73%（包括改善比较大和改善非常大）。

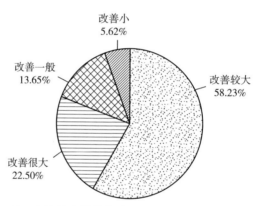

图 5-29 申请的小额贷款对生活以及生产活动的改善作用
资料来源：课题调研数据。

（4）信贷服务满意情况。

在当前提供小额贷款机构的服务满意程度评价中，被访者中46.85%（119户）比较满意；23.62%（60户）非常满意；22.83%（58户）一般满意；极少数农户为非常不满意和比较不满意，分别占1.97%（5户）和4.72%（12户）。总体看来，农户对小额贷款机构服务满意度较高。而不满意的原因主要是银行人员服务态度不好、手续复杂等（见表5-10）。因此小额贷款供给方应规范工作人员流程，提高工作人员服务能力，简化贷款手续，缩减客户办事时间，提高办事效率。

表 5 – 10　　　　　　　小额贷款机构服务满意程度评价中不满意的原因

不满意的原因	频数（次）	百分比（%）
利息较高	4	14.81
手续复杂	7	25.93
贷款附加条件太多	3	11.11
银行人员服务态度不好	8	29.63
审批时间太长	2	7.41
额度太小不能满足需求	3	11.11

资料来源：课题调研数据。

具体来看，被访者中对小额信贷产品申请和使用的便利性表示满意（包括一般满意、比较满意和非常满意）共 244 户，占比 94.31%。由于村干部的组织，小额信贷产品便利性较高。但是部分被访者因贷款附加条件太多、审批时间太长而感到不满意（见表 5 – 11）。因此小额信贷供给方要在有效防范风险的前提下，尽量简化手续。

表 5　11　　　　　　　对小额信贷产品申请和使用的便利性不满意的原因

不满意的原因	频数（次）	百分比（%）
手续复杂	7	15.22
贷款附加条件太多	18	39.13
银行人员服务态度不好	7	15.22
审批时间太长	10	21.74
额度太小不能满足需求	4	8.70

资料来源：课题调研数据。

（5）信贷还款情况。

首先我们对被访者进行了贷款和政府补贴的认知调查，86.45% 的农户（217户）认为银行提供的贷款和政府给的补贴（如救济金）是不一样的，但有 34 个农户认为银行提供的贷款和政府给的补贴是相同的。总体而言，由于村干部的宣传，大部分农户能够区分贷款和补贴的差异，但是仍然有部分藏民对于两者存在认知偏差，这种偏差将会影响藏民的还款积极性与主动性（见图 5 – 30）。

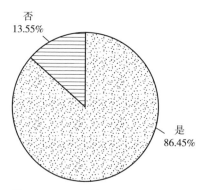

图 5 – 30   对贷款和政府补贴的认知

资料来源：课题调研数据。

　　进一步对被访者的还款顺序进行了调查，在经济收入不足，但是需要到期还款的情况下，32.36%农户的第一还款对象为政府扶贫贷款，38.55%的为银行个人贷款；大部分农户的第二还款对象为政府扶贫贷款（39.85%）和银行个人贷款（30.60%）；42.30%农户的第三还款对象为亲朋好友；52.44%农户的第四还款对象为寺院借贷。大多数农户在经济来源不足的时候，选择的第一还款对象为银行个人贷款，其次为政府扶贫贷款，而亲朋好友和寺庙借贷排在了第三和第四。可以推断农户具有一定的金融知识，重视个人信用记录。

　　（6）寺院借贷。

　　本次调查中，仅28位农户从寺庙借过钱，占7.31%；92.69%的农户表示没有从寺庙借过钱（见图5–31）。从寺庙借钱的农户平均每户借款为20 216.22元，最多借款为150 000元。可以看出额度上限相对农村小额信贷还是比较高的，并且借款额度跨度大。藏民从寺庙借钱的利率区间为0~20%，20.59%的农户显示其借款为无息借款，49.99%的农户表示从寺庙借款的利率超过10%。可以看出，寺院借贷有无息形式的存在，但绝大多数情况还是要付较高的利息。78.79%的农户从寺庙借的钱为短期借款（一年及以下），期限较短。

　　在影响借款可获得性的关键因素中，46.85%的被访者认为寺庙借钱与否的关键影响因素是宗教信仰，31.53%认为是信用水平，18.02%的农户认为是抵押物。不同于正规金融机构借钱与否的决定性因素——抵押物，近半数的农户认为寺庙借钱与否的关键因素是宗教信仰，可以看出宗教信仰在涉藏地区农户思想观念上占据了极其重要的地位。在还款方面，50.71%的被访者表示会提前或按时偿还，49.29%对于偿还日期没有计划，没有农户会延迟偿还。可以看出涉藏地区农户偿还寺庙借贷的意愿较为强烈，但缺乏还贷的计划性。76.92%的农户对不

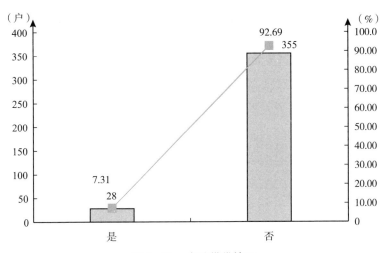

图 5 – 31　寺院借贷情况

资料来源：课题调研数据。

能及时偿还寺院借款有担心。这一数据间接说明了农户的还贷意愿是很高的，但是缺乏还贷资金的来源。

5.2.2.2　贷款需求影响因素分析

为考察影响农户小额信贷需求的因素，利用离散变量的 Probit 模型对农户小额信贷的需求的影响因素进行了实证研究。模型的基本表达式如下：

$$Y = \beta_0 + \beta_1 X_1 + \mu \tag{5.1}$$

其中，Y 为被解释变量，其观测值为 1 或 0，X 为解释变量，β 为各解释变量的待估计系数。这时 Probit 模型可构建如下：

$$Probit(y_i = 1 \mid x_j) = \varphi(x_1, \beta) = \varphi(\beta_0 + \beta_1 x_1 + \beta_2 x_2 + \beta_3 x_3 + \cdots + \beta_n x_n) \tag{5.2}$$

其中，Y 是一个解释变量，代表农户是否有小额信贷需求，当有小额信贷需求时，Y 取值为 "1"，当没有小额信贷需求时，Y 取值为 "0"。X_1，X_2，X_3，$\cdots$，X_n 为被解释变量，即 n 个待估影响农户小额信贷需求的因素；β_0 为常数项，β_1，β_2，β_3，$\cdots$，β_n 为解释变量系数。

根据国内外文献，选择 9 个解释变量对农户小额信贷的需求的影响因素实证。定义如下：被解释变量 Y，有小额信贷需求 = 1，无小额信贷需求 = 0。解释变量 X_1 为农业收入占家庭总收入的百分比；X_2 为外出打工人数占家庭劳动力总人口的比重；X_3 为是否从寺庙借过钱，是 = 1，否 = 0；X_4 为是否听说过小额信贷，是 = 1，否 = 0；X_5 为受教育水平 1 = 未受过教育，2 = 未读完小学，但能读、写，3 = 小学毕业，4 = 初中毕业，5 = 高中毕业/职高/中专，6 = 大专毕业，7 =

大学本科，8 = 硕士及以上；X_6 为健康状况，1 = 很好，2 = 好，3 = 一般，4 = 不好，5 = 很不好；X_7 为家里到县城的距离；X_8 为是否为建档立卡贫困户，是 = 1，否 = 0；X_9 为家庭去寺庙的频率，1 = 从来不去，2 = 很少去，3 = 每年去一次，4 = 特别的宗教节日去，5 = 每月去一次，6 = 每周去一次，7 = 每周去一次以上。回归分析结果如表 5 - 12 所示。

表 5 - 12　　　　　　　　　　农户小额信贷需求影响因素计量结果

小额信贷需求	系数	标准误差	t-value	平均边际效应
X_1	0.857 *	0.450	1.90	0.196
X_2	0.066	0.304	0.22	0.015
X_3	0.359	0.515	0.70	0.082
X_4	0.406 *	0.249	1.63	0.093
X_5	- 0.187 *	0.105	- 1.78	- 0.043
X_6	0.252 **	0.126	2.00	0.058
X_7	0.000	0.003	0.09	0.00
X_8	0.731 ***	0.243	3.01	0.168
X_9	- 0.101	0.104	- 0.97	- 0.023

注：*** $p < 0.01$，** $p < 0.05$，* $p < 0.1$。

从表 5 - 12 可知，农业收入占家庭总收入的百分比对小额信贷需求有正向的影响在 10% 的显著性水平上通过检验，即农业收入占家庭总收入比重越大的农户，对小额信贷的需求越大。农户是否听说过小额信贷对小额信贷需求有正向的影响在 10% 的显著性水平上通过检验。因此，应该加大对小额信贷相关知识的宣传，让农户知道小额信贷、了解小额信贷，才能更好利用小额信贷实现增收脱贫。农户受教育水平越高对小额信贷的需求量就越小，在 10% 的显著性水平上通过检验，即受教育水平越高的农户，对小额信贷的需求越小。健康状况差的农户对小额信贷的需求量就越大，在 5% 的显著性水平上通过检验。农户是否为建档立卡贫困户对小额信贷需求有正向的影响在 1% 的显著性水平上通过检验，即建档立卡贫困户对小额信贷的需求更大。

从影响效应看，农业收入占家庭总收入的百分比、是否听说过小额信贷、是否从寺庙借过钱、健康状况、受教育水平这 5 个因素对农户小额信贷需求的影响最大，其平均边际影响的绝对值分别是 0.196、0.093、0.082、0.058 和 - 0.043。其中，农业收入占家庭总收入的百分比的边际效应为 0.196，表明农业收入占比每增加 1 个单位，农户小额信贷需求意愿提高 19.6%。

5.2.3　农业保险需求分析

5.2.3.1　农业保险需求的基本描述性分析

（1）农户家庭基本特征。

从被调查藏民的家庭规模来看，以 4 人家庭居多，占到 34.05%，5 人的占到 20.71%，从性别上看，男性占绝大多数，比例达 78.10%。在当前四省涉藏地区，男性还是最主要的劳动力。从年龄结构的分布情况来看，被调查农户户主的年龄主要集中在 41~50 岁区间，占 42.26%（见表 5-13）。

表 5-13　　　　　　　　　　　　户主的年龄分布

年龄	30 岁及以下	31~40 岁	41~50 岁	51~60 岁	60 岁以上
统计数	31	78	172	80	46
占比（%）	7.62	19.16	42.26	19.66	11.30

资料来源：课题调研数据。

藏民的学历程度影响藏民的认知和决策能力。人部分户主的学历水平都在小学毕业及以下，其中，未受过教育的户主比例高达 45.78%。从学历可知，藏民家庭户主的认知和判断能力较弱，在对农业保险购买决策上具有较低的理性程度（见表 5-14）。

表 5-14　　　　　　　　　　　　户主的学历分布

学历	未受过教育	未读完小学，但能读、写	小学毕业	初中毕业	高中毕业/职高/中专	大专毕业	大学本科	硕士及以上
频数	184	130	53	21	6	6	2	0
占比（%）	45.77	32.34	13.18	5.22	1.49	1.49	0.50	0

资料来源：课题调研数据。

（2）家庭收入情况。

根据调查数据，藏民家庭的收入来源主要由种植业收入、养殖业收入、做生意、房屋和土地租金收入、外出务工这五部分构成。家庭农业收入（种植业和养殖业之和）占总收入位于 25% 以下的占 45%，位于 25% ~50% 的占 20%，位于 50% ~75% 的占 9%，位于 75% 以上的占 26%。由此可见，农业收入是家庭收入的重要来源。

（3）对保费补贴的了解情况。

根据调查数据，不知道农业保险有中央和地方政府保费补贴的占 55.28%，明确知道补贴比例的仅占 6.21%，如表 5-15 所示。

表 5-15　　　　　　　　　　　　对保费补贴比例的了解程度　　　　　　　　　　单位：%

对保费补贴的了解程度	不知道	知道但不清楚比例	明确知道补贴比例
占比	55.28	38.51	6.21

资料来源：课题调研数据。

5.2.3.2　农业保险需求的影响因素分析

根据国内外文献综述，借鉴已有理论，主要从受访者年龄、学历、农业收入占家庭收入的比例、保险公司赔付比、保障额度满意度等方面分析影响涉藏地区农业保险需求的参考因素。由于模型被解释变量为涉藏地区农户对于农业保险的购买意愿，主要考察被访者当前是否愿意购买农业保险，是属于典型的二元选择问题，在愿意与不愿意之间进行选择的概率是由农户自身特征、家庭特征等因素决定的。将愿意赋值为 1，不愿意赋值为 0。对于二元选择问题，通过建立 Logistic 模型对其影响因素进行量化分析，模型表示如下：

$$P(Y=1/X_1, X_2, \cdots, X_n) = \frac{e^{\beta_0 + \beta_1 X_1 + \cdots + \beta_n X_n}}{1 + e^{\beta_0 + \beta_1 X_1 + \cdots + \beta_n X_n}} \tag{5.3}$$

经过对上式（5.3）进行对数变换，可得以下公式：

$$\ln\left(\frac{P}{1-P}\right) = \beta_0 + \sum_{i=1}^{n} \beta_i X_i \tag{5.4}$$

在变量选择上，"是否愿意购买农业保险"为被解释变量，取值"1"表示"是"，"0"表示"否"。将影响涉藏地区农户农业保险需求的因素，分别为受访者年龄 X_1、受访者学历 X_2、农业收入占家庭收入的比例 X_3、是否有贷款 X_4、保险公司赔付比 X_5、保险公司服务满意度 X_6、保障额度满意度 X_7、是否知道有中央和地方政府的保费补贴 X_8、该村当年人均可支配收入 X_9（见表 5-16）。在模型分析中，Y 为虚拟变量，P 为农户发生贷款概率，β_0 表示截距，β_i 为回归系数。

表 5 – 16　　　　　　　　　　　　　　变量定义与描述

	变量名称	变量定义
因变量	购买农业保险意愿	否 = 0，是 = 1
解释变量	受访者年龄 X_1	30 岁及以下 = 1，31 ~ 40 = 2，41 ~ 50 = 3，51 ~ 60 = 4，60 岁以上 = 5
	受访者学历 X_2	未受过教育 = 1，未读完小学，但能读、写 = 2，小学毕业 = 3，初中毕业 = 4，高中毕业/职高/中专 = 5，大专毕业 = 6，大学本科 = 7，硕士及以上 = 8
	农业收入占家庭收入的比例 X_3	农业收入占家庭收入的百分比（单位:%）
	是否有贷款 X_4	否 = 0，是 = 1
	保险公司赔付比 X_5	10% ~ 30% = 1，30% ~ 50% = 2，50% ~ 80% = 3，80% 以上 = 4
	保险公司服务满意度 X_6	非常不满意 = 1，不满意 = 2，一般 = 3，满意 = 4，非常满意 = 5
	保障额度满意度 X_7	非常低 = 1，偏低 = 2，一般 = 3，满意 = 4
	是否知道有中央和地方政府的保费补贴 X_8	不知道 = 1，知道但不清楚比例 = 2，明确知道补贴比例 = 3
	该村当年人均可支配收入 X_9	村级人均可支配收入（单位：元）

通过 Logistic 的回归分析，各影响因素的分析结果如表 5 – 17 所示。

表 5 – 17　　　　　　　　　　　Logistic 模型回归结果

变量名	回归系数	标准误差	P 值	平均边际效应
X_1	0.6206	0.4145	0.134	0.0263
X_2	1.1602 ***	0.3888	0.003	– 0.0459
X_3	7.0837 **	3.1620	0.025	0.0627
X_4	2.1158 **	0.9638	0.028	0.0682
X_5	1.7934 ***	0.6457	0.005	0.0795
X_6	2.7871 ***	0.9730	0.004	0.1201
X_7	1.8903 **	0.8520	0.027	– 0.0640
X_8	1.004	0.8274	0.225	0.0360
X_9	– 0.0000	0.0000	0.507	– 0.0000
常数	4.4195	3.1473	0.160	—

注：* 、** 、*** 分别表示在 10% 、5% 、1% 水平上显著。

从分析结果可以看到，受访者学历、农业收入占家庭收入的比例、是否有贷款、保险公司赔付比、保险公司服务满意度、保障额度满意度通过检验并且与涉藏地区农户购买农业保险需求有正向变动关系。受访者学历的回归系数为1.1602，表明学历越高，对农业保险的认识越强，购买农业保险的意愿越高；农业收入占家庭收入的比例的回归系数为7.0837，符号显著为正，原因在于农业收入是家庭收入的重要来源时，藏民对其的关注度越高，因此农业收入占家庭收入的比例越高，农业保险购买意愿越强；是否有贷款，该变量旨在探究贷款和农业保险之间的关系，回归系数结果显示为2.1158，说明贷款和保险的关系显著为正，并非替代关系，也就是说贷款的存在对藏民农业保险购买意愿有促进作用，原因在于贷款使藏民可支配资金增加，从而提升农业保险购买意愿；保险公司服务满意度的回归系数为2.7871，显著为正，表明保险公司的服务也是衡量藏民农业保险购买意愿的重要指标。保险公司赔付比和保障额度满意度的正向显著性表明藏民是否购买农业保险也在很大程度上受该保险的保障程度影响。至于受访者年龄、是否知道有中央和地方政府的保费补贴、该村当年人均可支配收入，这三个变量对涉藏地区农户购买农业保险需求影响不显著。从影响效应来看，农业收入占家庭收入的比例、是否有贷款、保险公司赔付比、保险公司服务满意度、保障额度满意度这5个因素对游客支付意愿影响最大，其平均边际影响的绝对值分别是0.0627、0.0682、0.0795、0.1201、-0.0640。特别值得提出的是，农业收入占家庭收入的比例，该变量的边际效应为0.0627，这意味着，农业收入占比每增加1个单位，则有农业保险购买意愿的概率提高6.27%，表明农业收入在家庭经济收入中的地位与藏民农业保险购买意愿息息相关。

5.2.4 小额支付与理财现状分析

通过调查分析得知，在支付方式方面，97.82%的被访者（404户）在购买商品、缴费以及获得养老保险、政府补贴等时通过现金方式来进行；54.72%的农户（226户）选择使用银行柜台；29.06%的农户（120户）选择使用ATM机；29.78%的农户（123户）选择使用移动支付；极少数农户选择使用POS机（3户）、手机银行（3户）、网上银行（2户）；没有农户使用转账电话方式（见图5-32）。农户的支付方式绝大部分采用现金或者银行柜台，一方面是因为单笔支付的总金额不高；另一方面是支付工具仍然较为传统，这与支付人的年龄与观念具有相关性。由于家庭财务主要掌握在年龄稍大的长辈上，受到教育、习惯、观念的影响，他们会选择现金与银行柜台这样安全感较高的支付方式；同时数据显示，接近30%的农户使用移动支付，年龄阶层的更新使得受过更多教育的人更容易接受新事物，移动支付的普及也具有一定成效。

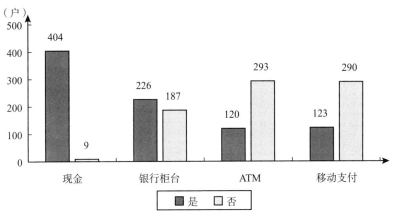

图 5 - 32　主要支付方式使用频率

资料来源：课题调研数据。

在支付方式的满意度上，0.69%的（3 户）被访者对当前支付方式非常不满意，3.68%的（16 户）对当前支付方式比较不满意，因此只有极少数农户对当前的支付方式不满意。90%以上的被访者对于目前的支付方式满意，而目前的主要支付方式是使用现金与银行柜台支付，这反映了农户长期以来的生活习惯形成的固定的支付行为对支付方式有着深远的影响，也有少数人追求更方便快捷的支付方式（见图 5 - 33）。

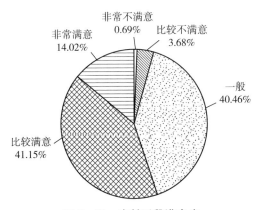

图 5 - 33　支付手段满意度

资料来源：课题调研数据。

在理财产品上，被访者中存在金融投资的人数极少，理财产品金额大部分集中于 50 000～70 000 元，藏民的理财需求并不旺盛，金融理财市场发育不足。

5.3　四省涉藏地区微型金融发展的供需矛盾与问题

受地理、历史、文化和习俗等方面的综合影响，四省涉藏地区微型金融在总体上既存在着信息不对称、政策措施落实不到位、群众参与度相对较低等制约，又面临着贫困户脱贫意愿不强，脱贫内生动力不足的问题，供需矛盾突出。具体而言，主要包括以下几个方面。

5.3.1　微型金融供给方面存在的问题

（1）微型金融体系发展有待完善。

一是信贷机构的发展优于保险机构的发展。四省涉藏地区主要以信贷机构为核心，保险机构则由于农户不了解农业保险有中央和地方政府的保费补贴、宣传工作尚未到位、藏民对于农业保险相关政策的认知率较低，加之涉藏地区缺乏足够的保险机构提供高质量的服务以及产品、藏民获得的保险服务品种和质量有限等因素致使其行业发展始终较缓。二是正式微型金融机构发展不平衡较严重。信用社等金融机构发展较好，而其他金融机构则由于进入市场较晚、规模较小等原因，发展较滞后。村级互助资金也在一定程度上分散了银行的功能，另外，涉藏地区特殊的宗教文化，导致了寺院借贷成为涉藏地区金融发展的重要一环，进一步加剧了正规金融发展的艰难程度。三是微型金融产品单一，业务发展滞后。长期以来，涉藏地区金融服务以传统存款、贷款为主，服务层次低，金融产品少。在贷款方式上虽然有推陈出新，结合地域特色，推出了一些涉农涉牧金融产品和服务方式，但涉藏地区的部分国有银行县域机构除小额信贷外没有信贷自主权，且农牧户有效抵押担保物普遍不足，牲畜类抵押物价值不易评估且有较高风险，抑制了金融机构信贷投放和产品创新的主动性与积极性。四是微型金融机构开展业务难度大。受涉藏地区特殊的区域自然地理环境、宗教文化、思想观念、生产方式等影响，金融机构开展小额保险业务时面临保险标的不可控性和不可测性过大的问题，且由于藏民金融知识缺乏等因素，开展小额信贷业务也面临较大的还款风险和逾期风险。五是由于涉藏地区地理环境和文化素质的影响，导致了涉藏地区的人情借贷占据着重要地位，人们往往更愿意相信自己的亲朋好友而不愿向金融机构借款，在涉藏地区人情借贷以及社会网络的关注度是涉藏地区金融的重要特征，也是限制涉藏地区微型金融发展的原因之一。

（2）金融精准扶贫瞄准机制不健全。

进行金融精准扶贫，扶贫对象的精确识别是前提，但涉藏地区精确识别难度大。一是处于高原生态脆弱区，地理环境恶劣、交通与通信不便，地域辽阔、地质灾害多，导致金融机构难以深入、持续到农牧区进行贫困识别。如甘孜州有70%的人口生活在高山峡谷中，交通闭塞，其中90%以上为贫困人口。二是乡村基层组织建设弱化。本身涉藏地区地域广大，加之农牧民自我分散生活生产，尤其是部分牧民还处于"逐草而居"状态。涉藏地区的精确识别主要靠乡村组织完成，但基层组织较为分散，工作难度大，难以充分掌握农牧民发展现状。而实施中，涉藏地区金融扶贫资金存在"精英捕获"，通常在经济状况相对较好的地区推进，由于识别程序不完善，加之利率贴息等优惠政策会产生一些寻租行为，使金融扶贫资金常偏离目标贫困群体。

（3）政策性激励机制缺乏保障。

目前，涉藏地区发展的金融支持政策主要体现在"增加""支持""鼓励"层面，多为指导性政策，缺乏细化措施。涉藏地区金融机构信贷准入、不良资产核销、信贷风险补偿、利差补贴存款准备金和再贷款、税收优惠、人才支撑等方面缺少制度保障与相关细化措施，导致涉藏地区金融机构在执行政策过程中出现把握不准、操作空间不足、积极性不高等问题。

（4）惠贫机制的长效性设计不合理。

首先，担保机制设计不完善。与国有商业银行分支机构相反，涉藏地区地方法人金融机构（主要是农信社）是涉藏地区贷款发放的主力军，但受限于贷款规模、存贷比等指标，存在想为农户贷款而不能贷款的情况。企业和农户的信用、资产条件难以满足银行和保险公司的抵押担保要求，导致抵押担保不足与贷款保险的需求矛盾。此外，涉藏地区还缺乏对农地、牧场等抵押贷款的担保、公证等中介机构。目前甘南涉藏地区成立12家担保机构，但注册资本金小，达不到商业银行的准入条件，担保能力弱，担保贷款余额仅占各项贷款余额的3.57%。其次，"三权"改制不完善，市场评估体系没有完全建立。目前，涉藏地区多数地方未形成"三权"抵押机制，由于缺乏产权价值评估的专业评估机构，"三权"抵押贷款等新型融资方式很难展开。再其次，金融产品与服务创新不足，金融信贷需求受到抑制。最后，贫困地区的脱贫主要依靠土地的出租以及相关处理不动产的资金来源，致富手段缺乏长效性，利润来源单一。由于当地的地理位置以及经济原因，产业发展相对落后，即使有产业但是规模较小而且生产者扩大产业的意愿不强，利润机制以及惠贫机制不够完善，不能兼顾当前以及未来。所以，需要建立更长效的机制，确保贫困被消除，贫困户有稳定的事业以及利润来源。

（5）金融精准扶贫管理机制不完善。

一是金融机构间管理不协调。在金融扶贫中，人民银行、政策性银行、商业银行、农信社等都参与其中，同时政府财政支农也在介入。需要设计相应的管理机制来协调政府与金融机构以及金融机构之间的金融行为。二是对金融扶贫信息管理系统不健全。企业和农民的资金使用等方面精确数据不完善。三是征信管理不到位。如四省涉藏地区共有农村信用档案数 465 万份，约覆盖 40% 的农牧户，覆盖率还不足（孙向前、高波，2016）。四是金融监管不健全和金融精准扶贫工作绩效评价不足。贷后管理处于"真空"状态，易导致贷款失控。金融贷款扶贫投入偏重，但未使用绩效评价管理，直接影响金融生态的持续健康发展。

5.3.2　微型金融需求方面存在的问题

（1）贷款服务可得性较低。

一是涉藏地区农户互联网贷款方式使用率较低，反映出涉藏地区信息化程度较低，农户对互联网金融接受度较低的问题；二是小额贷款需求旺盛但是需求满足率较低，涉藏地区存在较为严重的金融约束现象；三是小额贷款的提供方多数以政策性贷款为主，社会资本与正规金融机构的参与度较低；四是农户存在贷款主观意愿不足的问题，藏民经济基础薄弱，能承担的贷款成本较低，而贷款的年限与农业生产周期一致性程度高，农户的贷款意愿并不强烈。同时银行贷款办理手续复杂的问题也限制了农户的贷款需求；五是涉藏地区金融监管体系不健全，具体体现在贷款使用途径偏差，地区金融相关法律法规制度不健全，责任人负责监督的体系不能做到可持续等情况。

（2）现金储蓄意愿不足。

四省涉藏地区处于国家的深度贫困地区，农户现金储蓄服务需求不足的问题较为严重，具体体现在：一是农户的家庭银行卡拥有数较少，大部分家庭仅有一张或两张银行卡，银行卡数目较少；二是四省涉藏地区农户用于储蓄的资金存在两方面的问题，一方面是结余资金量较少；另一方面是农户更倾向于将资金存放在自己家中，更方便日常的支出；三是涉藏地区农户的储蓄资金形式一部分是实物形式，比如部分藏民家中有牦牛，这成为其最主要的储蓄资金。相对货币的高流通性，实物形式的储蓄相对难以变现而且变现周期较长，不利于金融的发展。

（3）贷款用途发生偏移。

在信贷用途上，主要存在的主要问题是，农户申请小额贷款的用途与预期有较大偏差，按照小额贷款的政策措施，贷款资金应当适用于生产性发展用途方面，然而部分农户将贷款资金使用于自身消费、人情支出、修建房屋等方面，偏离了贷款规定的使用范围。因此，由于信贷使用方向的监督不到位、落实不精准、贷款使用方向偏差，导致了贷款资金对生产的实际帮助较小，贷款的带动生产发展的作用未能真正发挥等问题。

（4）农业保险需求不足。

农业保险作为规避风险的主要有效手段，是农户发展生产的有力保障，而涉藏地区由于金融发展落后导致了保险行业进入较晚，发展总体水平不高。首先，政策信息的不流畅导致了大部分农户不清楚政府的保险保费补贴政策，从而在一定程度上影响了农户购买保险；其次，目前涉藏地区受教育程度普遍不高，对于农业保险具有全面认知的人数较少，对农业保险功能的认识也有偏差；最后，涉藏地区缺乏足够的保险机构提供高质量的服务以及产品，藏民获得的保险服务品种和质量有限。

（5）支付方式传统，理财意识不足。

从支付方式来看，涉藏地区农户由于交易资金不高同时受限于教育程度以及信息的获取，支付方式是以现金支付为核心，支付手段较为传统。从理财行为来看，涉藏地区农户几乎没有相关的理财行为，一方面是由于他们的结余资金不足且主要用于储蓄，另一方面是由于理财涉及较高的金融知识水平，对于涉藏地区农户来说远远达不到，自身进行投资理财在一定程度上是高风险的选择，因此农户不会选择有关的理财行为。

5.4　本章小结

本章针对四省涉藏地区微型金融产品中小额信贷和小额保险产品供给现状以及小额储蓄、小额贷款、小额保险、小额支付等金融服务的需求现状进行了分析，发现四省涉藏地区微型金融供给存在微型金融体系发展不完善、金融精准扶贫瞄准机制不健全、政策性激励机制缺乏保障、惠贫机制的长效性设计不合理、金融精准扶贫管理机制不完善五个方面的问题；金融服务需求存在贷款服务可得性较低、现金储蓄意愿不足、贷款用途发生偏移、农业保险需求不足、支付方式传统，理财意识不足五个方面的问题。

第6章

四省涉藏地区微型金融精准
扶贫机制的应用实践研究

6.1 四省涉藏地区微型金融扶贫政策及制度规则比较分析

6.1.1 国家级层面政策及制度动态

2011年12月，为进一步加快贫困地区发展，促进共同富裕，实现到2020年全面建成小康社会奋斗目标，《中国农村扶贫开发纲要（2011—2020年)》明确提出要进一步完善农村地区的金融服务，积极推动创新贫困地区金融产品和服务方式，鼓励开展小额信贷款业务，鼓励地方发展特色农业保险。

2014年3月，《关于全面做好扶贫开发金融服务工作的指导意见》确定了扶贫开发金融服务的十项重点工作。同年12月《关于创新发展扶贫小额信贷的指导意见》明确了扶贫小额信贷的扶持对象为有贷款意愿、有就创业潜质、技能素质和一定还款能力的建档立卡贫困户；扶持重点为支持建档立卡贫困户发展扶贫特色优势产业，增加收入；扶持方式为对符合贷款条件的建档立卡贫困户提供5万元以下、期限3年以内的信用贷款，鼓励金融机构参照贷款基础利率，合理确定贷款利率水平。这一文件的出台为扶贫小额信贷在全国的广泛应用提供了制度保障，形成了扶贫小额信贷政策的基本框架。

2015年11月29日，《中共中央 国务院关于打赢脱贫攻坚战的决定》发布，再次强调要加大金融扶贫力度，鼓励和引导商业性、政策性、开发性、合作性等各类金融机构加大对扶贫开发的金融支持；且明确指出要增加贫困地区信贷投放、支持贫困地区培育发展农民资金互助组织，开展农民合作社信用合作试点、扩大农业保险覆盖面，通过中央财政以奖代补等支持贫困地区特色农产品保险发展。

2016 年 4 月，中国银行业监督管理委员会发布了《中国银监会关于银行业金融机构积极投入脱贫攻坚战的指导意见》（以下简称《意见》）。《意见》指出各级银行业监管部门和银行业金融机构要履行扶贫开发社会责任，有效发挥金融加速脱贫能效。要发挥政策性金融和商业性金融互补作用；商业性银行业金融机构特别是农业银行、邮储银行、农村中小金融机构等，要以政策扶持为支撑，通过市场机制引导加大信贷投入，着重加大对建档立卡贫困人口的扶贫小额信贷投放；探索银保合作，开发保单质押贷款产品，利用扶贫小额信贷保险分散贷款风险。

2016 年 12 月，财政部发布了《中央财政农业保险保险费补贴管理办法》（以下简称《管理办法》）。进一步规范补贴资金预算管理和拨付流程，增加了追究审批责任的内容，引入了"无赔款优待"等鼓励农户投保，对中介机构行为进行了规范，并引导保险公司降低保险费率，加强承保理赔管理等，不断提高保障水平和服务质量。此外，《管理办法》还明确指出，对于藏区品种、天然橡胶，在省级财政至少补贴 25% 的基础上，中央财政补贴 40% 对中央单位，中央财政补贴 65%。

2017 年 8 月，为了进一步有效规范扶贫小额信贷的发放流程，促进扶贫小额信贷的健康发展，《关于促进扶贫小额信贷健康发展的通知》（以下简称《通知》）明确了 6 个政策要点，即 5 万元以下、3 年期以内、免担保免抵押、基准利率放贷、财政贴息、县建风险补偿金。《通知》严格规范了贷款发放对象、资金使用、风险管理等方面；明确指出扶贫小额贷款只能发放给"建档立卡贫困户"，要防止非建档立卡贫困户"搭便车"；贷款不能用于建房、购置家庭用品等非生产性支出方面。

2019 年 5 月，中国人民银行印发的《关于切实做好 2019 年—2020 年金融精准扶贫工作的指导意见》提出改善货币政策传导机制，引导金融机构加大对扶贫信贷的投放、促进金融支持与产业扶贫有效融合；增强贫困地区发展动力、促进金融支持与产业扶贫有效融合；增强贫困地区发展动力、强化政策衔接，扎实做好易地扶贫搬迁综合金融服务；加强协调合作，打造多层次定向帮扶体系、落实巡视整改要求，促进金融精准扶贫提质增效、巩固脱贫成果；做好金融扶贫和乡村振兴金融服务政策衔接、加强组织协调，有效推动政策落实等十条意见。还明确指出要加强扶贫小额信贷政策的实施力度，规范和完善扶贫小额信贷管理。

2019 年 7 月，为进一步防范扶贫小额信贷风险，降低不良贷款率，《关于进一步规范和完善扶贫小额信贷管理的通知》对当前和今后一个时期的扶贫小额信贷重点工作做出了安排部署。首先，明确指出扶贫小额信贷支持对象包含已脱贫的建档立卡贫困户，并且借款人年龄上限可放宽到 65 周岁。其次，强调了扶贫小额信贷用途，充分满足建档立卡贫困户的扶贫小额信贷资金需求，坚持户借、户用、户还，精准用于贫困户发展生产，明确指出扶贫小额信贷资金不能用于非生产性支出，继续禁止将扶贫小额信贷以入股分红、转贷等方式交由企业、政府融资平台或其他组织使用。

2019 年 7 月，财政部发布了《关于开展中央财政对地方优势特色农产品保险奖补试点的通知》，支持地方特色农产品保险发展，在内蒙古等 10 个省份，由省级财政引导小农户、新型农业经营主体等开展符合条件的地方特色农产品保险，并按保费一定比例给予奖补。按照"突出地方主责，体现激励导向，助力脱贫攻坚，循序渐进实施"的原则，中央财政出台奖补政策，在给予保费"补贴"的同时，充分体现"奖励"的特点，要求地方财政具备一定工作基础，承担主要保费补贴责任，并做好绩效评价等工作，以落实好党和政府支持的惠农政策。

6.1.2 省级层面政策及制度规则梳理与比较

6.1.2.1 扶贫小额信贷

从 2015 年开始，甘肃省为破解贫困群众贷款难、贷款贵问题，开始对有劳动能力、有贷款意愿和一定还款能力的贫困户实施免抵押、免担保、5 万元以下、3 年以内的小额信用贷款。与此同时，甘肃省通过建立贫困户贷款风险补偿基金，完善贫困户贷款贴息政策，推广贫困户小额贷款保险，发展贫困村扶贫互助资金等措施，为精准扶贫小额贷款工程的顺利进行提供保障。在贫困户贷款风险补偿基金方面，甘肃省按照贷款数量的 3% 左右，由各级政府和金融机构按 7∶3 的比例逐年建立贫困户贷款风险补偿基金。其中，政府承担部分由省和市（州）、县（市、区）财政各筹措 50%。发生贷款损失时，由政府和金融机构按 7∶3 的比例分别承担。在小额贷款保险方面，积极开展扶贫小额贷款保证保险试点，探索建立"政府＋银行＋保险"的风险分担机制；积极推广贷款贫困户人身意外保险；优先在贫困村试点和推广政策性农业保险。除此之外，为充分发挥扶贫互助资金的作用，甘肃省允许到村扶贫互助资金作为担保资金，撬动金融机构贷款，放大资金规模，提高资金使用效率。四省涉藏地区各自的扶贫小额信贷政策如表 6 - 1 所示。

表 6-1　　　　　　　　　　　四省涉藏地区扶贫小额信贷政策

省份	金融支持产业扶贫
青海	(1) 县级运用财政扶贫资金,建立扶贫小额信贷风险补偿资金;(2) 在贫困村建立"六个一"精准扶贫金融服务机制;(3) 为贫困户建立金融服务档案;(4) 贫困户与帮扶责任人、驻村工作队、村两委、第一书记等共同协商选择适合自己发展的项目;(5) 鼓励获得扶贫小额信贷的贫困户,参加政策性农业保险、家庭财产保险、人身意外伤害保险以及保证保险
甘肃	(1) 由各级政府和金融机构按7:3的比例逐年建立贫困户贷款风险补偿基金;(2) 完善贫困户贷款贴息政策;(3) 推广贫困户小额贷款保险;(4) 发展贫困村扶贫互助资金
云南	(1) 由省级财政补助300万元,州、市补助100万元,县、市、区安排100万元,在县级设立小额贷款风险补偿专项资金;(2) 扶贫小额信贷按同期同档次贷款基准利率标准给予贴息,贷款期不足1年的应据实贴息
四川	(1) 风险补偿资金由县级按扶贫小额信贷计划安排,初始规模由县政府与合作银行商定,每半年按扶贫小额信贷余额的10%予以补充;(2) 建立村级风控小组和帮扶负责人;(3) 申请并获得扶贫小额信贷的贫困户,均须参加涉农政策性保险;(4) 建立扶贫小额信贷奖惩机制;(5) 进行扶贫小额信贷档案管理;(6) 各级管理机构培训、村级机构培训以及贫困户培训

资料来源:笔者根据各地区文件整理得出。

6.1.2.2　个人精准贷款与特色产业贷款

2015 年来,青海省金融扶贫实施"530 信用贷款工程",并采取产业扶贫资金作为风险抵押,从银行撬动 5~10 倍贷款,由财政补贴基准利率利息,面向能带动贫困户脱贫致富的龙头企业、产业园区、专业合作社、能人大户以及贫困户。除此之外,在各州贫困村还尝试将村级信用建设与推动农牧民小额信贷相结合,创新推出了村干部贷、乡医贷、惠农 POS 贷、园丁贷、模范贷、医护贷、惠商贷、幸福贷等多种信贷产品,为解决农牧民贷款难、贷款贵、贷款慢等问题探索出一条新路。如玉树州囊谦县将"村民自治"的理念引入精准扶贫信贷管理中,创新推出了扶贫"东坝模式",即"农行 + 乡镇政府 + 村(牧)委会 + 农牧户""农行 + 信用村 + 信用农牧户""农行 + 牧民专业合作社 + 农牧户"等模式,成功为农牧户发放贷款。四省涉藏地区各自的产业扶贫政策如表 6-2 所示。

表 6-2　　　　　　　　　　四省涉藏地区金融支持产业扶贫政策

省份	金融支持产业扶贫
青海	(1) 为旅游扶贫、光伏等产业提供融资平台;(2) 无息贷款助力肉牛产业发展
甘肃	(1) 引导农牧民专业合作社、供销社规范开展合作;(2) 培育小微企业上市(中小企业万家培育工程)和"战略性新兴产业板块";(3) 增加农畜产品和特色优势产业期货市场交割品种和数量,探索开发肉牛、肉羊、藏中药材、苗木等期货品种

省份	金融支持产业扶贫
云南	（1）加大实体企业信贷支持力度；（2）引导中小企业进入新三板和四板市场挂牌融资交易和发行企业债券；（3）精准助力当地沃柑产业发展，组建柑橘农民专业合作社
四川	（1）支持以西昌为载体的金融次级中心建设；（2）支持新型农村金融组织发展；（3）支持农村信用社改革发展；（4）鼓励发展多层次资本市场；（5）精准对接特色产业（农业现代化、工业升级、旅游业）金融服务需求；（6）支持贫困地区农业产业化龙头企业、小微企业等获得融资

资料来源：笔者根据各地区文件整理得出。

6.1.2.3　村级互助资金

（1）组织制度。

四川省村级互助资金社是在省互助资金项目资助下，由各村自愿、竞争入围产生，并自行起草运行章程草案和互助资金管理方案，自我运作并接受上级相关部门监督的互助组织。村级互助资金由理事长、执行小组长、监督小组长、会计、出纳5人组成的理事会进行管理。理事会负责互助社的组织领导、统筹协调、监督管理、业务指导及培训等。

甘肃省通过在贫困村建立的民有、民用、民管、民享的周转性生产发展资金，缓解贫困村、贫困户生产发展资金短缺的问题。协会理事会负责协会互助金的运行和管理，由3~5名理事组成，包括理事长、秘书长、会计和业务员等。而互助协会的会员总数不得低于50户，且贫困农户入会率不得低于贫困户的50%。

云南省积极推行贫困村互助资金试点，使财政扶贫资金直接与贫困村生产要素紧密结合，延伸农业产业链条、提高扶贫资金使用效率。理事会是互助协会的执行和日常管理机构，负责互助资金的日常运行与管理，一般由理事长、会计、出纳等3~5名成员组成。

青海省通过安排贫困村和有贫困人口的非贫困村成立扶贫互助协会，建立民有、民用、民管、民享和周转使用的生产发展资金，促进扶贫工作的开展。协会理事会负责协会互助金的运行和管理，由3~5名理事组成，包括理事长、秘书长、会计和业务员等。

（2）资金构成。

四川省贫困村村级互助资金由政府安排互助金、农户自愿缴纳互助金、风险补助金、捐赠资金和公积金（占用费转入）五个部分构成，其中以政府安排的9万~15万元互助金为主。

入社农户缴纳互助金因各村级互助资金社的章程有所不同,自愿缴纳互助金额度在 50 ~ 2 000 元不等,但以 100 ~ 500 元为主。实践中,也有定额缴纳的案例,如西充县燕子坝和大湾头两村的互助资金社实行农户定额入社,即无论是否属于贫困户,农户缴纳的互助金额均分别为 50 元和 200 元。所辖各村互助社缴纳的一定比例的互助金所有权归其互助社所有,上级扶贫部门下达用于开展该项试点的项目资金和协调金融机构注入资金的所有权归所在贫困村的全体村民所有。资金使用权归互助社社员所有,资金管理权属于乡镇互助总社。

甘肃省互助资金来源有财政扶贫资金专门安排用于村民互助发展的资金、互助协会的农户缴纳的互助金、互助资金在银行的存款利息、互助资金收取占用费用于扩充本金的部分以及整村推进滚动发展回收资金等。其中,每个协会县财政扶贫办公室注入专项资金 20 万元,农户入会缴纳互助金 2 000 元,贫困户可免缴互助金。

云南省互助资金来源主要包括财政扶贫资金、村民自愿缴纳的互助资金、社会捐赠资金及互助资金在银行的存款利息、资金借出收取的占用费等。其中,中央试点县每村安排 15 万元,省级试点县每村安排 5 万 ~ 10 万元,农户入会缴纳 200 元互助金。

青海省互助资金主要由财政扶贫资金专门安排用于农牧民互助发展的资金,市(州)、县(区、市)配套的财政扶贫资金,以及农牧民入会缴纳的互助金三部分组成。其中,贫困村获得省级互助资金 50 万元,州、县两级安排互助资金 20 万 ~ 30 万元;非贫困户缴纳 100 ~ 300 元会费,贫困户原则上免缴入会金。

(3)借贷制度。

四川省贫困村村级互助资金的借贷流程如图 6 - 1 所示,农户在缴纳(贫困

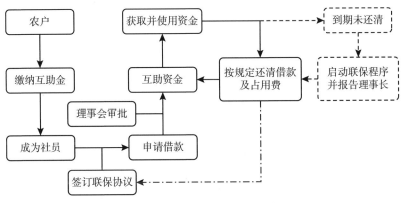

图 6 - 1　互助资金的借贷流程

户免缴或缓缴）互助资金后成为互助资金社成员，成员在由 5~7 人组成的联保小组全体成员签订联保协议后方可向互助资金社申请借款，理事会审批后获取资金，并由联保小组监督互助资金是否用于发展生产以及负责借款人按期还款。申请人最快当日获得互助资金。到期未还款或未还清借款，则启动联保程序，由担保成员在 3 日内负责还清此笔款项及其占用费。借款人向互助组织或联保小组还清所有借款后，方可进行下一轮借贷。

互助资金的借款只能用于以从事农业生产为主的法律所许可的增收项目，借款期限以 12 个月为主。借款占用费率由互助资金社自行讨论决定。虽然占用费率因地而异，月息为 5‰~9‰，但以 8‰为主，从借款后的第 3 个月开始计息，并按月均衡还贷本息。占用费收入按一定比例提取为管理费，用于支付互助资金运行成本及管理人员补助费用。在贷款额度上，按照操作章程规定第一次和第二次及以后的最高贷款额度分别为 3 000 元和 5 000 元，但实践中，部分地区因经济发展水平的不断提升和农户借贷需求量的增加，第二次及以后的最高贷款额度已放宽到 1 万~2 万元。

甘肃省互助资金用途限于农户种植业、养殖业、小型加工等生产性项目。互助协会采取互助小组联保的方式使用互助资金，互助小组由 4~6 名会员组成，单笔互助资金借款额度不得超过 5 000 元，借款期最长不得超过一年。借款占用费率按照成本覆盖互助协会运行原则，参照当地信用社同期贷款利率确定。互助资金使用程序为：农户申请（签订联保协议）→理事会审批→监事会审核→同意后公示 3 天→审批发放。

云南省互助资金主要用于支持互助社社员发展生产性项目，包括种植业、养殖业、农副产品加工业以及能带动贫困户增收的短、平、快项目。互助社员借款审批采用全体社员票决制，必须由互助社 4/5 以上的社员投票同意，方可借款。互助资金借款担保采用互助社内社员担保借款和实物抵押借款的方法，其中实物抵押担保物主要是多年稳产的经济林果树。互助资金借款额度一般控制在 1 万元以内，借款期限不得少于 3 个月，最高期限不得超过一年，资金占用费率统一执行月 5‰的利率。

青海省互助资金优先向具备发展能力的建档立卡贫困户发放互助资金，重点用于农牧户种植业、养殖业等生产性项目。会员使用互助金采取互助联保的方式，互助小组由 2~3 名会员组成。互助资金发放额度单笔最高不超过 2 万元，期限以短期为主，一般不超过 12 个月。互助资金的占用费年利率为 3%，互助资金可以整借零还或到期后一次性偿还本金和占用费，也可以提前还款。互助资金使用程序为：会员向互助协会提出申请（签订联保协议）→协会理事会审查→协会监事会审核→同意后公示 3 天→审批发放。

6.1.2.4　小额保险

涉藏地区四省关于发展小额保险的政策文件大多始于 2007 年和 2008 年，之后的 10 多年里，各省政府高度重视，陆续出台了大量政策文件支持农村小额保险发展。表 6 - 3 梳理了 2007 年以来，各省出台的重要省级政策文件。表 6 - 4 梳理了四省涉藏地区扶贫小额保险的具体扶贫政策。

表 6 - 3　　　　　　　　　四省涉藏地区小额保险政策文件梳理

省份	小额保险政策文件
四川	2007 年，四川省政府先后发布了《四川省人民政府关于开展政策性农业保险试点工作的通知》《中央财政种植业保险保费补贴办法》《中央财政养殖业保险保费补贴办法》等文件； 2010 年起，四川省对各地自主开展的特色农业保险，省财政按照"突出重点、扶优扶强、正向激励、合理分担"原则给予市县政府奖补； 2014 年，四川省出台了《关于加快发展现代保险服务业的实施意见》，为推动保险服务业服务农村地区与农村人口提供了借鉴与指导意见； 2015 年，四川省农村小额保险进入"三险合一"模式阶段； 2017 年，四川省人民政府发布了《关于开展政策性农业保险试点工作的通知》，明确了农村小额保险的具体任务、工作目标等内容； 2018 年，四川省《关于实施乡村振兴战略　开创新时代"三农"全面发展新局面的意见》中第四十七条指出要完善农村金融服务机制，研究完善农业保险补贴政策，支持扩大目标价格指数保险、制种保险、特色农业保险覆盖面的新时代发展农业保险的创新观念
甘肃	2008 年甘肃省出台了《农村小额保险试点实施意见》； 2014 年，出台了《甘肃省人民政府关于加快发展现代保险服务业的实施意见》； 2016 年，甘肃省政府出台了《甘肃省整合城乡居民基本医疗保险制度实施意见》《甘肃省健康扶贫工程实施方案》等政策； 2018 年，甘肃省人民政府办公厅印发了《甘肃省 2018—2020 年农业保险助推脱贫攻坚实施方案》，为脱贫攻坚关键时期做出了明确的工作指导意见与实施方针：围绕牛、羊、菜、果、薯、药等特色产业发展，全面启动农业保险"增品扩面提标降费"工作，全面增加险种，扩大保险规模，在已开办 10 个中央财政补贴险种和苹果、中药材 2 个省级财政补贴险种的基础上，新增开办肉牛、肉羊、高原夏菜、设施蔬菜、育肥猪和鸡 6 个省级财政补贴品种
云南	2008 年，云南省出台了《农村小额人身保险试点工作实施意见》，初步引入小额保险为农村人口提供人身保险； 2014 年，云南省政府发布《关于加强保险业服务经济社会发展的指导意见》，为小额保险进入农村生活做出了保障； 2016 年，出台了《云南省人民政府关于深化收入分配制度改革的实施意见》，在意见中明确提出了要建立农民收入持续较快增长长效机制，完善强农惠农政策，扩大农业保险保费补贴范围，适当提高保费补贴比例，稳步实施农村"金融奖补"政策。同年，出台了《云南省人民政府关于稳增长开好局若干政策措施的意见》，政策中第十二条促进现代服务业发展内容中提出，要提高农业保险保障水平，扩大保险覆盖面，增加优势特色产业保险险种； 2017 年，云南省出台了《云南省小额贷款保证保险试点风险补偿资金管理暂行办法》，为小额贷款在贫困户的接受度与可实施性给予了一定程度的保障； 2018 年，云南省出台《云南省人民政府关于建立粮食生产功能区和重要农产品生产保护区的实施意见》

续表

省份	小额保险政策文件
青海	2008 年，青海省出台了《青海省农村小额人身保险试点工作实施意见》； 2010 年，出台了《推进青海省农村小额人身保险向纵深发展工作方案》；同年，青海省人民政府办公厅印发《青海省加强农业保险工作指导意见》； 2012 年，出台了《关于建立全省"三农"保险服务体系的实施意见》，保障农村保险服务的实施； 2015 年，出台《青海省创业创新小额贷款保证保险实施方案的通知》，该政策的创新之处在于，保险与贷款联动，贷款的保障提供的路径被拓展了。同年，青海省政府印发的《关于加快发展现代保险服务业的实施意见》中，将拓展"三农三牧"保险服务领域作为重点工作任务进行安排部署，指出要持续扩大政策性农牧业保险覆盖面，拓展"三农三牧"保险广度和深度； 2016 年，《青海省 2016 年农牧业保险实施方案》正式印发； 2017 年，青海保监局会同省农牧厅、财政厅联合印发《关于印发 2017 青海省农牧业保险实施方案的通知》；同年，青海省保监局发布了《关于做好保险业助推青海省脱贫攻坚工作的实施意见》文件

资料来源：笔者根据各地区文件整理得出。

表 6 - 4 　　　　　　　　　四省涉藏地区扶贫小额保险政策

省份	金融支持产业扶贫
青海	（1）扩大保险覆盖面，完善农村多层次保障体系；（2）搭建分为省、州（地、市）、县、乡镇四级的服务机构，按要求设置出两类服务机构，明确四种人员构成以及实行三步推进举措的四种制度；（3）建立业务专营专管制度、银保联合风险管控机制、风险补偿机制、附加性承保机制、业务暂停机制、责任追究机制以及借款人失信行为通报机制七大制度；（4）加大农牧业保险的支持力度；（5）引入了"无赔款优待"等促进投保的制度
甘肃	（1）促进保险行业现代化服务转型；（2）加强对小额信贷保险保障的扶持力度；（3）建立完备的农村居民医疗保险；（4）将农业保险纳入甘肃"1 + 17"精准扶贫方案的政策框架；（5）扶持新型经营主体、扶持小农户、扶持农村特色产业；（6）实行一户一保、一户一单、一户一赔的精准保险
云南	（1）加快专业性农业保险公司的组建工作，支持高原特色农业产业发展；（2）建立完善的保险补偿资金管理方案；（3）探索开展"保险 + 期货"的新模式
四川	（1）建立了实施保险试点工作的九大制度安排；（2）小额保险形成"三险合一"模式；（3）形成保险跟进服务，生产全程指导，风险步步把控

资料来源：笔者根据各地区文件整理得出。

6.1.3　市级及以下层面政策及制度规则梳理与比较

2017 年，为进一步做好马尔康市脱贫攻坚金融支持与服务工作，马尔康市人民政府办公室发布《马尔康市金融助推脱贫攻坚实施方案》（以下简称《方案》）。该《方案》以完善金融扶贫开发体系、促进信贷投入总量持续增长、逐步健全风险保障体系、明显提升金融服务水平以总目标，提出了具体的五项措施。

第一，进一步完善"三农"的金融服务体系。推动马尔康市各家金融、保险机构开展类似于农行"三农金融事业部"模式改革。第二，要引导信贷投放向贫困群众和贫困地区倾斜。以市玉米、青稞、马铃薯、油菜、养殖等农业主导产业和优势农业产业等为扶持重点；加大对有条件的贫困农户小额农贷投放力度；大力支持"公司＋合作社＋贫困户""龙头企业＋基地＋贫困户"等产业发展模式。第三，要建立保险行业精准扶贫长效机制。进一步加强和改进农业保险工作，推进政策性农业和地方特色优势农业保险，力争加快将玉米、青稞、马铃薯、油菜、牦牛等农业保险纳入中央、省级财政补贴范围。第四，创新精准扶贫担保方式。由市财政统筹资金，为扶贫对象等提供贷款担保，免收担保费用；对扶贫贷款的损失，由市政府、协作银行、保险公司按比例共同承担。第五，加快普及精准扶贫金融知识。借助市、乡两级平台，对贫困群体开展专项金融教育培训，提高贫困群体的诚信意识。

海北藏族自治州海晏县金融扶贫工作以建档立卡贫困户中有生产经营能力、有金融服务需求的贫困户为主要对象，通过加大信贷支持力度，建立多元化的精准扶贫金融服务体系等，为脱贫攻坚提供精准金融服务。在金融机构选择上，采取竞争入围的方式进行选择，确定了主办行 4 家，根据各主办行放贷利率高低、审批周期长短、贷款抵押要求等因素，由申报方择优选择合作银行。由此确定了海晏县金融扶贫主办行为海晏县农村信用合作联社、青海银行海北分行、邮储银行海北支行、建设银行海北分行。以扶贫小额贷款和扶贫产业项目贷款为金融支持脱贫攻坚的主要方式，具体可分类为：扶贫小额信贷项目、扶贫产业园项目、金融扶贫示范村项目、青春创业扶贫行动项目。在金融支持扶贫产业的选定上，采取"双重竞争入围"的方式进行，成立评审委员会，通过召开评选会，根据扶贫产业的可行性、扶贫带动等方面进行论证、评分，择优选定扶贫产业。

2016 年，甘孜藏族自治州泸定县人民政府办公室印发的《泸定县精准扶贫财政金融互动政策实施方案》具体提出了四条实施方案。第一，设立贷款风险基金。由省级财政给予一次性专项补助，设立贷款风险基金，县财政多渠道筹集资金设立不低于 200 万元的扶贫小额信贷风险基金。扶贫小额信贷发生的损失，未开展扶贫小额信贷保证保险的风险基金和金融机构分别按 70% 和 30% 的比例予以分担；并展扶贫小额信贷保证保险的，合作保险公司分担损失的 70%，风险基金分担 15%，其余 15% 由承贷银行承担。第二，建立贷款贴息机制。县财政安排的扶贫贷款贴息资金按原则上不超过 5% 的年利率（贷款年利率低于 5% 的按实际贷款年利率进行贴息），对获得贫困户住房建设贷款和扶贫小额信贷的建档立卡贫困户给予贷款贴息。第三，引入贷款保证保险。由借款人与承贷银行、保险机构分别签订贷款合同和扶贫小额信贷保险合同，期限应与贷款期限匹配。第四，建立业务暂停机制。当贫困户住房建设贷款、贫困地区返乡创业贷款和扶贫小额信贷不良贷款率达到10%时，承贷银行立即暂停相应贷款业务。

2018年8月，甘肃涉藏地区自治州舟曲县人民政府办公室印发的《舟曲县精准扶贫专项贷款到期管理工作方案》对精准扶贫专项贷款的到期回收以及到期续贷工作做出了具体安排。分为农户自主使用贷款和农村经济组织集中使用贷款的到期回收工作。其中农户自主使用贷款到期后，根据不同的借款农户特征，一次性收回本金或引导农户按期归还。农村经济组织集中使用的贷款到期后，由农村经济组织与农户结清分红资金，解除带动协议，一律收回本金；仍有贷款需求的，可由企业提供抵押担保，转为商业性贷款，财政不再贴息。到期续贷的续贷对象为2015年10月~2017年11月期间获得精准扶贫专项贷款中暂不具备还款能力，但信用良好、有续贷意愿、有就业创业潜质和技能素质、贷款资金用于生产经营的建档立卡贫困户或已脱贫户。贷款用途为发展家庭增收致富项目，支持续贷人从事种植、养殖、农副产品深加工及流通等创收项目，发展农业综合开发、农产品生产加工等特色增收产业。

2018年，为充分发挥金融服务在扶贫开发工作中的造血作用，若尔盖县脱贫攻坚领导小组办公室印发的《若尔盖县金融扶贫专项2018年度实施方案》具体提出了七个工作重点。第一，要进一步强化金融扶贫工作。第二，继续发放精准扶贫贷款，逐户排查走访贫困户信贷需求，达到支持一户见效一户的效果。第三，支持特色产业发展，支持农户种养殖业、商业发展，大力发放农户小额贷款，农村个人生产经营贷款，发展特色经济。第四，支持旅游业发展，助力支持打造星级藏家乐、牧家乐，大力发放农家乐贷款，为农家乐提升有品位有档次的服务提供信贷支持。第五，在现有信贷条件下，积极创新信贷模式。第六，发展落实"返乡创业贷款"。第七，继续改善支付结算环境，力争提高行政村覆盖率，使广大农牧民足不出乡、足不出村即可完成存款、汇款、取款等金融业务。

6.2 四省涉藏地区扶贫小额信贷精准扶贫应用实践

6.2.1 扶贫小额信贷的主客体分析

扶贫小额信贷涉及政府扶贫职能部门、金融机构和贫困户等多个方面，各部门之间只有统筹安排、分工协作，才能形成良好的扶贫效益。

6.2.1.1 四省涉藏地区扶贫小额信贷的主体分析

金融机构是扶贫小额信贷的放贷主体。扶贫小额信贷实行主办行责任管理制，人民银行根据各地区各乡镇贫困人口数量、金融机构网点分布和扶贫小额信贷工作任务，确定各地扶贫小额信贷业务主办行。主办行要组建专门扶贫小额信贷队伍，负责该地区的扶贫小额信贷业务。对于四省涉藏地区而言，由于自然生态、社会文化、经济发展、人口素质、政策制度等多方面的约束，目前提供扶贫小额信贷的金融机构主要有农业银行、邮政储蓄银行和农村信用社等大型正规金融机构。

6.2.1.2　四省涉藏地区扶贫小额信贷的客体分析

扶贫小额信贷的客体是满足申请要求的建档立卡贫困户。贫困户普遍具有自身技能不足、收入来源单一、劳动力不足、受教育程度低、金融知识匮乏等特点。但相较于非涉藏地区贫困户，涉藏地区贫困户无论是致贫原因、生活习惯还是思想观念均存在异质性：一是四省涉藏地区生态环境脆弱，自然灾害频发，农户从事农业生产经营所面临的风险较大；二是涉藏地区地广人稀，人口居住分散，生态环境恶劣，农户前往金融机构网点办理业务的成本较高；三是涉藏地区宗教氛围浓烈，农户普遍信教，部分藏民每年在宗教信仰方面的支出较大。

6.2.2　扶贫小额信贷精准扶贫的机理

6.2.2.1　精准扶贫识别分析

一是扶贫小额信贷精准扶贫的本质是通过小额信贷实现精准识别。扶贫小额信贷精准识别是根据不同地区经济状况、金融资源分配情况、贫困户条件，利用政府担保有效解决贫困户信用不足问题，从而提供相应的金融支持。现实中，由于贫困户缺乏担保、储蓄不足、收入不稳定，正规商业性金融机构往往将其排除在授信之外或者即使授信，也会是高额利息。这种高额利息反而让更多贫困户无法脱离"贫困陷阱"。而通过国家财政贴息，推行正规金融机构为贫困户提供无抵押、低息、贴息等形式的小额扶贫贷款，可以有效缓解贫困户资金困难，促进其投入生产经营，从而获得增收。

二是扶贫小额信贷精准扶贫的重点是动态管理和考核。通过实施动态管理和考核，引导贫困户的金融行为，控制风险，充分发挥金融杠杆效应，为政府更深层的扶贫提供决策依据。

三是扶贫小额信贷精准扶贫的核心是与多方金融机构建立横向联动机制，控制住风险，进而充分发挥小额信贷的正面效应。

6.2.2.2　小额信贷的惠贫机制分析

根据纳克斯提出的"贫困恶性循环论"可知，当贫困户收入增长受限且无外在帮助时，他们将陷入"贫困陷阱"，并且这种现象可能会呈现出区域性特征，比如当前的民族地区、老少边区等。而陷入"贫困陷阱"中的贫困户也同时掉进了"金融贫困陷阱",比如当前普遍存在的农村地区弱势群体信贷配给严重现象,对于少数民族贫困地区则更甚,贫困户被排斥在正规信贷之外。在无金融储蓄,也无金融信贷的情况下,若贫困人群自我控制力不足,其将始终摆脱不了陷入贫困陷阱的命运。本节运用行为经济学中"S 型曲线"来描述金融缺失状况下的贫困群体所处的"贫困陷阱",如图 6-2 所示。

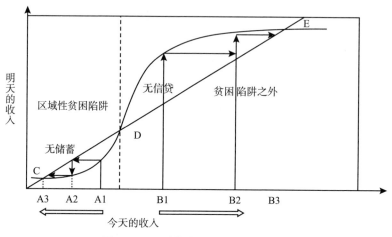

图 6-2 S 型曲线和区域性贫困陷阱

由图 6-2 可知,横轴表示今天的收入,纵轴表示明天的收入,S 型曲线由开始的平坦到上升,再到逐渐变成平坦。对角线表示今天的收入等于明天的收入。处在虚线左侧区域内的个体其明天的收入小于今天的收入,且这部分群体储蓄不足。无其他外力支持下,S 型曲线按轨迹从 A1 到 A2 和 A3,最后到 C 点,这部分贫困户将长期陷入"贫困陷阱";若是明天的收入大于今天的收入,S 型曲线会从 A1 回到平衡点 D 点,在没有外部信贷支持情况下,处在当前水平上的贫困群体的收入会随着时间的增加而增长。由于其自身基础较为薄弱,消费自控力不足,其收入或资产增长会比较缓慢。在不会遇到重大变故或者外力冲击情形下,这部分贫困群体的收入会顺着 B1、B2 和 B3 的方向发展,且越来越好,但这是一个非常漫长的过程。然而,小额信贷资金的注入,对于贫困群体脱贫产生了重要影响,如图 6-3 所示。

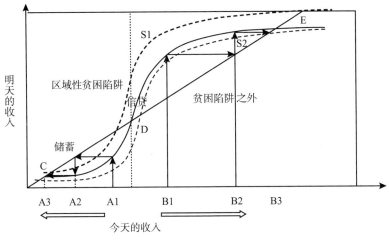

图 6 – 3　小额信贷的扶贫效应

贫困户家庭由于收入有限，在保证最低消费水平的情况下，能用于储蓄的资金比例较少。一方面，通过政府提供担保所发放的小额扶贫资金通常是低息甚至无息的信贷。在其他因素不变的情况下，小额扶贫信贷资金的介入，可以提高贫困户收入的增长速度，如图 6 – 3 中 S1 曲线的效应所示。另一方面，贫困人群主要分布在农村、山区和民族地区，收入来源单一靠农业种植业、养殖业以及旅游业，由于缺乏技术和产品市场的有限性，贫困农户收益无法保证，加之他们金融素养不足，高昂的借贷成本甚至会加大风险，加剧贫困程度。如图 6 – 3 中 S2 虚线所示。而小额信贷要发挥如图 6 – 3 所示的扶贫效应，还需和其他金融服务以及相关的配套措施，形成立体的金融精准扶贫机制。

6.2.2.3　扶贫小额信贷的风险控制机制

在扶贫小额信贷的发放工作中，还存在着一些风险，需要采取有效措施及时化解。金融机构在扶贫过程中承担了重要责任，但如果让金融机构来承担全部信贷风险，则会导致金融机构因担心损失过大而选择少贷或不贷，继而退出经济落后地区的金融市场，这会使得贫困地区的农户再次受到信贷约束，也会使经济落后地区的金融供需结构更加不平衡。为解决这一现象，应该将政府部门、金融机构和贫困户三者结合起来，再辅以其他社会组织，在贷款前、中、后期对贫困地区的信贷风险进行必要的识别、规避、分担和补偿。

首先，在贷款前期，主要是通过广泛宣传，定期或不定期开展金融诚信宣传教育，营造良好的金融诚信氛围；通过政府部门、金融机构和贫困户三方合作，科学选准发展项目；通过科学、公平公正地授信评级，合理确定贷款对象及额度。其次，贷款中期的风险规避和防范需要多方监督确保专款专用，贫困户也要配合金融机构及政府部门，自觉按照借款合同约定的用途使用贷款，严禁贷款转借用途。最后是贷款后期的风险分担和补偿。一是由各级政府和金融机构按一定比例建立贫困户贷款风险补偿基金，发生贷款损失时，政府和金融机构按一定比例分别承担。二是引入担保机构，通过建立健全的信贷机制，确保其能在金融机构贷款后期分担一部分信贷风险，并且帮助提升贫困地区扶贫对象对各种扶贫金融机构及其项目的认知度，从而使金融机构能够在贫困地区发挥最大效用。三是鼓励支持保险机构开发推广特色农产品保险、人身意外险、大病保险、扶贫小额信贷保证保险等保险产品（见图 6-4）。

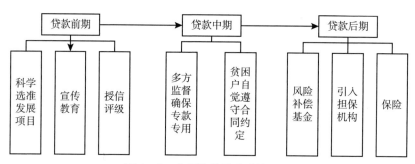

图 6-4 小额信贷风险防控机制

6.2.2.4 小额信贷精准扶贫的机制设计

区别于教育、医疗等扶贫，金融扶贫存在一定的风险，因此需要其他方式来平衡和分散风险，具体如图 6-5 所示。

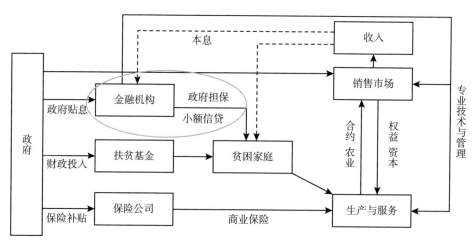

图 6-5 金融精准扶贫机制

一是通过政府贴息和提供担保等方式，支持金融机构提供扶贫小额信贷，为那些精准识别的有生产能力的贫困户提供资金，帮助其购买农业生产经营的工具以扩大农业生产活动或者将资金投入适当的项目，或充分挖掘贫困户的创业潜力，拓宽其收入来源途径。由于贫困户的教育程度低和金融知识弱，金融机构在提供信贷资金基础上，同时需要引入风险控制技术，帮助贫困户控制风险，让其正常生产。二是增加政府财政投入，设立扶贫基金，为贫困户提供基本保障，避免贫困家庭陷入贫困陷阱。三是引入保险补贴与商业保险。如前所述，贫困人群收入来源单一，主要依靠农业种植业、养殖业等，面临着显著的自然灾害风险。保险是分散风险的有效方式。然而，很多贫困户却又买不起保险。故建议政府通过提供保费补贴，激励保险机构主体为贫困户提供相关的保险产品，同时培育贫困人群的农业保险参与行为，从而降低农业生产风险，减少外在冲击带来降低收入的影响。四是通过引入社会资本发展产业，培育新型经营主体，带动贫困户增收。很多贫困户即使有农产品，也可能存在滞销的风险。政府可通过实施积极的财税政策。引入社会资本参与贫困地区开发项目，确保贫困地区的产品和服务有稳定的市场。综上所述，基于立体的精准扶贫机制设计，有利于充分发挥小额信贷精准扶贫效应。

6.2.3　扶贫小额信贷案例实践

6.2.3.1　青海省扶贫小额信贷——"530"案例

发行时间和地点：2015 年西宁市。

发行主体：人民银行西宁中支联合青海省扶贫局与财政厅等部门出台《金融支持精准扶贫青海行动方案》，并开展"530 信用贷款"工程。

产品概况：由人民银行、扶贫开发局、主办行、村委会、第一书记共同对有发展意愿和项目、有资金需求，有劳动能力、无欠贷欠息的"三有一无"贫困户逐户摸底、列清单、建名录、定台账，进行销号管理，对其贷款申请快审、快批、快贷，确保符合条件的贫困户全部都能得到扶贫小额贷款的支持。对被评定为信用户、有生产经营能力、有金融服务需求、有劳动能力的建档立卡贫困户提供 5 万元、3 年期、全额贴息、免抵押担保的贷款。

贷款额度、期限、利率：5 万元、3 年期、基准利率全额贴息。

产品特点：全额贴息、免抵押、免担保贷款、贷款申请快、审批快、隔天到账。

产品的优点、成效：以青海省海北藏族自治州海晏县为例，2017 年贫困户获贷率达到 66.7%，比 2015 年提高 48.5 个百分点；推进金融产业扶贫工作，破解贫困户缺乏发展资金的难题；是"政银互动、信用支撑、精准放贷、发展生产"扶贫小额信贷一次新的探索。

产品存在的缺陷：采取行政瞄准的方法，将建档立卡贫困户全部纳入授信群体，再加上对信贷资金使用过程的监管不足，使得部分扶贫小额信贷资金到期后难以收回，增加金融机构信贷风险。

6.2.3.2 四川省扶贫小额信贷

贷款对象：通过贫困户评级授信获得授信的贫困户家庭成员。

信用评级：通过精准识别纳入建档立卡系统，有劳动能力和发展愿望的贫困户可以自愿申请进行信用评级。组建的村风控小组按照评级授信指标进行逐户评定，确定贫困户得分，再按照得分多少确定评级等级。信用评级指标包括诚信度评价（50分）、家庭劳动力占比（20分）、上年度人均纯收入（10分）以及家庭劳动技能（20分）四个大项，共计100分。60分以下不授信；60~70（不含70）分，信用评定为两星；70~80（不含80）分，信用评定为三星；80~90（不含90）分，信用评定为四星；90分以上，信用评定为五星。

贷款额度及期限：额度为评级授信范围，期限不超过3年，根据生产经营的需要，合理确定发展规模、贷款额度和期限。具体来说信用评定为两星的贫困户授信限额2万元、三星授信限额3万元、四星授信限额4万元、五星授信限额5万元。

贷款用途：用于法律许可且对环境和社区没有负面影响的增收项目。

贷款偿还：合作银行提前列出到期者名单并告知风控小组，由风控小组通知到期者准备还款。到期后，贷款户按照合同还本或付息，银行将未偿还农户名单通知风控小组，风控小组进行催收。

贷款贴息：贴息资金的来源为扶贫小额信贷年度计划，按5%的年利率给予贷款贴息，贷款利率低于5%的按照贷款利率100%贴息。按"先收后贴、分期补贴、应贴尽贴"的原则，对按时偿还贷款本息的贫困户给予贴息，对贷款户因未按期偿还贷款本息及其他违约行为的，不予贴息。

风险防控：在宣传阶段，通过广泛宣传，定期或不定期开展金融诚信宣传教育，营造良好的金融诚信氛围。在授信评级阶段，主要通过社区评议、村风控小组评议以及公告公示和建立投诉机制，确保信息的真实性以及评级授信的公平、公正。贷款申请阶段，通过科学选准发展项目、合理确定贷款额度与期限、鼓励建立互助小组以及鼓励贷款农户参与各类保险来降低贷款的风险。在贷款使用阶段，村风控小组、互助联保小组成员、帮扶责任人、乡镇驻（联）村干部监督贷款用途并针对不同特点的贷款贫困户开展针对性技术服务。在还款阶段，在贷款到期前 1 个月，银行通过村风控小组通知借款贫困户，对未按时还款的贫困户，村风控小组采取公示、广播、到户等方式，催促偿还。在扶贫小额信贷未偿还完毕前，贫困户参加各类保险的第一受益人原则上为扶贫小额贷款的银行，若发生保险理赔，应首先赔付合作银行。除此之外，还建立了相关的扶贫小额贷款奖惩机制，具体流程如图 6 - 6 所示。

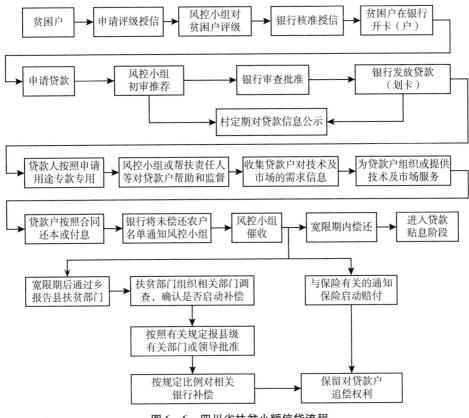

图 6 - 6　四川省扶贫小额信贷流程

6.2.3.3　云南省——富滇—格莱珉扶贫贷款

发行时间和地点：2016 年 5 月大理市太邑乡。

发行主体：富滇银行与格莱珉银行合作，富滇银行提供项目经费和信贷资金，格莱珉中国公司提供技术支持和日常运营管理。

产品概况：将格莱珉扶贫模式与富滇银行扶贫贷款业务成功嫁接，以富滇银行扶贫工作"挂包帮"联系点——太邑乡为试点，立足精准，因地制宜、因人因户因村施策，为金融难以触及的贫困群众提供信贷支持。对已形成有效信贷需求的贫困农户科学设定贷款额度，提供 1 000~20 000 元免抵押免担保、期限 1 年、年化利率为 10% 的贷款产品；农户贷款 1 年后可提升额度；按周等额还本付息，还款金额达一半后（贷款发放半年后）可续贷还贷款部分。同时帮助贷款贫困户建立征信记录，填补其信用空白。

产品特点：该模式以贫困妇女、贫困家庭为主要目标群体，以建档立卡户名单为参考，逐户走访掌握详情，确保扶贫目标精确瞄准，激活其潜在致富能力和信贷需求。

产品现状：截至 2017 年 3 月，已累计向贫困农户发放贷款 153 笔，金额253.2 万元。发放贷款用途中，约 75.16% 用于种植养殖业、14.9% 用于经营发展、7.33% 用于改善生活条件、2.61% 用于添置工具。截至 2017 年 5 月，富滇—格莱珉扶贫贷款项目累计发放贷款 316.7 万元，惠及太邑乡 160 余户农户，其中，建档立卡贫困户 81 户，贷款人数和贷款金额持续上升，项目效果初步显现。[1]

产品的优点和成效：让"输血式"扶贫向"造血式"扶贫转变，提升目标客户的主观能动性与内生动力；申请过程中，农户无须抵押和担保，无申请手续费，还款过程中可以续贷和升级，不需要到银行去还款，工作人员上门服务。

产品的局限性和阻碍：一是贷款规模扩大需要长时间的积累；二是资金的信用安全性仍然存在隐患；三是与贷款配套的金融服务尚不完善。

6.2.3.4 扶贫小额信贷模式与格莱珉小额信贷模式的异同分析

1974 年，穆罕默德·尤努斯在孟加拉国创立小额贷款，通过取消传统信贷的抵押、担保要求，创造了一个基于互信、参与和创造力的信贷模式，改变了银行业的传统惯例，开创性地为低收入人群提供无抵押、无担保的小额贷款服务。格莱珉小额信贷模式创建 40 多年以来，被复制到许多国家和地区，在全世界范围内引起了巨大反响。而在中国，扶贫小额信贷最常见的模式就是"530"，即"5 万、3 年、0 利息"。将我国扶贫小额信贷模式（530）与格莱珉小额信贷模式进行异同分析，具体情况如表 6-5 所示。

表6-5　　　　格莱珉小额信贷模式与中国扶贫小额信贷模式的比较

项目	格莱珉小额信贷模式	中国扶贫小额信贷模式（530）
贷款对象	以穷人为贷款对象，主要针对农村贫困妇女	通过贫困户评级授信获得授信的建档立卡贫困户（包括已脱贫农户）

---

[1] 国家乡村振兴局官网，http://www.cpad.gov.cn/art/2017/6/7/art_5_63992.html。

续表

项目	格莱珉小额信贷模式	中国扶贫小额信贷模式（530）
贷款利率	20%	基准利率放贷、财政贴息
贷款额度	额度小，平均贷款额度只有 23 429 塔卡（约 296 美元），仅占孟加拉国 2016 年度人均 GDP 的 21%	5 万元及以下
贷款期限	1 年	3 年
贷款用途	用于自雇式生产	精准用于贫困户发展生产，不能用于非生产性支出
放贷主体	格莱珉银行	各地主办银行
抵押、担保	不需要	不需要
偿还方式	分期还款机制，"零存整还"	到期一次性偿还
小组、中心制度	格莱珉银行规定 5 位穷人组成一个贷款小组，若干个贷款小组组成一个贷款中心	无
风险基金	按贷款额 5% 收取小组基金和强制储蓄作为风险基金	由各级政府和金融机构按一定比例建立贫困户贷款风险补偿基金

资料来源：笔者根据相关资料编制。

6.2.4　扶贫小额信贷模式应用与发展思考

自 2014 年我国开始实施扶贫小额信贷政策，经过近 6 年的发展，扶贫小额信贷已经成为我国扶贫工作的重要手段之一，扶贫成效显著。扶贫小额信贷已经成为金融扶贫的重要内容，为实现 2020 年脱贫攻坚目标，全面建成小康社会发挥了较大的作用。随着大批扶贫小额信贷进入还款期以及脱贫攻坚任务进入决胜收尾期，扶贫小额信贷需要重点解决如下两个方面的问题：一是随着贷款的陆续到期，后阶段形成逾期还款的压力较为突出，如何有效防范扶贫小额信贷风险是政府部门以及金融机构急需思考的问题；二是 2020 年脱贫攻坚任务完成后，我国将重点实施乡村振兴战略，扶贫小额信贷如何做到有效衔接乡村振兴战略，也是应该考虑的重点问题。

6.3　四省涉藏地区个人精准贷款与特色产业贷款精准扶贫应用实践

6.3.1　个人精准贷款与特色产业贷款的主客体分析

首先，个人精准贷款与特色产业贷款的主体分析。正规银行类金融机构是个人精准贷款与特色产业贷款的放贷主体。在甘肃省,特色产业贷款的放贷主体主要由国家开发银行甘肃省分行、农行甘肃省分行、省农信社联社、甘肃银行、兰州银行5家银行作为主承办行。

其次,个人精准贷款与特色产业贷款的客体分析。被精准识别的贫困户是个人精准贷款的客体。专业合作社、龙头企业等农村经营主体是特色产业贷款的客体。农牧业是四省涉藏地区的主导产业,牦牛养殖、藏羊养殖、青稞种植、中草药种植以及特色荞麦种植等都是四省涉藏地区极具地方特色的农牧产业。发展特色产业,必须重视"能人""大户"的作用,通过"能人""大户"发展产业带动扶贫,以"能人""大户"作为发展的"领头羊",贫困户的信任感和本地能人的责任感都将得到有力保障。

6.3.2 个人精准贷款与特色产业贷款精准扶贫的机理

产业发展是推动经济增长的重要驱动力。产业精准扶贫体现在通过推进贫困区域产业发展,从而精准带动和辐射到周围贫困人口增收。

6.3.2.1 产业贷款扶贫的识别机制

产业贷款精准扶贫的运作机理为政府将来自各方的扶贫资源进行有机整合,经过论证和规划,投入技术、信息、资本、土地、劳动等要素来发展扶贫产业,并充分发挥各方优势来促进产业发展。同时,通过利益联结机制,强化扶贫主体与扶贫对象的合作,保障各方都能达到各自的目标。贫困群体则通过投入相关要素和利用政策的优惠,积极参与产业发展实现脱贫目标;同时扶贫主体也能从产业发展中获利,最终实现共赢。其中,政府负责调资源、出政策,基层政府负责抓落实,出效果。企业则在界定发展边界的情况下,利用自身在资本、技术、管理和市场方面的优势发挥重要的支撑作用。通过建立有效的利益联结机制,保证企业发展和发挥企业分担社会责任的重要作用。扶贫产业的发展需脱离外部扶持,靠自身在市场中发展以实现可持续性。

6.3.2.2 产业贷款扶贫的惠贫机制

产业精准扶贫的实现路径大致分为三个阶段,包括产业立项、产业培育和产业发展带动脱贫致富,重点是要构建起适合涉藏贫困地区的产业结构,提高要素使用效率和投入水平,以及提高贫困户的参与程度。这是一个外来先进经济影响深度介入的过程,载体的接纳问题,既要考虑群体特性和地域差异,也要考虑文化因素等。按"因地制宜、立足特色"实现精准择业,后通过"因势利导"培育产业,提升产业适应性。产业扶贫通过提高品牌化、电商化和组织化水平来实现产业精准扶贫的目标,走区域产业融合发展道路(见图6-7)。

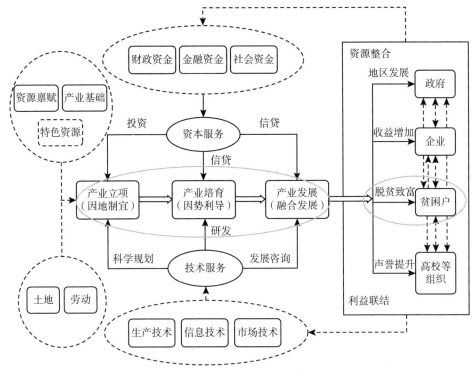

图6-7 产业贷款精准扶贫机理与实现机制

6.3.3 个人精准贷款与特色产业贷款案例实践

6.3.3.1 甘肃省特色产业发展工程贷款

（1）基本条件。发行时间和地点：2017年，甘肃省。发行主体：以中国农业银行甘肃省分行、国家开发银行甘肃省分行、省农信社联社、甘肃银行、兰州银行5家银行作为主承办行为基础，省内有意向的其他银行，均可按照《甘肃省特色产业发展工程贷款实施方案》规定对接县级政府，发放特色产业发展工程贷款。贷款额度、利率和期限：贷款利率在同期基准利率基础上上浮但在20%以下，贷款期限由相关银行与企业协商确定。贷款范围：特色产业发展贷款在全省各县、市、区地区实施，各银行覆盖范围不同。

（2）产品概况。贷款项目由银行、互助社按相关政策自主审批。贷款发放模式由企业与各承贷行（社）自主协商，并订立合同。企业是偿还主体。政府对相关业务进行管理与监督并配合承贷行（社）做好贷款开展以及回收等各项工作。贷款的用途是发展当地经济和相关农业等方面产业，对象是具有一定发展潜力、市场前景较好、有一定规模化发展、对提升农户收入水平有带动作用的企业。通过特色产业发展，推动产业转型升级，扩大优势产业规模，延长产业链，提高附加值，提升市场竞争和抗风险能力，推动形成融合发展的产业集群。

担保公司获得了省级财政的"以奖代补"方式支持，获得了各县市区出资的2 000万元作为资本金，省级财政对深度贫困县区以及"两州一县"按照1.5∶1的比例奖补，此外其他县市区则按1∶1比例进行。资金全部用于担保特色产业发展的贷款。同时，鼓励县级财政出资入股市州担保公司，提高市州整体统筹平衡能力。

（3）优点及成效。特色产业发展工程贷款是推动特色产业发展、壮大区域经济、持续增加群众收入的一项重大工程，是破解贫困群众发展资金难题的重要途径。甘肃省特色产业发展工程贷款开展以来，在帮助企业融资、发展富民产业和提高县域经济水平方面发挥了积极作用。

6.3.3.2 个人精准贷款——安康社区巴德案例

（1）案例概况。巴德是色达县易地扶贫搬迁中的一名普通藏民，他曾在藏文学校念过小学，家里一共七口人，妻子和五个孩子，妻子从来没有读过书也不会说汉话，两个孩子在读初中，另外三个孩子在读小学，家中主要劳动力仅有他一人，几年前巴德由于胆结石和肠炎进入医院治疗花费了大量家庭积蓄，因此缺乏劳动力和疾病是家庭贫困的主要原因。

巴德家原来生活在色达县外的牧区，巴德除了养殖牦牛外还具有特别的手艺，他擅长制作中高档藏服和石刻，但由于在牧区中高档藏服的实际需求量很少，巴德无法通过制作藏服获得较多收入。自从色达县开展易地扶贫搬迁后，巴德家从原来的牧区搬入了精准扶贫统一建成的安康社区，安康社区就在色达县城内，周围的基础设施十分齐全，医院、学校离家很近，步行只需要20多分钟。搬家后巴德家没有了草场和土地，这意味着巴德不能再依靠传统的种养殖获得家庭收入，而县城内对于中高档藏服的需要量较大，这使得巴德的藏服制作手艺派上了用场，巴德打算通过制作和销售藏服来获取家庭收入。然而开展新经营手段的最大困境就是资金，巴德家没有多余的钱来购买生产资料。这时巴德从扶贫工作人员和村干部那里了解到了色达县的扶贫小额信贷，小额信贷的利息由政府贴息，贫困户只需要偿还本金即可，不需要多余的费用。得知这个政策之后，巴德2017年向当地的农信社贷了一笔小额信贷，金额为2万元，借款期限为3年，贷款资金用于购买缝纫机和布料，巴德当天申请之后第二天就拿到了贷款，巴德对此感到非常满意。巴德利用贷款购买了所需的生产资料，开始了中高档藏服的制作生意，每一件藏服的价格可以达到七千多，2017年巴德家庭人均纯收入达到了5 605.14元，如期完成了脱贫计划。

（2）案例启示。一方面，由于巴德家原来居住在牧区，牧区内的中高档藏服需求量较小，巴德无法通过制作藏服赚取收益，而易地扶贫搬迁以后，巴德家居住到了县城内，县城里面对中高档藏服的需要量较大，巴德便可以通过制作藏服获得收入，这体现出了易地扶贫搬迁的优势，不仅使得巴德家居住环境有了很大改善，上学就医变得更方便，更重要的是具备发展新产业的市场条件，能够充分激发贫困户脱贫致富的内生动力。另一方面，小额信贷对于贫困户脱贫起到了重要作用，巴德家由于缺乏资金无法开展藏服生意，在得知了小额信贷之后，巴德快速地获得了所需贷款，满足了生产经营的资金需求，并且巴德家不需要支付本金以外的任何费用，全部利息由政府贴息，减少了巴德家的经济压力。

6.3.4　个人精准扶贫贷款与特色产业贷款模式思考

精准扶贫贷款是一项政策性和商业性相结合的信贷业务，具有目标明确、政策优惠和保本微利的特点，在扶贫攻坚领域是一支不可或缺的金融力量。精准扶贫贷款作为贯彻落实中央精准扶贫政策要求和发展富民产业增收的有力抓手，可以全面激发贫困户的内生动力，实现了有贷款需求的贫困户应贷尽贷。事实证明，精准扶贫专项贷款不仅有效地解决了贫困群体发展生产的资金问题，还带动了特色产业和区域经济发展；不仅激发了贫困农户脱贫内生动力，还增强了群众对政府的信任感，该举措为贫困农户发展生产脱贫致富提供了可能性。目前，我国圆满打赢脱贫攻坚战，此后将重点开展乡村振兴战略，统筹做好金融精准扶贫贷款和乡村振兴金融服务政策衔接，可以提升乡村振兴金融服务水平。

但是，个人精准扶贫贷款与特色产业贷款在实践过程中还存在或面临着一定的问题。一是对已脱贫地区的扶贫政策如何有效衔接的问题。二是涉藏地区特色农业普遍存在周期长、投资大、风险高的特征。涉藏地区具有"高山、高原、高寒"的特点，地势险峻，自然气候恶劣，发展生产面临很强的自然条件约束，农业普遍存在生产周期长、见效慢的情况，使得涉藏地区发展特色农业的风险系数普遍高于其他产业。三是风险分摊机制不健全。

6.4　四省涉藏地区村级互助资金精准扶贫应用实践

6.4.1　村级互助资金的主客体分析

村级互助资金的借贷主体包括政府和社员两个层面。村级互助资金在原国务院扶贫开发办及财政部的指导下，由各省的财政厅和扶贫开发办公室牵头，项目市（州）、县扶贫开发办公室和财政局或项目办负责监督管理，乡镇政府和村

"两委"会负责协助项目村的选择。构成互助资金的比例中，由政府安排的互助金达到80%以上。另外，采用合作金融模式建立并以"封闭"方式运行的互助资金，使得互助资金社成员本身也是借贷的主体。通过利益共享、滚动发展、封闭运行和内部管理的原则，充分调动和培养了农户的积极性和主人翁意识，提高了资金使用效率。

采用封闭运行的村级互助资金，其借贷客体必然是互助资金社员。由于互助资金的发展宗旨是通过帮助贫困户、贫困村发展生产增加收入，提高他们自我积累、持续发展的能力，因此互助资金既通过项目村的选择瞄准贫困村，又在借贷运行过程中通过少缴、缓缴或免缴互助金等优惠政策瞄准贫困户。

6.4.2 村级互助资金贷款精准扶贫的机理

（1）村级互助资金增加农户的投资资本。

贫困地区农户受金融排斥，导致其缺乏足够的资金投入到生产发展中，农户通过互助资金提高了贷款机会，增大农业生产投资，以此为依托摆脱贫困。如6-8图所示，假设资本存量在贫困户、普通农户和富裕农户三者中表现不同，且分别对应三种不同的投资机会，三种投资机会所需要的生产技术、生产规模、资本投入均依次增加，由此获得投资回报不断提高。但由于投资是需要门槛条件的，对于没有启动资金的贫困农户而言，只能将生产行为局限于第一类投资机会中，由于资本边际报酬递减规律的存在，随着时间的推移，会使得贫困户愈加贫困。反之，普通农户的初始资本量位于OA与OB之间，农户可以通过扩大再生产、转变生产机会，提高资本的边际报酬。富裕农户资本量在OB以上，其生产规模和技术均远高于贫困户和普通户。此时农户的生产不限于传统的生产领域，

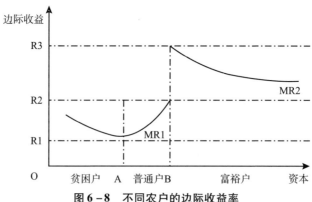

图6-8 不同农户的边际收益率

其边际收益水平也明显高于另两者。互助资金正是通过政府进行外部干预的方式，为贫困地区的农户提供了信贷资金，使得原先的贫困农户的初始投资量从低于 OA 的水平达到 AB 之间，甚至远在 OB 以上的水平，农户通过这种方式使自身的资本边际报酬率大幅提高，边际收入增长，从而摆脱贫困。

（2）村级互助资金改变农户的支出偏好。

农户的支出主要分为生活支出和生产支出两类。现实中，以小规模生产为主的农户其农业生产性支出是几乎固定的，收入的增加只会显著提高生活性支出，并非农业生产投入。在这种条件下，农户的生产能力并没有提高，全部的扶贫资金被用于日常消费，农户的效用水平受到这部分资金供给的影响，因此这种扶贫方式是一种"输血式"扶贫。此外，虽然政府可以通过发放生产资料从而替代直接的资金给予，提供农业生产启动资金促使其发展农业生产，但这一类扶贫往往带有很强的规划性，农户失去自主权和积极性，不符合市场化原则，无法实现效用水平的最优。互助资金则是将政府的"输血"与市场的"造血"有机结合起来共同促进扶贫工作的开展。政府财政资金的投放是互助资金得以设立的必要基础，农户入社缴纳入社费是获得贷款的必要条件。同时，互助资金利用自愿申请的方式针对贫困村，对入社贫困户采取少缴、缓缴或免缴互助金等区别性措施，帮助贫困户获得金融支持。政府外部资金对于互助资金的支持，推动农户之间联合互助，提升发展动力，使农户之间的横向发展与政府自上而下的纵向扶贫方式结合，使政府扶贫效果放大。互助资金的章程明确要求发放的资金主要用于发展生产，运用到种养殖业等生产项目。在一个信息相对透明的乡村里，农户之间的生产活动都相互了解，能有效甄别有盈利潜力的生产项目，同时熟人社会也能有效监督其借贷资金只能用于生产发展。因此，村级互助资金作为扶贫项目也改变了农户对资金使用的偏好，培育了农户的自我创收能力，构建了"造血式"可持续的增收实现机制。

（3）村级互助资金充分发挥市场在资金资源配置中的作用。

在资金所有权和使用权上，明确规定财政扶贫资金和捐赠资金及互助资金的互助资金的增值部分归所在行政村全体村民所有，社员缴纳的互助金归本人所有；互助资金的使用权属互助社全体成员所有。在退出机制上，明确了互助资金的退出条件，如互助资金的借款比例连续 3 个月低于 50%，互助资金不良借款率达到 15%，以及互助资金的现值低于财政扶贫资金和村民自愿缴纳金融总额的70% 等；同时也规定了退出后互助资金权责的分担，即在分摊损耗、扣除成本、退还社员缴纳的互助金后，剩余的部分原则上用于归属村的扶贫公益事业或其他扶贫项目。

6.4.3 村级互助资金案例实践——青海省海晏县村级互助资金[①]

（1）海晏县互助资金基本情况。

自 2013 年启动贫困村生产发展互助资金试点工作以来，已在 5 个乡镇的 29 个行政村开展了互助资金项目，成立了 29 个扶贫资金互助协会，共投入财政扶贫资金 1 767. 32 万元，其中，财政扶贫资金 1 625 万元（2013 年投入扶贫资金 505 万元，2014 年投入扶贫资金 470 万元，2015 年互助协会奖励资金 50 万元，2016 年投入扶贫资金 600 万元、2013 ~ 2018 年入社费和占用费 142. 32 万元。

（2）海晏县互助资金运行情况。

截至 2018 年，海晏县共成立互助小组 165 个，覆盖农户 3 347 户，入会率平均达到了村总人数的 60% 以上，606 户贫困户加入了互助组织，贫困户入协会率达到了 82%。互助资金占用费统一按 3% 收取，单笔最高贷款额 2 万元，最低贷款额 3 千元，贷款资金主要用于种植业、养殖业、商业和运输业。截至 2019 年 6 月底，全县已发放借款资金 1 533. 62 万元，其中贫困户借款金额 292. 86 万元，贫困户借款户数 348 户。

（3）达玉日秀村互助资金的"双保"机制创新。

达玉日秀村互助资金按照"入协会自愿、退协会自由"的原则瞄准贫困户，组织群众以户为单位申请加入互助协会，每户缴纳入会资金 100 ~ 300 元。在贯彻落实《青海省互助资金管理办法》的基础上，针对防返贫和贫困户担保难的问题，推行了"安心贷卡"保资金和"联保方式"保贷款的"双保"创新，在扶贫瞄准中兼顾风险规避与惠贫机制。保资金主要针对贫困家庭的经济基础本来十分脆弱，一旦天灾人祸返贫就会导致借款无法收回这种意外的发生，达玉日秀村借贷的每笔资金都有一份中国人民财产保险股份有限公司的"安心贷卡"投保单，并由专门的业务操作员负责。保贷款则是为了保证互助资金健康有序，促进精准扶贫以及资金安全有效滚动使用，达玉日秀村以贫困户相互联保、富裕户担保贫困户的保证方式和"合作协会 + 互助资金协会 + 牧户""党支部 + 互助资金协会 + 牧户"的三位一体等多种担保方式有效解决了贫困户、单亲户难以编组、难以借款的问题（见图 6 - 9）。

---

① 案例资料来源：海晏县扶贫开发局。

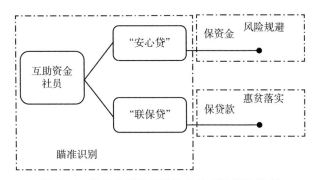

图6-9　达玉日秀村互助资金的"双保"机制

（4）案例优点及成效。

海晏县达玉日秀村互助资金通过"双保"机制，缓解了贫困村特色产业发展资金短缺的难题。试点村通过财政扶贫专项互助资金的引导和群众入会初步建立了稳定的资金互助链条，有效缓解了资金短缺问题，为试点村农户发展壮大特色产业提供了有力支持。据统计，海晏县29个试点村累计向7214户发放互助资金借款9535.96余万元，资金使用率达96%，回收率达100%。通过贫困村互助资金试点的开展，使产业扶贫到户切实落到了实处，有力促进了贫困村产业发展。此外，还提高了农户生产生活水平，增强了农民脱贫致富能力。同时，让农户感受到了党和政府的温暖，增强了自我发展的紧迫感，使农户更用心学习管理经验和生产技术，提升其发展致富能力。通过开展多种自家特色的经营生产项目，使试点村村民脱贫致富，同时使农户诚信意识也有所提升。通过贫困村互助资金的投放和运转，极大提高了农民的信用意识、团结合作意识、公正民主意识、创新发展意识和自我发展意识。由于互助协会的地域性特点，会员之间有着血缘、地缘、亲缘关系基础，再加上担保制约，促使农户的协会责任感得到增强，诚信意识普遍得到了提升，巩固了文明乡风。

6.4.4　村级互助资金模式应用与发展思考

村级互助资金创新了财政扶贫资金的使用方式，对扶贫资金的使用更具针对性，瞄准了贫困地区资金不足和贫困户信贷约束的问题，提高了资金的使用效率。同时，村级互助资金创新了资金管理模式，通过培养农民自我发展和民主管理的意识，激发农民在脱贫和乡村振兴中的内生动力，从而实现惠贫机制的高效运转。此外，互助资金以互助小组的形式进行联保，通过调动农民生产的积极性和互相监督与担保的责任心，既有效规避了信贷风险，又提升了农民的信用意识，增加了农民可持续发展的机会。

现阶段，随着扶贫攻坚步入验收期，四省涉藏地区的村级互助资金在即将进入的防返贫阶段需要重点解决两方面的问题。一是依赖政府补贴的扶贫资金互助社无力扩大资金规模。根据互助资金章程规定，互助资金不能吸收社员存款，不能办理其他业务，只能用于社员办理短期借款。二是互助资金吸引力有所下降。随着不同类型金融扶贫产品和惠农政策的丰富，农户金融意识和金融素养得到培养，受金额少、周期短、要求高限制，互助资金已经逐渐无法满足农户需求。市场化转型是贫困村互助资金实现可持续发展的重要途径。村级互助资金主要依靠政府财政设立，依靠低占用费率和低运营成本的发展机制，存在呆板、创新不足等问题。随着农村金融环境的改善、脱贫攻坚的实现和乡村振兴新任务的要求，村级互助资金需要通过建立与生产合作、股份合作相契合的机制，重新定位其在农村金融市场中的位置，实现市场化转型和可持续发展。

6.5 四省涉藏地区其他小额信贷精准扶贫应用实践

6.5.1 四川涉藏地区其他小额信贷精准扶贫实践

凉山州是全国最大的彝族聚居区，也是党中央、国务院高度关注的全国深度贫困地区。凉山农村商业银行因地制宜，创新开展"整村推进"工作模式，有力推动凉山州金融支农工作。"整村推进"的核心是以村为单位，全面推进信用乡（镇）、信用村、信用户创建工作，构建整村"守信受益、失信惩戒"的激励约束机制和信用体系。

（1）瞄准识别。

对守信村、守信农户简化贷款手续、降低贷款利率。对无不良贷款的信用村，给予支农再贷款专项资金支持并执行支农再贷款利率；对不良率在1%以内的行政村，在各县支行利率定价基础上下浮20%；对不良率在1%~2%的行政村，在各县支行利率定价基础上下浮10%。通过全体村民同参与、共管理、齐督促，形成村民利益联动机制，激励农户诚实守信，营造出良好的金融生态环境。同时，以"一村一品"精品示范区建设为切入点，结合当地经济发展现状、资源优势、地理气候等环境因素，分别制订贴合本村实际的产业发展规划。

（2）风险规避。

紧紧围绕农户致富目标，利用凉山特色的"家支"文化（以父系为中心，以血缘为纽带结合而成的社会集团），开展"农户+家支""农户+家支+干部""农户+第一书记""农户+联保""农户+保险"等多方增信模式及风险分担措施，力争更多农户能评上级、授上信、贷到款，确保信贷资金放得出、管得好、收得回，有效解决精准扶贫资金需求和风险防范难题。

（3）惠贫机制。

推行"1＋2＋3＋N"包片责任制模式，即 1 名管理人员（支行机关干部员工）带 2 名客户经理，包片 3 个村，提供 N 类产品服务对接，全面满足农户有效信贷需求，综合推进扶贫金融服务。包片联系村推进情况，纳入对责任人的绩效考核和综合评价，设置评级授信工作情况、新增信贷投放、资产管理质量状况、整体诚信环境打造及维护等综合指标，按季考核到网点和包村人员。凉山农商银行通过目标制定、分阶段实施，利用 3 年时间有力有序全面完成了全辖共 3 715个行政村的"整村推进"工作，其中：2016 年完成 1 200 个、2017 年完成 1 300个、2018 年完成 1 215 个。

6.5.2　甘肃涉藏地区其他小额信贷精准扶贫实践

6.5.2.1　产业信贷——"旺畜宝"

（1）瞄准识别：2013 年，甘肃省农村信用社联社根据省委、省政府发展"草食畜牧、设施蔬菜、优质林果"三大主导产业和提升"育种、马铃薯、中药材、设施农业种植及规模养殖"等优势产业的发展思路，推出了"旺畜宝"这一瞄准养殖业发展的特色信贷产品。"旺畜宝"贷款主要用于饲料贮备、圈舍修建、购进仔畜、人工工资、扩大养殖规模、屠宰、肉食品加工、畜禽饲料加工等养殖产业用途。

（2）风险规避："旺畜宝"贷款的性质为产业贷款，贷款方式多样，贷款期限原则上不超过 2 年，利用信用、保证、抵押、质押四种方式规避风险，目的是满足牛羊养殖专业合作社、畜牧业产业相关企业、牛羊养殖户的资金需求。

（3）惠贫机制：截至 2018 年，"旺畜宝"已推广至全省近 30 个县，累计发放贷款 230 亿元，有力地促进了养殖产业发展，成为当地支持养殖业发展的重要抓手和推进器，实现了当地政府、经营户、信用社"三赢"，为甘肃畜牧业的发展壮大做出了积极贡献，助推了农牧民群众脱贫致富和区域经济发展。

6.5.2.2　藏饰品抵押贷款——"藏饰贷"

（1）瞄准识别：2015 年，甘肃省甘南州农村信用联社和甘南州农业银行瞄准涉藏地区特征，发行了以珊瑚、腰带、奶钩等藏饰品作为抵押的贷款。

（2）风险规避：藏饰品的市场价值是藏饰品抵押贷款区域与其他抵押贷款的最大风险。实践中，藏饰品的市场价值由评估专家、银行和贷款人三方按市场行情共同进行评估和确认，并按评估价格的 60% ~70% 发放贷款。根据农牧民的生产经营周期和现金流量特点,贷款额度为 1 万~50 万元,贷款期限一般不超过 3 年,最长不超过 5 年。

(3)惠贫机制:截至 2017 年 9 月末,藏饰品抵押贷款已占甘南州合作、夏河、碌曲、玛曲等县市农村信用社农户抵押贷款的 10%,全州农村信用社藏饰品质押贷款余额达 5 685 万元①。藏饰品抵押贷款具有申请方便、普适性强和违约风险小的特点,是商业银行创新担保方式、有效弥补当地金融供给不足的一次有益探索,对促进甘南特色产业发展、提高脱贫攻坚工作精准度、加强涉藏地区社会和谐稳定具有重要意义。但是,由于对藏饰品的估值折扣较高,抵押品有限,只能满足农牧民从事较小或规模化生产经营资金需求。

6.5.3 云南涉藏地区其他小额信贷精准扶贫实践

(1)瞄准识别。2013 年,云南省大理州宾川县富滇银行相继推出全国首创的水果抵押金融产品"金果贷"和"金蔬贷"惠农支农信贷产品,分别瞄准果蔬种植农户。

(2)风险规避。"金果贷"是指果农以宾川县政府核发的水果权证作抵押,不需要其他信用担保方式,便可以到富滇银行大理宾川支行申请贷款。"金蔬贷"则通过与县政府、村、专业合作社有效合作,综合土地承包经营权、政府风险补偿基金、农户联保、信用管理等多种方式规避风险,解决农户贷款缺乏抵押物或抵押物不足的融资困难。

(3)惠贫机制。截至 2018 年 5 月,"金果贷"累计投放贷款 10.46 亿元,惠及农户 7 870 户。建立在政府核发的水果权证基础上,"金果贷"有效打通了银行服务"三农"的融资通道,有力推动了农业产业的规模化发展,为农民增收提供了长效机制,实现了银行、政府与果农的三赢。"金蔬贷"通过与县政府、村、专业合作社有效合作,充分发挥金融在支持和促进蔬菜种植户增收、产业升级方面的重要作用,有效帮助农户推进高原特色农业的发展。产品的推出是对推进农村信用体系建设以及开展农村"三权三证"融资进行的有益尝试,同时也是对传统涉农信贷业务模式的再次创新,为支持"三农"又开辟了一条新途径。

6.5.4 青海涉藏地区其他小额信贷精准扶贫实践

(1)瞄准识别。2016 年,青海省西宁市湟源县通过瞄准获得土地经营权和农民住房财产权确权的农户,由中国农业银行发行了"两权抵押贷款"。

---

① 数据来源:http://www.xinhuanet.com/local/2017-11/25/c_1122009836.htm。

（2）风险规避。"两权抵押贷款"包括土地经营权抵押贷款和农民住房财产权抵押贷款。土地经营权抵押贷款是农户通过将土地的经营权（使用权）抵押给银行，从银行获得生产所需资金。抵押不会改变土地的承包权（农户的）以及所有权（村集体）。农民住房财产权抵押贷款是指农户以集体性质土地上的房产为抵押申请个人贷款。农户可以通过该方案申请办理农户小额贷款业务和农村个人生产经营贷款，贷款用途较广。

（3）惠贫机制。"两权抵押贷款"通过司法介入，实现住房财产权确权登记"零瑕疵、无争议"，同时能够消除广大农户在改革试点中的法律疑虑，为农户在法律上形成双重保障；同时通过创新运用"抵押 + 担保"模式，实现金融风险双控。具有青海特色的"两权抵押贷款"让资源变资产，为农牧业经济实现高质量发展做出新贡献。

6.5.5　其他模式的应用评价及发展思考

涉藏地区是我国少数民族聚居区中的重要部分，贫困人口较多，贫困程度较深，扶贫难度较大。四省涉藏地区小额信贷的精准扶贫既要将扶贫开发与维护祖国统一、加强民族团结相结合，又要将扶贫开发与民族特点、宗教信仰相结合，同时还坚持把扶贫开发与改善民生这一经济社会发展的根本出发点和落脚点相结合。实践中，四省涉藏地区结合经济条件、产业差异、民族特点和发展程度，探索创新了不同类型的小额信贷机制，丰富了信贷扶贫的应用实践，有普惠性地扩大了扶贫广度，有针对性地延伸了扶贫深度，在小额信贷精准扶贫方面为实现全面脱贫和可持续发展进行了重要补充。在后扶贫发展阶段，小额信贷即将承担服务乡村振兴战略的重要任务。一是要继续鼓励信贷服务创新，加强小额信贷与产业发展的结合，确保脱贫户不返贫，使脱贫人口有更多的获得感；二是要充分利用涉藏地区文化的重要作用，降低信息不对称，减少信用风险，增强信贷的安全感；三是要强化市场的激励约束，健全利益联结机制，共享发展成果，让人民享有幸福感。

6.6　四省涉藏地区小额保险精准扶贫应用实践

6.6.1　小额保险的主客体分析

小额保险的服务对象主要是农村地区的贫困户、发展种植业农户、发展养殖业农户、发展水产业农户以及生产合作社等对象。而提供小额保险是由政府牵头，联系合作保险机构共同开发服务农村、贫困户、农业的保险产品，一方面保险公司为农户种养殖提供保险服务，降低农户的风险、增强农户的信用以及间接促进了农户的资金获取；另一方面是政府利用财政的手段，对保险公司进行补贴，对于农户进行保费的分摊，有力地支持了保险在农村地区的稳定发展，在这方面中国人民保险集团、中国太平洋保险公司、中航安盟保险公司等保险机构发挥着重要作用。小额保险的客体相对于不同地区有不同的特点，尤其对于涉藏地区而言，四川涉藏地区地域广大但地形复杂，山沟纵横，自然环境恶劣、交通不便导致了当地贫困户生产发展规模扩大困难，产品难以销售，价格信息闭塞；青海涉藏地区地处偏远，交通不便，加上气候干旱，农业发展困难，特色产业发展缓慢，资金融合、人才聚集、技术进入等困难是保险发展的最大挑战；甘肃涉藏地区主要分布在甘南，该地区重峦叠嶂，沟谷纵横，适宜种植的作物极少，而气候光照充裕，利用率低，热量不足，垂直差异大；云南涉藏地区主要面临着地处青藏高原南缘、横断山脉腹地的地理位置的限制，虽然有风景秀丽的旅游景点，但是交通不便，基础设施落后，贫困人口素质较低，劳动力以及劳动技能严重缺乏。

6.6.1.1 主体分析

（1）青海涉藏地区。

一是中国人民财产保险股份有限公司。保费采取财政补贴与贫困户自筹相结合的方式解决，按照人均不超过100元的标准确定保费，财政补贴部分由政府统筹安排，其中，2018年保费政府承担80%，个人承担20%；2019年保费政府承担60%，个人承担40%；2020年保费政府承担40%，个人承担60%。应对风险时主要是由政府牵头通过筹措财政资金、汇集捐赠资金等方式建立风险基金池，当风险发生时，由政府建立的风险基金池与保险公司按比例进行分摊从而减轻风险触发而带来的损失。

二是中国太平洋保险青海分公司。涉及保险险种包括小麦、青稞以及油菜等大田作物温棚保险，奶牛保险、能繁母猪保险、牧区牛羊雪灾保险等。保费规则为藏系羊牦牛降雪量气象指数保险的保费95%由上海援青资金支持，5%由牧户自交，建档立卡贫困户免保费。青海省推行的冷水养鱼保险，保费由省级财政补贴70%，县级财政补贴10%，养殖户承担20%，共承担保险责任5 478万元。在保险保障机制方面，政府通过补贴保费等政策性手段，引导和鼓励建档立卡贫困户与畜牧业龙头企业、专业合作社等新型农业经营主体参加藏系羊牦牛降雪量气象指数保险，增强抵御自然灾害风险能力，积极引导畜牧业的可持续健康发展。以县农牧和扶贫部门的藏系羊牦牛养殖统计数据为依据，由试点地区的乡政府或乡兽医站组织投保，集体统一签订保险合同。县农牧部门牵头组织投保人办理牦牛、藏系羊相关投保手续，发放保险宣传材料，收取牧民自缴保险费。在资料齐全、手续完备的前提下，经县扶贫部门核实无误后，将承保情况上报至果洛州受援办，并由州受援办协调将上海市援青保险扶贫资金直接拨付至保险公司的指定账户。

（2）四川涉藏地区。

一是中航安盟财产保险有限公司。中航安盟财产保险有限公司在农业保险开发方向上有三大主块，分别是种植险、养殖险以及森林险。种植险已有的产品主要是玉米、水稻、小麦种植保险等。养殖险主要涉及了猪、奶牛、水产的养殖险以及家禽类产品价格指数保险。相关补贴政策如下，玉米种植保险、水稻种植保险、小麦种植保险是国家最早开展试点的政策性农业保险险种，补贴是由中央、省、市、县四级财政部门实行，补贴比例按照不同省份划分为75%～80%，20%～25%为农户自缴保费比例；四川省芒果、柠檬，成都市食用菌等特色产品得到了政府的肯定和支持，大部分取得地方财政补贴。能繁母猪保险、奶牛保险是国家最早试点开展的政策性农业保险险种，由中央、省、市、县四级财政部门补贴80%，20%为农户自缴保费比例。育肥猪保险业务在四川省得到了广泛开展，属于地方政策性补贴险种，主要由省、市、县三级财政进行补贴，补贴比例为75%～80%，农户自缴保费比例为20%～25%。小家禽保险，在四川省试点推广取得了较好的社会效益，市、县两级财政补贴比例一般为45%～60%。育肥猪价格指数保险产品，具体开展的形式为被保险人按年预计出栏量投保饲养的育肥猪，保险人根据约定数据采集渠道按公示的育肥猪价格与公示的玉米价格，计算每批次平均猪粮比价，若平均猪粮比价跌至保单上载明的"约定猪粮比价"以下（除去等于的情况）的应当视为发生保险事故，保险事故发生后保险人按本保险的约定负责赔偿。

二是中国人民财产保险股份有限公司。农业保险承保的主要流程为第一步，省、市财政发文明确当年农险承保政策。第二步，区县政府以会议和文件形式明确启动农险工作。第三步，保险公司协同乡镇政府组织推动。第四步，村社农业保险政策宣传并组织农户投保。但如果是大户投保的，单独验标；村委会组织投保的，抽样验标。第五步，协保员和村社干部采集农户投保信息，并收取农户自缴保费。第六步，协保员登记造册。分为两部分，一部分是填写投保单，村委会确认签章（大户投保的，投保人签章）；另一部分是投保分户信息承保公示（不低于3天）。第七步，相关资料送交保险公司，保险公司在业务系统签单、收费承保。第八步，协保员单证发放，农户签字确认，并且需完成以下三个工作，承保档案归档、客户回访以及保险公司按乡镇分村汇总各品种承保情况，报送乡镇政府再核实（见图6-10）。

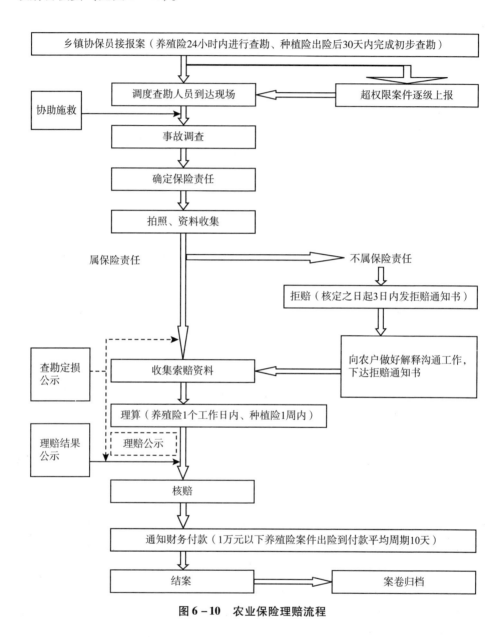

图6-10 农业保险理赔流程

总之，从政府主体制度分析，《2017年四川省农业保险保险费补贴管理办法》在补贴政策、保险方案、保障措施、资金管理、机构管理、监督检查等各个环节作出系统规定，一是提高农业保险政策系统性；二是进一步加大新型农业经营主体培育力度；三是建立农业保险工作推进长效机制；四是进一步强化基础管理工作。对于政策性农业保险理赔流程，需要根据农业类型来看，类型不同农业保险的流程也不同。关于种植业理赔，首先，受灾户向村干部或乡农业窗口报案，乡上再向保险公司报案；其次，乡农业人员和村干部到受灾户中留受灾种植业的影像资料，收取身份证和信用社一卡通号；再其次，分村公示，留影像资料；最后，公示无异后，乡农业人员分村整理资料交保险公司。关于养殖业理赔，首先，养殖户向村干部或乡农业窗口报案，乡上再向保险公司报案；其次，乡农业人员和村干部到养殖户中死亡的育肥猪或能繁猪的影像资料，收取身份证和信用社一卡通号；最后，填表并加盖村、乡公章交保险公司。关于农机补贴，首先，农户购机后 7 日内带身份证原件和复印件、发票原件和复印件、一卡通原件及复印件到乡镇农业服务中心办理补贴申请手续；其次，农业服务中心录入后经过调查审核后打出核查表；最后，公示无异后交农业局。

（3）甘肃涉藏地区。

甘肃省的小额保险扶贫主要是由政府牵头与保险公司合作的模式，全省统一保额和费率，县级政府以保险经办机构的承保和理赔服务能力为考虑条件选择保险经办机构，原则上一家保险经办机构承保同一县（区）内的贫困户种养产业保险。已经承保中央补贴品种的保险经办机构，不得拒绝承保同一县（区）内贫困户的保险业务。县级政府调整次年度保险经办机构的承保区域和份额是根据各保险经办机构年度农业保险承保和理赔工作情况确定。省政府制定了《2018—2020 年农业保险助推脱贫攻坚实施方案》，明确 2018 年省补贴新增品种涉及 6 大产业以及"一县一品"的品种，2019 年和 2020 年将对中央财政补贴、省级财政补贴和"一县一品"近 30 个品种实行全覆盖保障。

政策性农业保险投保流程：第一步，由乡镇组织，以村为单位统一向保险公司提供参保农户的投保清单（贫困户需提供建档立卡户号）；第二步，保险公司工作人员会同村委会指导投保农户填写投保清单，经保险公司初审后加盖村委会或农金室公章；第三步，保险公司工作人员收取投保农户自缴部分保险费并进行现场验标，保险公司对投保清单审核确认后出具承保公示清单并加盖承保专用章后进行公示；第四步，承保公示无异议后，保险机构将及时完成出单，将保险单送达投保组织者，并为贫困户逐户提供保险凭证。

政策性农业保险理赔流程：第一步，投保农户可直接拨打保险公司客服电话进行报案，或由投保组织者向保险公司及时报案，保险公司在 24 小时内组织理赔人员、专家及农金室协赔人员对现场进行查勘；第二步，损失核定后对理赔结果进行公示，并由投保农户或其直系亲属签字确认；第三步，对定损结果无异议、资料收集齐全后，保险公司按时限理算赔付，赔款通过转账支付到受灾农户"一卡通"、合作社及农业龙头企业等投保主体账户中。

(4) 云南涉藏地区。

"保险+期货"业务开展机制，橡胶保险项目所涉及的全部保费由上海期货交易所提供资金支持，并由大地期货有限公司先行垫付，参保受益的贫困胶农无须支付任何费用。中国太平洋保险财产保险为胶农提供了挂钩橡胶期货合约的价格保险，同时向大地期货的风险管理子公司购买场外期权实现再保险，风险管理子公司再利用期货复制期权的方式将风险转移到期货市场中。期货公司响应党和国家"金融服务实体经济"号召，开展了"保险+期货"模式，该模式是金融支农、惠农，助力贫困地区脱贫攻坚的重要工具。

大地期货2018年白糖"保险+期货"项目，得到了郑州商品交易所的支持。项目方案设计将"为蔗农保价格上涨、为糖厂保价格下跌"作为基本思路，充分结合当地白糖产业价格风险特点。同时，以精准扶贫为原则，参照联动系数补偿规则设置看涨期权。大地期货在方案设计上，在原有的期权基础上增加了一定的实值额度，来提高降低期权成本的可能性、增加蔗农收益；而糖厂通过适度降低参与率来减少看跌期权的成本，同时也保证蔗农利益在项目中所占的比重。该方案的保险标的是郑州商品交易所的白糖SR905合约价格，当价格低于保险目标价格时触发赔偿机制，保险公司需向企业进行赔付。当价格高于保险目标价格，价格上涨保险条件触发，保险公司需向当地蔗农进行赔付，项目将蔗农的保险目标价格下浮200点，最大限度地保护了蔗农的利益；同时该项目设置了专项扶贫资金，保证蔗农获得保费10%的最低赔付。该方案获得郑州商品交易所资金支持和政府的相关配套补贴，由大地期货公司先行垫付保费，投保的建档立卡贫困蔗农免保费。

6.6.1.2 客体分析

小额保险精准扶贫的客体在四省的实践中略有不同。(1) 青海涉藏地区小额保险的客体主要涵盖了有劳动力、有发展意愿但没有经营能力或者产业选择较难的贫困人口，并且联合龙头企业、专业合作社等各类新型经营主体。(2) 四川涉藏地区贫困人口分布具有明显的地域特点，一般生活在高山峡谷和交通闭塞的地区，如四川甘孜藏族自治州位于四川涉藏地区东南缘，全州70%的人口生活在高山峡谷之中，由于地理因素导致当地贫困人口缺乏发展机会，信息来源渠道少、社会网络狭小。四川涉藏地区的贫困人口还面临着贫困面广、贫困率发生率高的风险，深度贫困人口较多而且返贫率也较高。(3) 甘肃涉藏地区小额保险主要客体是小额保险的受保人、受益人。甘肃省农业保险为实现"一户一保"，坚持向贫困地区和贫困户倾斜，重点对全省现存贫困户、重新返贫贫困户和新识别贫困户全覆盖。（4）云南涉藏地区贫困户是小额保险的主要服务客体。云南省是全国贫困人口较多的省份之一，贫困人口分布不均衡的特点较明显，从产业结构发展来看，贫困聚集区域贫困人口从事的工作重心向第二产业的就业转移；贫困非聚集区域以第三产业为主。

6.6.2 小额保险精准扶贫的机理

6.6.2.1 小额保险扶贫机理分析

小额保险在金融扶贫中，具有显著的信贷增信与风险分担功能。在贫困农村地区，解决融资问题单纯依靠提供农村资金互助、小额储蓄、小额信贷等工具是不够的，并不能稳定农户收益，降低经营风险，保障农户可持续生产。农户若遇自然灾害、重疾、意外等不仅易使其资金链断裂，难以维持日常生活而再次陷入贫困，还会导致贷款的不良率上升，影响农户信用以及金融机构生存发展。而涉藏地区的农户则面对着更为严重的生存局面，涉藏地区贫困人口主要居住在自然环境恶劣、生活环境闭塞、基础建设落后、交通不发达、信息不通畅的地区，而且由于地区民族的多样化、宗教信仰程度的差异，致使扶贫工作面临很多棘手的问题。保险的资金融通、防灾减损、经济给付和损失补偿等职能可以有效契合精准扶贫的理念，能在扶贫工作中起重要作用。小额保险由于其保险期限较短、保费较低、保险金额较小、手续简便等特点，已经成为一种有效的扶贫与促进农村金融发展手段。具体而言，扶贫小额保险的机理主要体现在三个方面，见图6-11。

图6-11 小额保险扶贫机理

一是控制风险，提供保障，使农户敢投保。通过对贫困农户给予保费补贴，以利息补贴的间接补贴的方式激励农户生产，有效地缓释贫困户的生产风险和市场风险，减少外部冲击带来的收入减少。政府的职能在小额保险精准扶贫模式中体现，同时也激发了社会资源的调动，推动金融机构积极参与到扶贫进程中，高效帮扶农户脱贫。

二是保险的增信功能可以促进农户贷款。涉藏地区贫困户由于经济发展较落后，信用体系建设缺失，贫困户缺乏信用证明，阻碍了贫困户的正常贷款请求，而小额保险除了有分散风险以及为农户基本生活提供保障的作用外，为农户提供信用背书、盘活资金扩大杠杆也是其重要作用。小额保险也在一定程度上强化了贫困农户的还款能力，如保障农户还贷的小额贷款保证保险、农村小额扶贫贷款借款人定期寿险等产品，再如小额农业保险、小额政策性保险，当出险时，保险公司的赔付可基本保障农户成本覆盖。

三是推动行业进入，促进当地金融业发展。政府贴息在缓解贫困农户还款压力的同时也激发了金融机构参与的积极性。同时政府设立风险补偿基金，当出现不良贷款时，按比例弥补坏账，借助保险在其中的担保功能，推动金融资源向贫困地区投放，促进贫困地区的经济发展以及金融行业完善。

小额保险的保险机构、金融机构与政府三方协调发力，相互补助，提升了贫困地区居民的生活水平，降低了贫困发生率，也形成了有效的资金互动良性闭环。该模式是小额保险精准扶贫的机制创新。金融扶贫与财政扶贫相结合，政府在机制运行中为微型金融机构提供了有效的资金补助与信息支持，政府主要扮演了中介的角色，有效地解决了微型金融机构在保险扶贫中面临的信息不对称、瞄准偏离、可持续性低以及成本高等问题。

6.6.2.2 小额保险精准扶贫机理分析

根据前述，小额保险已在扶贫上有着重要的影响，本节则基于精准扶贫的视角，进一步讨论小额保险精准扶贫的机理。该机理主要分为三方面，第一是瞄准机制；第二是风险机制；第三是惠贫机制。

（1）瞄准机制。

小额保险的保险机制与精准扶贫是契合的，"一人为众，众人为一"是现代保险业最基本的理念。"集万家之资，解一家之难"是保险机制的核心，要有资格获得损失补偿，只有遭受损失才可能。精准扶贫中贫困人群的精准识别和精准施策与这种损失补偿的"精准性"天然契合。各地的贫困人群，按照国家"建档立卡"贫困户的政策进行甄别，建立完整的贫困户信息档案，政府部门会持续检测贫困户家庭情况，及时调整政策的倾斜方向，让更多帮扶资源流向贫困地区、贫困人口。同时，政府与保险机构搭建了政、保合作机制，通过政府提供贫困户信息，间接为贫困户作保证，保险公司针对政府提供的信息以及自身对农户信息、产业信息以及地理信息等的掌握，对于特定的农户，即建档立卡贫困户的产业发展或其他经济领域提供保险保障。

（2）风险机制。

原国务院扶贫办公室在 2014 年对全国贫困户进行了摸底调查和建档立卡，数据显示，全国贫困户的致贫原因中因病致贫的比例为 42%，因灾致贫占 20%，因学致贫占 10%，因劳动能力弱致贫占 8%，其他原因致贫为 20%。从以上数据可以看出，贫困发生的原因主要是疾病、灾害、教育等问题导致的，要解决上述问题导致的贫困发生，不确定性较大，保险承担的风险也较高，如何规避风险，吸引保险行业进入是一项重大问题。首先，建立起风险规避机制，依托政府财政资金的支付作用，通过财政的双向补贴，即政府向投保农户进行保费补贴以及向保险公司补贴，加强农户的保费支付能力，为保险公司提供资金支持。同时，政府联合多家保险机构在各地均设立有"风险资金池"，专门应对风险的发生，进一步降低了风险发生的损失。其次，政府出台一系列的倾向性政策措施，大力扶持农村特色产业，引进龙头企业带动乡村发展，进一步为贫困户增收提供了就业保障，为保险公司进入农村市场提供了可靠的服务对象。最后，政府出台相关的法律法规来规范乡村保险行业的行为，保险机构也在自我调整进行适应。

（3）惠贫机制。

首先，保险防止因病致贫返贫的功能是国际公认的，为防止因病致贫返贫，保险公司会提供基本医疗保险、大病保险及商业补充健康保险等产品。其次，为有效降低因灾致贫返贫风险，保险业提供了农业保险及意外健康保险、房屋保险等民生类保险。最后，失能保险、养老保险等补位扶贫政策兜底可以帮助因残因智或因年老力衰等劳动能力弱而致贫的人群获得帮助并脱贫。另外，在早期的政府积极引导、乡村产业发展以及贫困户就业问题解决的基础之上，保险行业进入贫困地区在根基问题、技术问题、环境问题、经验问题以及资金问题上都有了发展与巩固，也能够应对时代的变化、政策的变化及时地创新制度和产品。同时，农业保险也在农村产业、创业发展中积极的引导贫困人群、一般农户进行自我学习、自我发展，形成了一套完备的，适宜不同地区的"造血"体系，形成长效惠贫机制。

总而言之，三者之间存在着紧密的联系。通过瞄准机制的建档立卡措施以及"政保合作"的形式确立了保险业务的对象，政府对农户有专门的档案管理，有明确的资信信息，同时农户投保时，政府会给予一定的保费补助资金，因此有利于降低保险机构的损失风险。反过来则是因为有效地规避了一定的风险，使得保险机构开展保险业务的顾虑减少，有利于更多投保人获得保险产品服务。精确的瞄准加上风险的规避机制形成了一个良性的模式，一方面，进一步促进保险业务的深入拓展，加上保险带来的激励作用，夯实了惠贫机制的形成基础；另一方面，惠贫机制的形成，使得农户收入提高，发展有动力，产业有潜力，进一步增强了农户抵抗风险的能力，完善风险机制中的贫困户自身保障环节的同时可以带动更多瞄准机制中的贫困户进行生产发展（见图 6 - 12）。

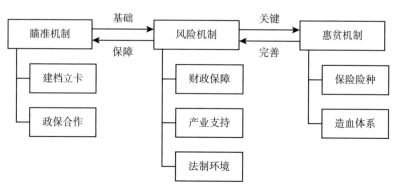

图 6 - 12　小额保险精准扶贫体系

6.6.3　小额保险精准扶贫案例实践

6.6.3.1　健康扶贫保

（1）发行时间和地点：2016 年，青海西宁市。

（2）发行主体：中国人寿青海省分公司。"健康保"是精准扶贫的具体举措。该公司组成项目的服务团队，积极做好乡镇的"健康保"宣传、理赔流程的讲解、保险服务卡的发放、理赔案件的收集以及参保对象的咨询工作。

（3）产品概述：2017 年青海省在报销比例不变的基础上将全省建档立卡贫困人口大病医疗保险起付标准由 5 000 元调整为 3 000 元。保费按照人均不超过100 元的标准确定，保费报销按照年份分摊比例不同，其中，2018 年政府承担80%，个人承担 20%；2019 年政府承担 60%，个人承担 40%；2020 年政府承担40%，个人承担 60%。

（4）产品现状与成效：2017 年底，全省年均承保 449.25 万人，累计承保中标地区城乡居民 2 246.26 万人，累计支付大病保险医疗费用 957 982.72 万元，为 31.06 万人（次）提供大病保险结报服务。该项目为西宁市 71 881 名建档立卡贫困人口安排了 1 101 万元专项资金，提供综合保险，对意外伤害、身故、住院补充医疗实行保险全覆盖；同时为着力解决因意外事故、因病致贫返贫问题，向 19 332 名女性提供女性安康保险。

6.6.3.2　藏系羊牦牛降雪量气象指数保险

（1）发行时间和地点：2017 年 11 月，果洛藏族自治州玛沁县试点。

（2）发行主体：果洛州玛沁县气象局在县政府的领导下，和农牧局、扶贫开发局、中国太平洋保险青海分公司积极调研，编制了玛沁县藏系羊牦牛降雪量气象指数保险方案，由安信信托公司和中国太平洋财产保险股份有限公司青海分公司承保。

（3）产品概况：以每年 10 月 1 日~来年的 4 月 30 日气象数据（降雪量）为依据，保险约定降雪量为 35 毫米，在保险期内若累计降雪量大于 35 毫米，保险公司就给予理赔，降雪量每增加 20 毫米理赔系数增加一档。

（4）产品特点：保险公司根据气象部门的权威统计，在约定范围内，无论农牧户有无损失产生，只要发生灾害，就可以理赔，突出了勤劳多得的优良传统；定损过程科学、简便；为上海东西部对口帮扶保险项目。

（5）产品现状：目前有玛沁县当洛乡、下大武乡和优云乡 3 个试点。获得政府帮扶资金支持，对建档立卡贫困户实现保费全额补贴，对一般农牧户的保费补贴力度达到 95%，2017 年，三个试点乡共计承保牦牛 33 092 头，藏系羊 4 605 只，总保额达 6 756.55 万元①。

产品的优点与成效：在青海果洛地区，安信公司和太保产险青海分公司为当地 3 万多头牦牛、2 万多只藏系羊提供了雪灾风险保障。保费规模约 202.6 万元，由上海市提供扶贫资金 200 万元，共承保 3.45 万头牦牛和 2.88 万头藏系羊，覆盖建档立卡贫困户 1 225 户。截至 2018 年 9 月，累计保险补偿金额达 430 万元。解决了青海牧区地广人稀、高寒缺氧带来的保险在查勘、定损方面的难题。

6.6.4　小额保险扶贫应用评价及发展思考

四省涉藏地区的保险发展相对落后，保险制度规则建设不完善，保险产品的开发程度相对较低，保险的覆盖面较低，购买保险的门槛较高。具体来看，四省涉藏地区提供保险产品服务的机构多为大型保险公司，实力较强，能承受较大的风险，同时都与政府有相应的政策合作；保险投放的地区都为深度贫困地区、民族地区以及自然环境险恶的地区，金融业发展基础差，保险业水平较低，法律制度以及规章等规范性文件较少，从业环境较差；保险产品主要集中于特色产业、大型养殖产业等方面，保险产品种类开发较落后；保险主要针对发展产业贫困户、种养大户以及合作社等群体，保险覆盖尚未分布到个体；由于涉藏地区的经济条件以及基础金融条件较差、保险的申报条件高、所需保费较高等因素，导致了涉藏地区保险业从业成本较高，这些都是保险行业存在的不足之处。

---

① 数据来源：http：//www.gov.cn/xinwen/2017－11/05/content_5237423.htm。

6.7 四省涉藏地区基础性金融服务支持精准扶贫的应用分析

6.7.1 青海涉藏地区

(1) 金融服务建设情况。

人民银行西宁中心支行会同青海省扶贫开发局等有关部门建立了"六个一"金融精准扶贫工作机制和三级联动机制,涉藏地区人民银行系统建立市(州)、县、乡(镇)三级金融扶贫工作联动机制。在村级层面建立"六个一"精准扶贫金融服务工作机制(扶贫局、主办银行、村干部、第一书记分别担任精准金融服务联络员、服务员、协管员、指导员、加上一份金融服务档案、一份贫困户特殊信用证)。截至 2016 年 9 月末,参与扶贫工作的金融机构已在青海涉藏地区 1 057 个村开展了工作,设立了《精准扶贫金融服务档案》,针对的是七万建档立卡贫困户。人民银行西宁中心支行在青海辖内开通"12363"精准扶贫金融服务热线,同时制作了金融精准扶贫宣传牌,在涉藏地区 30 个县设立金融知识宣传教育点,并尽量设置金融精准扶贫服务室,为各类经营主体提供政策咨询和困难帮助。

(2) 金融服务布局概况。

目前,青海涉藏地区各县均确定了主办银行,实现县级全覆盖。截至 2016 年 9 月末,主办银行以农信社、邮储银行为主,并逐步扩展到国家开发银行、农业发展银行、农业银行等金融机构。从各州分布情况来看,海南州、海西州以农信社为主办银行;果洛州中有 3 个县的主办银行为农信社,2 个县为农行,1 个县为邮储银行;海北州 4 个县的主办银行都是农信社,另外,邮储银行在 3 个县、青海银行在 1 个县为主办银行;黄南州有 4 个县的主办银行为农信社,同时邮储银行在 2 个县为主办银行;玉树州 6 个县(市)农信社和邮储银行均为主办银行,同时农行和青海银行为玉树市的主办银行。截至 2016 年 9 月末,青海涉藏地区金融机构空白乡镇数较年初减少 10 个,银行业从业人员新增 35 人,助农取款点新增 280 个,自助设备新增 2 384 个(常洪昌,2017)。

6.7.2 四川涉藏地区

(1) 金融服务建设情况。

阿坝州自然禀赋优良、生态资源富集,生物、矿产、水能和旅游资源得天独厚,全州经济社会的快速发展离不开金融的大力支持。近年来,依托金融政策,在经济社会发展和民生事业改善上有了长足进步，特别是为灾后恢复重建、脱贫攻坚和涉藏地区跨越式发展作出了巨大的贡献。

在原有的发展基础之上，甘孜州地区的金融建设重点在于当地金融生态环境的优化，应该加快适应社会实践，跟上社会发展要求。一方面，对社会意识、法律意识、风险意识进行教育加强，同时进一步完善金融征信体系、发展良好的银企关系；另一方面，甘孜州地区的微型金融发展水平仍然有待提高，货币市场、保险市场、银行网点以及银行机构分布都亟待发展，服务的内容与范围应该相应的增加。据甘孜藏族自治州人民政府数据显示，截至 2019 年 9 月，州内银行业机构累计为 28 475 户建档立卡贫困户发放扶贫小额贷款 11.43 亿元，基础设施建设贷款余额 223.01 亿元，较年初增长 12.13%，其中，电力保障贷款余额 208.91 亿元、道路交通贷款 10.12 亿元、农房改造贷款余额 1.92 亿元、农田水利 1.40 亿元，支持特色产业发展贷款余额 15.50 亿元，较年初增长 9.93%。支持新型农村主体发展贷款余额 2.18 亿元，其中：产业化龙头企业贷款余额 1.23 亿元，专业大户贷款余额 0.40 亿元，家庭农场贷款 0.19 亿元，农民专合社贷款余额 0.36 亿元①。

（2）金融服务布局概况。

甘孜涉藏地区，截至 2010 年，全州共有农业发展银行、中国农业银行、建设银行、邮储银行、农村信用社 5 类金融机构 22 家，保险机构 4 家，各担保融资平台 4 个（罗成，2013）。据甘孜州人民政府数据显示，截至 2019 年 6 月，全州共有网点 220 个，ATM 机、POS 机等 6 643 台，覆盖 1 912 个行政村，剩余行政村采取汽车银行以及聘请金融服务联络员等方式实现金融服务覆盖②。截至 2019 年 9 月，农行甘孜支行建成 150 余个农村牧区助农取款服务点，遍布全县 22 个乡镇，为广大农牧民群众就近办理日常金融业务提供了极大便利③。阿坝涉藏地区，截至 2017 年上半年，农行阿坝县支行通过不断优化网点布局，金穗惠农通"讯通工程"助农取款点覆盖面进一步扩大。据阿坝县政府统计，至 6 月底，农行设有自助银行柜员机 8 台；流动银行车一辆；多媒体终端 4 台；超级柜台一台；助农取款服务点 61 个，布放机具 61 台，21 个乡镇（场）实现全覆盖，88 个行政村金融空白服务覆盖率达 69.32%。其中，2017 年新增助农取款服务点 4 个，盘活无效点 9 个。阿坝县信用社建设有网点 8 个，其中正常营业网点 4 个、合署办公网点 4 个，单设了小微金融服务中心。按照银监局相关要求，设立龙藏乡、甲尔多乡"四有"网点两个，并重新规范建设了各个分社。全县共安装 ATM 机 9 台、POS 机 38 台，发放银

① http://www.gzz.gov.cn/gzzrmzf/c100059/201910/27a4950dd6d44733a24a0dbc3768b623.shtml。
② http://www.gzz.gov.cn/gzzrmzf/c100044/201908/3516af29de5e4952a8051f30c8736c2b.shtml。
③ http://www.gzz.gov.cn/gzzrmzf/c100059/201909/44a5533bccc14bdea55d7120f78a922a.shtml。

行卡 33 692 张，手机银行 1 619 户，助农取款点 13 个[①]。

6.7.3　甘肃涉藏地区

甘肃涉藏地区重点围绕打造农村基础金融服务。在加快推进贫困地区金融基础设施建设过程中，甘肃省以支付体系和信用体系建设为重点。农村金融服务体系不断完善，第一，金融服务便捷性有效提升。各级金融机构已在乡村设立惠农通便民服务点 750 个、"三农"服务终端机 72 台，行政村金融服务覆盖率达到 82.11%。贫困村互助社共计 356 个，资金总规模 9 000 万元，累计发放借款 5 002 万元。第二，信用体系深入推进，全力支持"三农"经济发展，共建信用村 186 个。截至 2014 年末，涉农贷款达 143.38 亿元，占各项贷款余额的 81.37%。人民银行兰州中心支行自主研发银行卡助农取款业务的信息管理系统，推动建设助农取款点 2.12 万个，将基础性金融服务延伸至所有"双通"行政村[②]。第三，在金融扶贫组织体系建设方面，甘肃先后实施金融扶贫攻坚行动、开展金融精准扶贫工程，并成立金融精准扶贫工作领导小组统筹制定全省"十三五"金融扶贫规划。2015 年，甘南州政府发布的《甘南藏族自治州人民政府办公室关于转批甘南州金融业信用建设指导意见的通知》为进一步完善甘南州的金融信用服务提供了指导方案。2017 年甘南州指出要把脱贫攻坚作为金融支持的关键，积极落实"1 + 17 + 1"精准扶贫精准脱贫方案中的小额信贷支持计划，加快培育新型农牧业经营主体，引导农牧民增强自我发展能力，加快贫困户脱贫步伐，要把生态文明小康村建设作为金融支持的主攻点。

据《甘南州普惠金融发展规划（2015—2018 年)》显示，截至 2014 年，甘南藏族自治州银行业金融机构 14 家，网点 161 个，与 2010 年相比，新增保险业金融机构 7 家，网点 21 个；各类担保公司 12 家，小额贷款公司 8 家，融资平台 8 家，典当行 2 家。农业银行、农村信用社等金融机构，通过在乡镇设立金融服务网点或"自助服务终端"，填补了金融服务空白乡镇，实现了乡镇基础金融服务全覆盖，极大地提高了偏远农牧区金融服务水平。

6.7.4　云南涉藏地区

（1）金融服务建设情况。

迪庆州深入推动普惠金融发展，通过在广大农村增设网点、布设自助服务终

---

① http://www.abaxian.gov.cn/abxrmzf/c101683/201710/6bd7b6a651814e2889c97019cfcb976b.shtml。

② 数据来源：《甘南州普惠金融发展规划（2015—2018 年)》。

端等方式，不断提高金融服务"村村通"的覆盖面，着力解决服务基层群众"最后一公里"的难题；紧扣市场和客户需求，积极推广电话银行、手机银行、网上银行等各种现代化便捷金融服务方式在农村运用，并落实好"两个十万元""贷免扶补"等政策，积极支持对返乡农民、农村妇女、大学生村官等创业和就业的资金支持。同时，迪庆州政府统筹迪庆州各金融机构积极创新农村金融服务产品和服务方式，简化业务决策流程，提高农村群众金融满意度；探索盘活有利于"三农"发展的资产抵押方式和抵押范围，进一步扩大林权抵押贷款规模，试点农村土地承包经营权和农民住房财产权的抵押贷款，适当下放贷款审批权限，简化业务流程，从而增强金融服务农村能力。据迪庆州统计局统计显示，截至2016 年，迪庆州金融机构人民币各项存款余额 287.99 亿元，同比增长 17.75%，其中住户存款 87.01 亿元，同比增长 18.5%；非金融企业存款 62.62 亿元，同比增长 15.04%。同年 3 月末，全州金融机构人民币各项贷款余额 171.51 亿元，同比增长 10.98%，其中住户贷款 40.35 亿元，同比增长 13.49%；非金融企业及机关团体贷款 131.16 亿元，同比增长 10.23%。①

（2）金融服务布局概况。

截至 2015 年 6 月末，迪庆州境内有农业发展银行、中国银行、工商银行、农业银行、建设银行、富滇银行、邮政储蓄银行、农村信用社和香格里拉渝农商村镇银行 9 类银行业金融机构和 14 家小额贷款公司、1 家担保公司、9 家保险公司，共有 16 个县级金融机构，68 个银行业金融服务网点，从业人员 818 人，金融服务网点密度为 0.0031 个/平方千米。全州自助机布放数为 2 857 台，其中 ATM 机 178 台，POS 机具 2 466 台，其他自助服务终端 213 台。刷卡无障碍示范街累计建成 3 条，覆盖全州各县市。累计建成惠农支付服务点 268 个，实现全州 80% 以上的行政村覆盖率（中国人民银行迪庆州中心支行办公室课题组，2015）。全州 29 个乡镇实现标准化营业网点全覆盖，高于全省平均水平 5.54 个百分点；188 个行政村中，172 个村实现基础金融服务覆盖，覆盖率高于全省平均水平 4.5 个百分点，为金融助推脱贫攻坚打下坚实基础。②

6.7.5　金融基础设施应用评价及发展思考

涉藏地区金融基础服务提供方面的不足主要是涉藏地区人民改变观念以及思想的进程较慢，由于四省涉藏地区地处偏远，交通不便，导致了信息的不畅通，涉藏地区的人民难以获取新知识以及学习金融知识，涉藏地区人民的金融服务观念较薄

---

① 数据来源：http：//www.diqing.gov.cn/mldq/gmjj/04960979886099387129。

② 数据来源：http：//zf.xgll.gov.cn/html/2016/zf_zwdt_yw_0517/15316.html。

弱，对于金融理解片面，同时由于人才的缺乏、教育发展的落后进一步导致了个人的金融知识水平较低，从而对整个涉藏地区产生了连锁影响。如何提高涉藏地区人民对金融行业的认识，改变其观念是未来发展涉藏地区金融的关键抓手。

6.8 本章小结

本章内容主要围绕四省涉藏地区微型金融扶贫机制的应用实践开展研究。首先，从国家级、省级、市级层面梳理了自 2011 年以来微型金融扶贫相关的政策及制度规则，并进行了比较分析；其次，针对四省涉藏地区扶贫中的小额信贷精准扶贫、个人精准扶贫、特色产业贷款精准扶贫、村级互助资金精准扶贫、其他小额信贷精准扶贫、小额保险精准扶贫的主客体、扶贫机理、应用案例及效果、存在问题以及发展思考等内容开展了深入研究；最后，针对四省涉藏地区的基础性金融服务在精准扶贫中的应用与发挥的作用进行了分析。

第7章

四省涉藏地区微型金融精准
扶贫机制的现实绩效

7.1　宏观视角下四省涉藏地区微型金融精准扶贫绩效的实证分析

7.1.1　概述

农业、农村和农民（简称"三农"）问题是关乎国计民生的根本性问题，农村金融作为农村经济发展的重要支撑，为提高农业效益、增加农民收入、乡村振兴等举措注入核心资本，在解决我国"三农"问题中发挥着不可替代的作用。近年来，党中央、国务院高度重视农村金融改革发展工作，出台了一系列政策文件，为我国农村金融的发展提供了政策支持和制度保障。2020年中央一号文件再次聚焦"三农"，明确指出要优先保障"三农"投入，强化对"三农"信贷的货币、财税、监管政策正向激励。目前我国已经进入脱贫攻坚的决胜阶段，并且拉开了实施乡村振兴战略的帷幕，金融的支持至关重要。其中，涉农信贷支持对于增加农户收入、减缓农村贫困的力量绝对不容忽视。

2011年11月，中央出台的《中国农村扶贫开发纲要（2011—2020年）》，明确提出把全国14个"连片特困地区"作为新时期扶贫开发主战场，以"区域发展带动扶贫开发，扶贫开发促进区域发展"的工作思路，实现由点到面的支农脱贫战略。四省涉藏地区作为14个连片特困地区的典型代表，受其地理环境、历史文化、社会教育等方面的影响，农户收入水平普遍较低、经济增长速度缓慢。但随着乡村振兴战略、精准扶贫方针等政策的实施，其经济发展水平渐趋上升，经济运行的效率也有所提高。四省涉藏地区包括青海、四川、甘肃、云南省的十个藏族自治州，在金融支农的政策影响下，涉农贷款为农户和企业组织机构的生产经营活动提供了资金融通、平滑消费等服务，有力地扩大了地区经济发展的投资规模。涉农贷款一般可分为农户贷款、企业组织贷款、农林牧渔贷款等,不同种类的贷款对农户增收的影响效果不一,但都是通过储蓄效应、投资效应和资源配置效应几大影响机制来实现农户收入的增加。据中国人民银行西宁中心支行统计数据显示,2019 年第一季度全国 10 个藏族自治州涉农贷款余额共计 1 536.8 亿元,同比增长 4.8%,而农户人均可支配收入 20 051 亿元,较上一季度也有所增长。

基于此,涉农贷款与农户收入之间存在一种怎样的关系是值得我们探讨的问题,而这种关系又是否与近年来愈渐加强的金融政策倾斜有关也是我们关注的重点。本节首先梳理近年来涉农贷款与农户收入的有关研究现状,再以四省涉藏地区为例分析两者之间的影响机制,并比对金融政策倾斜前后的影响效果,从而得出有关结论,提出政策建议。

7.1.2 数据与方法

7.1.2.1 数据来源

本书选取 2011~2018 年全国 10 个藏族自治州的有关面板数据,其中,涉农贷款余额、农林牧渔贷款、农村贷款和农户贷款在涉农贷款中的占比由中国人民银行西宁中心支行调查统计处提供,农户收入、GDP、财政支出、农村人口比重等变量值均来源于各州历年国民经济统计公报和各省历年的统计年鉴。

7.1.2.2 分析方法与模型设定

现有研究中,评价农业信贷等要素对农业产出绩效的模型一般是采用柯布—道格拉斯生产函数分析方法,基本形式如下:

$$Y = f(A, K, L) = AL^{\alpha}k^{\beta}\mu \tag{7.1}$$

其中,Y 为农村地区总的经济产出;A 为农村金融发展水平;L 为农村劳动力投入;K 为农村总的资本存量;α 是劳动力产出的弹性系数;β 是资本产出的弹性系数;μ 表示随机干扰的影响,一般 ≤ 1。

农村地区总的经济产出常以该地区 GDP 或者第一产业 GDP 来表示,但农户收入水平在一定程度上反映了该地的经济发展水平和效率,从侧面折射出当地产业经营状况、就业形势、脱贫进程等情况,对衡量地区的总经济产出具有显著作用。

农村金融发展水平一般以广义货币供应量 M2/GDP 来衡量,然而对于涉藏地区等连片特困地区,涉农贷款对其经济发展具有极其重要的作用。根据《涉农贷款专项统计制度》,其结构还可从贷款用途、地域、主体几方面出发采用农林牧渔贷款、农村贷款、农户贷款的占比来衡量。

农村劳动力投入作为生产函数几大投入要素中必不可少的一环,一直以来在许多研究中备受关注。农村人口的比重不同，涉农贷款的投入力度也会有所差异，农村劳动力对于涉藏地区经济发展的贡献程度也不同，从而影响农户收入。

农村总的资本存量一直被认作是拉动农村经济增长的"三驾马车"之一。一方面，它能创造更多的非农就业机会来影响农民收入。现有研究已表明在一定程度上非农就业工资率要高于农业就业工资率。首先，在固定资产投资的实施过程中，往往会催生出大量的劳务需求，需要更多的人力来促成固定资产的建成落地，创造了一定的就业机会；其次，在其投资完成后，农户在投资成果衍生的经营和生产服务中有更多的选择。另一方面，固定资产投资尤其是用于农田水利、农业机械、农业科技和其他设施方面的支出集中影响着农业综合产出水平，这些技术、设备的改善将通过产品质量和产量的双重提升影响农户收入。

基于上述理论分析，考虑个体固定效应和时间趋势效应，同时为了避免异方差性和多重共线性的问题，消除量纲的影响，在分析各变量的时间趋势之后，对部分变量进行对数化处理，建立面板模型如下：

$$\ln\_income_{it} = \alpha_i + \beta_0 \ln\_agloan_{it} + \beta_1 S_{it} + \beta_2 X_{it} +$$
$$\beta_3 policy + \varepsilon_{it}, \ i = 1, \ 2, \ \cdots, \ 10, \ t = 1, \ 2, \ \cdots, \ 8 \qquad (7.2)$$

其中，$\ln\_income_{it}$ 即农户收入的对数形式，$\ln\_agloan_{it}$ 为涉农贷款余额的对数形式，S_{it} 即涉农贷款结构，包括三个衡量指标；X_{it} 即控制变量矩阵，包括 6 个控制变量指标；α_i 为个体固定效应；t 即为时间变量，从 2011~2018 年；$policy$ 为虚拟变量，即年份是否 ≥ 2015 年。

7.1.3　描述性统计分析

（1）被解释变量。

本书选取农户收入作为被解释变量，主要采纳的是农村常住居民的有关数据，不同年份关于纯收入和可支配收入统计口径有少许变化，但差别不大，不影响分析结果。

（2）核心解释变量。

本书选取涉农贷款作为核心解释变量，从规模和结构两方面来考虑：规模即涉农贷款余额，结构即农林牧渔贷款、农村贷款和农户贷款在涉农贷款中的占比。

（3）控制变量。

经过大量文献分析研究，本书选取固定资产投资、农村人口比重、GDP、财政支出、社会消费品零售总额、产业结构（第一产业产值占比）、政策实施（是否 ≥ 2015 年，是 = 1、否 = 0）7 个指标作为控制变量，以保证研究结果的稳健性

（见表 7 – 1）。

表 7 – 1   主要变量及描述性统计

项目	变量名	均值	标准差	最小值	最大值
被解释变量	农户收入（ln_income）	8.752	0.384	7.919	9.464
	涉农贷款规模（ln_agloan）	5.203	1.528	0.003	7.366
	农林牧渔贷款占比（stru1）	0.220	0.180	0.000	0.590
核心解释变量	农村贷款占比（stru2）	0.857	0.142	0.354	1.000
	农户贷款占比（stru3）	0.321	0.172	0.021	0.814
	固定资产投资（ln_fix）	5.091	0.848	3.203	6.638
	ln_GDP	4.805	0.782	3.264	6.438
	财政支出（ln_fi）	4.656	0.542	3.664	6.041
	农村人口比重（rur_pop）	0.709	0.165	0.080	0.842
控制变量	社会消费品零售总额（consum）	35.220	27.892	3.156	100.360
	产业结构（indu_stru）	0.209	0.116	0.028	0.571
	政策实施（policy）	0.500	0.503	0.000	1.000

7.1.4　模型估计结果

通过面板回归分别建立了混合效应模型、固定效应模型和随机效应模型，并进行了 Hausman 检验，回归结果如表 7 – 2 所示。

表 7 – 2   模型估计结果

变量	固定效应模型	随机效应模型	混合效应模型
涉农贷款规模（ln_agloan）	0.1285*** (4.79)	-0.0642 (-1.11)	-0.0642 (-1.11)
农林牧渔贷款占比（stru1）	-0.2356 (-1.45)	0.7604*** (3.54)	0.7604*** (3.54)
农村贷款占比（stru2）	-0.0507 (-0.25)	-0.2470 (-1.37)	-0.2470 (-1.37)

续表

变量	固定效应模型	随机效应模型	混合效应模型
农户贷款占比（stru3）	0.3443 (0.81)	− 0.1743 (− 0.45)	− 0.1743 (− 0.45)
固定资产投资（ln_fix）	0.0411 (0.90)	− 0.1034 * (− 1.88)	− 0.1034 * (− 1.88)
ln_GDP	0.4213 *** (3.49)	0.5347 *** (3.17)	0.5347 ** (3.17)
财政支出（ln_fi）	0.2473 ** (3.08)	− 0.0658 (− 0.68)	− 0.0658 (− 0.68)
农村人口比重（rur_pop）	0.3515 (1.53)	0.4663 * (1.70)	0.4663 (1.70)
社会消费品零售总额（consum）	0.0046 ** (2.73)	0.0030 (1.30)	0.0030 (1.30)
产业结构（indu_stru）	2.4298 *** (6.14)	0.0400 (0.15)	0.0400 (0.15)
政策实施（policy）	0.1358 *** (5.43)	0.4438 *** (7.10)	0.4438 *** (7.10)
Hausman	56.51		

注：括号内固定效应模型和混合效应模型为 t 值，随机效应模型为 z 值，***、**、*分别表示在 1%、5%、10% 的水平上显著。

根据表 7 - 2 的回归结果，结合 F 检验和 Hausman 检验的结果，均在 0.01 的显著性水平下拒绝原假设，故最终选用固定效应模型进行估计，因而可以发现以下几点：

（1）涉农贷款规模对农户收入具有显著的正向影响，且涉农贷款每增加 1%，农户收入就会增加 0.1285%，这与我们的预期相符，涉农贷款在四省涉藏地区的金融资源配置中具有极其重要的地位，随着涉农贷款投入的增加，农户有更多的资金投入生产生活，从而增加收入。

（2）涉农贷款的结构对农户收入的影响均不显著。农林牧渔贷款在涉农贷款中一般占据 22% 左右，农户贷款约为 32%，农村贷款则一般高达 85%，其不低的占比却并未起到增收的作用，可能是因为：第一，农林牧渔贷款和农户贷款虽然为藏民提供了生产生活的资本，但是藏民受知识水平、宗教信仰、经营能力等方面的限制，无法充分发挥这些资金的作用；第二，农村贷款作为涉农贷款的主力投放点，但其资金使用效率不高，涉藏地区农村金融服务基本都被农信社和邮储银行垄断，难以真正实现增收。

（3）GDP、财政支出、社会消费品零售总额对农户收入具有显著的正向影响。作为衡量各藏族自治州的宏观经济指标，地区生产总值和财政支出的增加能有效带动农户改善其生产生活状况，消费增加引起的内需扩张也能带动地区经济的发展，从而进一步发挥金融惠农的作用。

（4）产业结构对农户收入具有显著的正向影响，这与一般的研究结果是相悖的。本书中的产业结构指的是第一产业产值的占比，一般说来，第一产业占比越高则说明该地区的经济发展水平越低。但是，一方面可能受涉藏地区特殊的经济结构、地理环境、生产结构的影响，藏民多以种植业、畜牧业等第一产业为生；另一方面可能是农户的收入更大程度上与第一产业挂钩，此处呈现正向影响的结果。

（5）扶贫政策的实施对农户收入具有显著的正向影响，且在其他条件不变下，从 2015 年实施政策之后，农户收入要比先前增加 13.58%。自 2015 年以来，精准扶贫等政策相继推出，且重点强调对于四省涉藏地区的帮扶，从策略方针到实地落实，四省涉藏地区的经济发展水平有明显提高，贫困发生率不断降低，农户收入更是不断增加。

7.1.5　结论与政策意见

如何提高广大农村地区农户的收入，特别是以四省涉藏地区为例的连片特困地区农户的收入，让广大农民有更多幸福感、获得感和安全感是目前国家和学术界普遍关注的重大问题之一。本书着眼于农村金融的发展，以 2011～2018 年全国 10 个藏族自治州的面板数据，从实证的视角探究涉农贷款对农户收入的影响。研究结果显示：第一，涉农贷款规模对于农户收入具有显著的正效应，且涉农贷款每增加 1%，农户收入就会增加 0.1285%，但其结构配置对于农户收入的影响却不显著。第二，GDP、财政支出、社会消费品零售总额以及产业结构都会影响农户的收入水平。第三，扶贫政策的实施对农户收入有显著的正向影响。

7.2　四省涉藏地区扶贫小额信贷减贫效果实证分析

7.2.1　概述

金融扶贫作为"造血式"扶贫，在我国反贫困事业中发挥着重要的作用。国务院 2011 年颁布实施的《扶贫开发纲要》强调金融扶贫的重要性。2014 年年底，《关于创新发展扶贫小额信贷的指导意见》中指出鼓励金融机构对"有贷款意愿、有就业创业潜质、技能素质和一定还款能力"的建档立卡贫困户提供"5 万元以下、3 年期以内、免担保抵押、以基准利率放贷、通过财政贴息、县级建立风险补偿金"的信用贷款，以支持建档立卡贫困户发展扶贫特色优势产业，增加收入，实现长期受益。

尽管已有研究估计了扶贫小额信贷的减贫效果，但是目前关于四省涉藏地区的扶贫小额信贷研究还较为缺乏，再加上涉藏地区特殊的政治经济环境及文化宗教氛围，扶贫小额信贷对涉藏地区藏族贫困户的减贫效果也尚待验证。因此，本节拟探讨扶贫小额信贷对四省涉藏地区的藏族贫困户减贫效果，并比较分析减贫效果在不同资金需求满足度下的组群差异。

7.2.2　数据与方法

7.2.2.1　数据来源

本节数据主要来源于课题组 2018 年在青海涉藏地区、四川涉藏地区、云南涉藏地区和甘肃涉藏地区做的实地入户调查。本次调查采用分层抽样法和简单随机抽样法以确保样本的随机性和代表性。首先，从上述各省份随机抽取 1～2 个藏族自治州；其次，在每个藏族自治州内随机选取 1～3 个区（县）；最后，在各区（县）随机选取 1～5 个乡（镇）；在各乡（镇）随机选取农户家庭入户访问。最终收回的数据样本分布于甘孜藏族自治州、甘南藏族自治州、迪庆藏族自治州、海南藏族自治州等 6 个藏族自治州、15 个县、97 个村，共计 420 份。

问卷分为村级问卷和农户问卷。村级问卷主要关于农户所在村庄的基本情况；农户问卷涵盖农户家庭的家庭人口情况、家庭财产及收支情况、健康和医疗保障情况、受教育情况及微型金融参与情况五方面，其中微型金融包括小额储蓄、小额贷款、小额支付服务与理财、农业保险、金融知识五部分。小额贷款部分主要涉及农户家庭借贷情况、农户家庭获得和使用扶贫小额信贷情况及其评价等。样本基本情况如下：从地区分布来看，四川、甘肃、云南、青海四省分别占比 30%、30%、22%、18%。从民族分布来看，藏族、汉族、纳西族分别占比 98.05%、1.71%、0.24%。从是否为贫困户来看，贫困户占比 62.84%，非贫困户占比 37.16%；从是否获得扶贫小额信贷来看，获贷农户占比 54.52%，未获贷农户占比 45.48%。在本书中，获得扶贫小额信贷农户是指在 2015～2017 年申请并得到了扶贫小额信贷资金的农户。在本节实证分析中，研究最终使用的样本为藏族贫困户样本，共计 257 份有效样本，占总样本的 61.19%。

7.2.2.2 分析方法和模型设定

为研究扶贫小额信贷是否有帮助获贷贫困户减贫，本节采用线性法和准实验法（倾向得分匹配法）进行分析。

由于采用线性回归法（Ordinary Least Squares，OLS）进行估计，可能存在以下问题：一方面，存在反向因果等导致的内生性问题；另一方面，存在样本选择偏差问题，而我们也无法了解到已获贷的某一农户如果没有得到贷款会是怎样的经济状况（即找到反事实状态）。因此，单一的 OLS 分析会导致计量结果存在估计偏差。

学术界常采用工具变量法来解决内生性问题。但工具变量要么很难选取，可信度不高，要么和内生变量间弱相关（崔宝玉等，2016），更关键的是难以解决本节数据可能存在的样本选择性偏差问题。罗森鲍姆和鲁宾（Rosenbaum & Rubin，1983）提出的倾向得分匹配法（Propensity Score Matching，PSM）通过构造反事实框架，能够有效克服样本选择偏差问题；此外由于 PSM 不仅不需要进行函数形式、参数及误差项的预先设定，也不要求找到严格外生的解释变量来识别因果关系，所以能够较好处理变量存在的内生性问题（Wooldridge，2002；张永丽等，2018）。因此，本节进一步采用 PSM 进行估计，以弥补 OLS 估计可能存在的缺陷。

PSM 是基于匹配法基础上的一种准实验方法，其具体步骤如下：

第一步，将样本分为处理组和控制组。设置虚拟变量 $D_i = \{0, 1\}$ 代表农户是否获得扶贫小额信贷，即 $D_i = 1$ 表示获得扶贫小额信贷，将其作为处理组；$D_i = 0$ 表示未获得扶贫小额信贷，将其作为控制组。通过在控制组找到与处理组最接近的样本来替代处理组反事实状态下的结果，将非随机数据近似随机化。

第二步，选取协变量 X_i。基于已有文献研究成果（罗绒战堆、邓梦静，2018；宋全云等，2019），并结合涉藏地区特色选取相应变量（见表 7-1）。

第三步，对选取的协变量进行 logit 回归以计算倾向得分（即获得扶贫小额信贷的概率），计算概率公式为：

$$P = Pr(\text{Getloan} = 1) = \Phi(X_i) \tag{7.3}$$

其中，Getloan 为虚拟变量，表示是否获得扶贫小额信贷；P 代表贫困户获得扶贫小额信贷的概率，$\Phi(\cdot)$ 是正态的累积分布函数，X_i 为协变量。通过该方程可以得到个体获得扶贫小额信贷的概率拟合值。

第四步，依据倾向得分即 P 值进行匹配。常用的匹配方法有近邻匹配、半径匹配及核匹配。由于核匹配能够提高样本使用率，且不存在如近邻匹配会产生无效标准差的问题（Gilligan & Hoddinott，2006；宁静等，2018）。因此，本节采用核匹配法进行匹配。匹配后进行平衡性假设和共同支撑假设检验。

第五步，计算平均处理效应。平均处理效应分为处理组的平均处理效应（ATT）、控制组的平均处理效应（ATU）、全样本的平均处理效应（ATE）。由于本书探究获得扶贫小额信贷是否有利于获贷贫困户实现减贫。因此选择计算处理组的平均处理效应（ATT）更为合适，其计算如下：

$$\text{ATT} = E(y_{1i} - y_{0i} \mid D_i = 1) \tag{7.4}$$

其中，y_{1i} 表示获得扶贫小额信贷家庭的状况，是可观测的事实；y_{0i} 表示获得扶贫小额信贷的家庭如果未获得扶贫小额信贷时的状况估计，是一个反事实。

变量定义如下：

被解释变量：家庭人均消费。传统上，家庭的收入、消费支出都是最常被用作衡量家庭福利改善情况的指标。但由于收入问题的敏感性、被调查者对类似于"调查"行为的心理戒备、一些隐性收入难以货币化等因素导致我们难以获得真实的收入数据，因此用人均收入来判断家庭是否贫困可能存在一定的偏差（方长春，2006；王增文、邓大松，2012）。而研究农户家庭消费的水平，可以考察到不同类型农户的富裕程度；同时现期消费比现期收入更能反映家庭的长期福利（谢超峰等，2017；郭君平、吴国宝，2014；）。因此，本书选用人均消费作为衡量减贫效果的指标，此外为降低分散性，进一步对人均消费做自然对数处理。人均消费，由家庭总消费除以家庭人口数得到。其中总消费是对食品饮水和饮料支出（包括把自家粮食折算成现金部分、饮酒等）、衣着服装支出、房屋居住支出（含房屋室内外装修，但不包括建房）、家庭设备、用品及服务支出（含家用电器、家具和类似理发等服务）、医疗保健支出（购买体育用品和保健品）、交通费支出、通信费支出（包括电话、电视网络费）、文化支出（成年人的技术培训/年、子女教育总支出/年）、娱乐用品及服务支出（购买 DVD、磁带、看电影、旅游等）、其他商品和服务支出（用于宗教信仰方面的支出）、人情往来支出（比如婚丧嫁娶、生日、满月酒、节假日红包等）以及户主烟酒支出，共 13 项支出的加总。家庭人口主要包括直系亲属或实际上一起居住、共同生活的家人（同一屋檐）。

核心解释变量：农户是否获得扶贫小额信贷，并进一步将获得扶贫小额信贷细分为获贷满足部分资金需求和获贷满足全部资金需求两类。在调查问卷中设计"2015～2017 年您是否申请到了扶贫小额信贷"题项，并设置三个回答选项："1 ＝没得到""2 ＝得到了部分信贷""3 ＝得到了而且全部满足实际需求"。如果农户回答属于"1"，则为未获贷；如果农户回答属于"2"，则为获贷满足部分资金需求；如果农户回答属于"3"，则为获贷满足全部资金需求。

控制变量：（1）户主个体特征：性别、年龄、婚姻、教育、职业；（2）家庭特征：家庭劳动力人数、劳动力是否具有技能、家庭去寺庙的频率、家庭财产指数；（3）村级特征：是否为信用村、所在村庄寺庙及宗教活动场所数量；（4）受访者金融知识水平：对利率的认知正确度、对信用的认知正确度、对风险的认知正确度。

变量及赋值方法如表 7 – 3 所示。

表 7 – 3　　　　　　　　　　变量及赋值方法

	变量名	变量说明	变量类型	分类变量编码
被解释变量	人均消费的对数	人均消费 = 总消费/家庭人口数	连续	
解释变量	是否获贷	农户家庭是否获得扶贫小额信贷	有序多分类	0 = 未获贷；1 = 获贷满足部分资金需求；2 = 获贷满足全部资金需求
控制变量	性别		2 分类	0 = 男性；1 = 女性
	年龄		连续	
	婚姻	婚姻状况	2 分类	1 = 已婚，0 = 未婚、离婚、分居、鳏寡
	教育	受教育水平	有序多分类	0 = 文盲；1 = 未读完小学或小学毕业；2 = 初中/高中/大专/本科毕业
	职业		有序多分类	0 = 其他，如待业打临工；1 = 农牧民；2 = 乡镇企业工人/农民工/经商
	劳动力个数	家庭中在一定市场工资率条件下，切切实实参与劳动（工作）的成员数量	连续	
	劳动力技能	劳动力是否具有技能，如养殖技术等	2 分类	0 = 没有任何技能；1 = 有经验/特殊的技能
	家庭财产指数	基于涉藏地区农户特点进行构建，具体包括是否有机动车（包含摩托车）、电话、电视、电脑、耕牛、牦牛、藏羊，并采用因子分析法赋予相应权重	连续	

续表

变量名	变量说明	变量类型	分类变量编码
去寺庙的频率		连续	
控制变量 对利率的认知正确度	认为在同等条件下，有抵押品的贷款利率是高于还是低于无抵押品的贷款利率	有序多分类	0 = 不知道；1 = 高于；2 = 低于
对信用的认知正确度	认为欠银行的钱是否影响个人信用	有序多分类	0 = 不知道；1 = 不影响；2 = 影响
对风险的认知正确度	认为银行储蓄、股票投资、人寿保险、房产投资哪种投资方式的风险最大	有序多分类	0 = 不知道；1 = 银行储蓄/股票投资/人寿保险；2 = 房产投资

7.2.3　描述性统计分析

表 7-4 给出选用变量的描述性统计。从表 7-4 可以看出，相对于未获贷组，获贷组在户主特征上，表现出户主更多为男性、户主年龄偏低、户主职业更偏向临工/农牧民的特点；在家庭特征上，发现获贷家庭的家庭财产指数更小、去寺庙的频率更低，其中在获贷满足部分资金需求组表现更为突出；在金融知识水平上：获贷贫困户比未获贷贫困户在总体上更高。

表 7-4　　　　　　　　变量定义及描述性统计

变量含义	未获贷组	获贷组	获贷满足部分资金需求组	获贷满足全部资金需求组
人均消费的对数	8.292 (0.671)	8.225 (0.646)	8.337 (0.626)	8.138 (0.651)
户主年龄	48.514 (12.566)	45.197 (10.820)	44.640 (11.486)	45.622 (10.321)
户主性别	0.361 (0.484)	0.190 (0.393)	0.158 (0.367)	0.214 (0.412)
婚姻状态	0.746 (0.438)	0.822 (0.384)	0.789 (0.410)	0.847 (0.362)
户主职业	1.070 (0.543)	0.914 (0.428)	0.947 (0.361)	0.888 (0.474)

变量含义	未获贷组	获贷组	获贷满足部分资金需求组	获贷满足全部资金需求组
户主教育水平	0.544 (0.700)	0.533 (0.578)	0.527 (0.555)	0.537 (0.598)
主要劳动力是否有技能	0.211 (0.411)	0.237 (0.426)	0.211 (0.410)	0.258 (0.440)
家庭主要劳动力个数	2.113 (1.008)	2.081 (0.859)	2.079 (0.935)	2.082 (0.799)
家庭财产指数	0.116 (1.03)	−0.194 (1.134)	−0.233 (1.020)	−0.163 (1.221)
去寺庙的频率	4.153 (0.959)	3.989 (1.086)	3.934 (1.112)	4.031 (1.069)
是否为信用村	0.125 (0.333)	0.128 (0.335)	0.107 (0.311)	0.144 (0.353)
寺庙及宗教活动场所数量	1.236 (1.273)	1.1689 (0.593)	1.133 (0.664)	1.196 (0.522)
受访者对利率认知的正确程度	0.310 (0.709)	0.546 (0.874)	0.554 (0.878)	0.541 (0.875)
受访者对信用的认知正确程度	1.479 (0.843)	1.529 (0.820)	1.486 (0.848)	1.561 (0.800)
受访者对风险的认知正确程度	0.592 (0.871)	0.436 (0.719)	0.514 (0.745)	0.378 (0.696)

注:括号中数字为标准误。

常规的信贷约束更强,因而对于扶贫小额信贷的需求愿望更为强烈,更倾向于申请贷款,缓解资金约束。在获贷组中,户主职业为乡镇企业工人/农民工/经商的农户比例更少,可能是因为常年在外打工,远离贷款源,因而较少有借贷活动(林万龙、杨丛丛,2012)。家庭去寺庙频率会通过占用时间及思想理念等途径较大程度上影响家庭经济及相关行为(宋连久等,2014),因此去寺庙频率低、宗教场所少在一定程度上反映出其受宗教影响较小,也有更多时间顾及家庭,对借贷行为及家庭经济产生影响。

　　总体而言，在获得扶贫小额信贷样本组和未获得扶贫小额信贷的样本组间，变量均值存在一定差异。这也反映农户是否获得扶贫小额信贷并不是随机选择的过程，确实存在样本选择性偏差问题。

7.2.4　模型估计结果

　　首先使用多元线性回归方法估计扶贫小额信贷获得对贫困户家庭人均消费的影响，即减贫效果。经检验，各自变量间不存在多重共线性，回归结果如表7-5所示。

表 7-5　　　　　　　　　　　获得扶贫小额信贷对人均消费的影响

变量	系数	标准差
获贷满足部分资金需求	0.177 *	0.104
获贷满足全部资金需求	-0.049	0.100
户主年龄	-0.006	0.004
户主为女性	0.070	0.095
户主已婚	0.174	0.123
户主职业：农牧民	-0.152	0.125
户主职业：乡镇企业工人/农民工/经商	0.360 **	0.175
户主教育水平：未读完小学或小学毕业	-0.233 ***	0.075
户主教育水平：初中/高中/大专/本科	0.124	0.255
主要劳动力有技能	0.226 **	0.088
家庭主要劳动力个数	0.016	0.056
家庭财产指数	0.022	0.036
去寺庙的频率	0.041	0.055
所在村庄为信用村	-0.111	0.124
寺庙及宗教活动场所数量	-0.098	0.050
受访者错误的利率认知	-0.100	0.227
受访者正确的利率认知	0.011	0.121
受访者错误的信用认知	-0.425 **	0.171
受访者正确的信用认知	-0.052	0.108
受访者错误的风险认知	-0.103	0.132

续表

变量	系数	标准差
受访者正确的风险认知	0.400 ***	0.140
常数项	8.378 ***	0.339

注：* 表示 10% 的显著性水平；** 表示 5% 的显著性水平；*** 表示 1% 的显著性水平。

从回归结果来看，获贷满足部分资金需求、户主职业为乡镇企业工人/农民工/经商、家庭主要劳动力有技能、正确的风险认知都会对贫困户家庭人均消费有显著正向影响，而户主的教育为小学层次、受访者没有正确的信用认知会对贫困户家庭人均消费有显著负向影响。具体而言，在控制其他变量后，获贷满足部分资金需求贫困户比未获贷贫困户人均消费显著高出 17.7%，即获得扶贫小额信贷有利于改善家庭经济条件，增加人均消费。户主的职业为乡镇企业工人/农民工/经商、劳动力有技能都会分别以 36%、22.6% 的比例显著提升家庭人均消费。这可能是因为劳动力有技能以及职业为乡镇企业工人/农民工/经商，使农户获得的可支配收入更多且更为稳定（农牧民的收入不仅面临市场风险，还面临自然风险），经济状况更好，因此根据消费理论可推断这类家庭消费也会相应更高。但户主教育水平处于小学层次，将显著降低 23.3% 的消费，这可能是因为贫困地区农村教育的收入效应较强，低教育层次与低收入相关（张永丽等，2018）；同时又对自己家里的经济情况有一定的计划把握，因此相对于基准组（户主为文盲）而言，会更节约从而降低消费。受访者错误的信用认知将显著降低 42.5% 的人均消费，正确的风险认知将增加 40% 的人均消费，说明金融知识会显著影响消费，与宋全云等（2019）研究结论一致。

在系数估计值的比较中发现，受访者对信用及风险有正确的认知对家庭人均消费产生的影响最为明显。而相对于获得扶贫小额信贷，户主职业为乡镇企业工人/农民工/经商、家庭劳动力有技能都能在更大程度上显著改善经济条件，增加人均消费，起到减贫作用。

在 OLS 回归估计下，发现获贷满足部分资金需求的贫困户比未获贷的贫困户会增加 17.7% 的人均消费，但只在 10% 的水平上显著。为更好控制样本选择偏误和内生性问题，我们进一步采用 PSM 进行估计，并基于 OLS 回归结果，选择将获贷中的获贷满足部分资金需求作为研究对象。

贫困户获得扶贫小额信贷且满足部分资金需求的倾向得分估计结果如表 7-6 所示。可以发现，户主性别、受教育程度、家庭财产指数、对风险认知正确程度对农户家庭是否获贷且满足部分资金需求产生显著影响。

表 7-6　　　　　　　　　获贷满足部分资金需求倾向得分的 logit 估计结果

变量	估计系数	标准差
户主年龄	-0.029	0.020
户主为女性	-0.916 *	0.528
户主已婚	0.890	0.627
户主职业：农牧民	0.189	0.766
户主职业：乡镇企业工人/农民工/经商	-1.260	1.107
户主教育水平：未读完小学或小学毕业	1.165 **	0.467
户主教育水平：=初中/高中/大专/本科	-0.242	1.083
主要劳动力有经验/特殊的技能	-0.107	0.526
家庭主要劳动力个数	0.066	0.283
家庭财产指数	-0.720 ***	0.260
去寺庙的频率	-0.157	0.215
所在村庄为信用村	0.020	0.690
寺庙及宗教活动场所数量	-0.322	0.243
受访者错误的利率认知	-0.203	1.122
受访者正确的利率认知	0.463	0.638
受访者错误的信用认知	0.559	1.233
受访者正确的信用认知	-0.183	0.513
受访者错误的风险认知	0.448	0.706
受访者正确的风险认知	-1.396 **	0.644
常数项	1.522	1.687
LR（chi2）	37.920	
Prob > chi2	0.006	
伪 R^2（Pseudo - R^2）	0.200	
log likelihood	-75.968	
样本量	137	

注：* 表示 10% 的显著性水平；** 表示 5% 的显著性水平；*** 表示 1% 的显著性水平。

　　为保证匹配质量及估计结果的可靠性，需要对模型进行是否满足共同支撑及平衡性假设的检验。若获贷组和未获贷组的协变量共同支撑域较窄，则位于共同支撑域之外的获贷样本未能得到有效匹配，从而造成样本流失。本节通过绘制密度函数图，以反映样本在匹配后处理组和控制组满足共同支撑条件情况，如图7-1所示。可以看到，匹配完成后的处理组和控制组样本大多数观察值在共同取值范围内，故满足共同支撑假设。

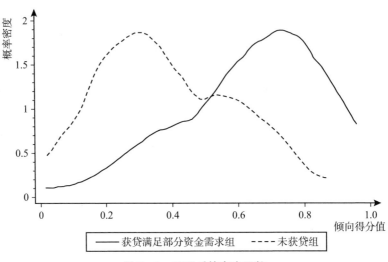

图7-1 匹配后的密度函数

进一步进行平衡性假设满足检验，如表7-7所示。可以看出，在匹配前，部分协变量在处理组与控制组间存在显著差异；在匹配完成后，t检验统计值表明处理组和控制组之间的协变量不存在显著差异，即平衡性假定得到满足。

表7-7 倾向得分匹配前后协变量平衡性检验结果

变量	匹配类型	处理组	控制组	两组差异 t统计值	偏误比例 (%)	偏误降低 比例（%）
户主年龄	匹配前	44.729	48.522	-1.91 *	-32.7	54.8
	匹配后	44.896	43.18	0.89	14.8	
户主性别	匹配前	0.157	0.343	-2.56 **	-43.7	87.9
	匹配后	0.164	0.187	-0.34	-5.3	
户主婚姻	匹配前	0.786	0.746	0.54	9.3	71.3
	匹配后	0.791	0.802	-0.16	-2.7	
户主职业是否为农牧民	匹配前	0.886	0.701	2.73 ***	-46.4	56.1
	匹配后	0.881	0.780	1.28	20.4	

续表

变量	匹配类型	处理组	控制组	两组差异 t 统计值	偏误比例（%）	偏误降低比例（%）
户主职业是否为乡镇企业工人/农民工/经商	匹配前	0.043	0.194	-2.81 ***	-47.8	91.1
	匹配后	0.045	0.058	-0.35	-4.3	
户主教育水平：未读完小学或小学毕业	匹配前	0.471	0.313	1.90 *	32.5	97.7
	匹配后	0.463	0.459	0.04	0.7	
户主教育水平：初中/高中/大专/本科	匹配前	0.029	0.104	-1.80 *	-30.6	97.6
	匹配后	0.030	0.032	-0.06	-0.7	
主要劳动力有技能	匹配前	0.186	0.209	-0.34	-5.8	-4.4
	匹配后	0.179	0.203	-0.35	-6.1	
家庭主要劳动力个数	匹配前	2.071	2.194	-0.75	-12.8	79.4
	匹配后	2.075	2.049	0.17	2.6	
家庭财产指数	匹配前	-0.309	0.090	-2.27 **	-38.7	87.6
	匹配后	-0.266	-0.217	-0.29	-4.8	
去寺庙的频率	匹配前	3.957	4.134	-1.00	-17.1	84.9
	匹配后	3.985	4.012	-0.17	-2.6	
所在村庄为信用村	匹配前	0.114	0.119	-0.09	-1.6	-288.2
	匹配后	0.119	0.100	0.37	6.1	
寺庙及宗教活动场所数量	匹配前	1.171	1.254	-0.47	-8.0	47.3
	匹配后	1.194	1.151	0.29	4.2	
受访者错误的利率认知	匹配前	0.043	0.030	0.4	6.9	-89.2
	匹配后	0.045	0.020	0.8	13.1	
受访者正确的利率认知	匹配前	0.243	0.134	1.62	27.8	20.2
	匹配后	0.209	0.296	-1.15	-22.2	
受访者错误的信用认知	匹配前	0.029	0.060	-0.89	-15.1	43.9
	匹配后	0.030	0.012	0.70	8.5	
受访者正确的信用认知	匹配前	0.786	0.806	-0.24	-4.1	49
	匹配后	0.776	0.786	-0.13	-2.1	
受访者错误的风险认知	匹配前	0.214	0.090	2.04 **	35	29.3
	匹配后	0.179	0.267	-1.22	-24.7	
受访者正确的风险认知	匹配前	0.143	0.254	-1.63	-27.9	56.8
	匹配后	0.149	0.197	-0.73	-12	

注：* 表示 10% 的显著性水平；** 表示 5% 的显著性水平；*** 表示 1% 的显著性水平。

在进行核匹配后，估计获贷满足部分资金需求对家庭人均消费的平均处理效应，即 ATT，结果如表 7 – 8 所示。

表 7 – 8   处理组的平均处理效应

处理组	控制组	ATT	标准差	t 值
70	66	0.188	0.086	2.199

可以看出，处理组的平均处理效应为正，且在 5% 的水平上显著，说明在排除内生性及选择性偏误因素后，获贷满足部分资金需求确实会显著增加 18.8% 的人均消费，家庭经济条件得到改善。而相对于 OLS 估计值 17.7%，消费效应即减贫作用增加了 1.1% 左右，说明传统线性回归的估计结果确实存在一定的偏差，略微低估了扶贫小额信贷的减贫作用。

综合 OLS 和 PSM 的实证结果，发现相对于未获贷的贫困户，获贷满足部分资金需求的贫困户人均消费会增加 18.8%。此外，家中主要劳动力有技能、户主职业为乡镇企业工人/农民工/经商、受访者有正确的风险认知分别以 22.6%、36%、40% 的比例显著增加人均消费，且它们都比扶贫小额信贷能在更大程度上显著增加人均消费、改善家庭经济条件。而户主受教育水平处于小学层面、没有正确的信用认知会分别以 23.3%、42.5% 的比例降低家庭人均消费。

7.2.5 讨论

研究发现，在 OLS 回归估计下，相比于未获贷组，获贷满足全部资金需求的贫困户人均消费会降低 4.9% 左右，但在统计学意义上不显著。可能的原因是：

（1）贫困户对信贷政策认知偏差，导致其未能有效发挥信贷资金的减贫作用。在调查中发现，存在不少贫困户将银行提供的扶贫小额信贷资金与政府给的补贴（比如救济金）等同看待，认为两者不存在差异。如果获贷户将信贷资金看作政府的转移支付，即认为这笔资金属于政府救济，不具有偿还性，将较大程度上降低获贷户使用资金效率。

表 7 – 9 为贫困户对扶贫小额信贷与救济金等政府补贴的认知。可以发现，在获贷户中，约 15.03% 的农户将扶贫小额信贷资金与诸如救济金等政府补贴等同。其中，相比于获贷满足部分资金需求贫困户，获贷满足全部资金需求贫困户对扶贫小额信贷政策的认知错误占比更高，达 19.54%，高出约 10 个百分点。

表 7 – 9　　　　　　　　　贫困户对扶贫小额信贷与政府补贴的认知

项目	未获贷		获贷		获贷满足部分资金需求		获贷满足全部资金需求	
	户数（户）	占比（%）	户数（户）	占比（%）	户数（户）	占比（%）	户数（户）	占比（%）
不一样	6	75.00	130	84.97	60	90.91	70	80.46
一样	2	25.00	23	15.03	6	9.09	17	19.54

注：占比指有效占比，即在已回答此问题农户中的比例。

（2）贷款用途显著影响贷款质量。扶贫小额信贷政策是缓解农户面临生产资金约束的有效金融扶贫政策。农户将信贷资金精准用于发展生产，从而不断提升自我发展能力，实现可持续性脱贫。2019 年发布的《关于进一步规范和完善扶贫小额信贷管理的通知》进一步明确规定扶贫小额信贷要精准用于贫困户生产性支出，不能用于结婚、建房、理财等非生产性支出。但信贷资金在精准发放到贫困户手中后，其分配使用情况却不如人意。若将资金用于农/畜牧业、做生意都看做广义的生产性支出即用途"合规"，从表 7 – 10 中可以发现，在所有获贷户中，只有 29.50% 的贫困户将信贷资金有用在生产性支出上，而获贷户将信贷资金分配在生产性支出上的额度即比例也还有待考量。但却有 52.51% 的贫困户，将信贷资金完全用在了与生产无关的用途上。进一步比较获贷组，发现：相对于获贷满足部分资金需求农户，获贷满足全部资金需求农户将信贷资金用在生产支出上的比例更小，相反完全用在与生产性无关的支出上比例更高，高出 8.79%。这也在很大程度上解释了为什么获贷满足全部资金需求农户反而未能提高人均消费，起到减贫作用。进一步查看其使用的具体用途（见表 7 – 11），发现消费、人情支出及建房、看病占了较大比例。

表 7 – 10　　　　　　获贷贫困户使用扶贫小额信贷情况

项目	获得贷款农户		获贷满足部分资金需求		获贷满足全部资金需求	
	户数（户）	占比（%）	户数（户）	占比（%）	户数（户）	占比（%）
仅用于农/畜牧业	22	15.83	10	16.95	12	15.00
仅用于做生意	3	2.16	2	3.39	1	1.25
有用于做生意或农业畜牧业	41	29.50	19	32.20	22	27.50
完全用于非生产性用途	73	52.51	28	47.46	45	56.25
合计	139	100	59	100	80	100

表 7 –11　　　　　　　　　获贷农户使用信贷具体情况

项目	获贷		获贷满足部分资金需求		获贷满足全部资金需求	
	户数（户）	占比（%）	户数（户）	占比（%）	户数（户）	占比（%）
还债	20	11.49	9	11.84	11	11.22
消费	82	47.13	33	43.42	49	50.00
捐寺庙	1	0.57	0	0.00	1	1.02
建房	41	23.56	18	23.68	23	23.47
看病	37	21.26	20	26.32	17	17.35
教育培训	30	17.24	11	14.47	19	19.39
人情支出	53	30.46	21	27.63	32	32.65
其他	23	13.22	6	7.89	17	17.35
农/畜牧业	50	28.74	26	34.21	24	24.49
做生意	16	9.20	5	6.58	11	11.22

（3）数据局限性。由于研究使用的是 2017 年的截面数据，与扶贫小额信贷政策出台时间（2014 年底）相隔时间比较短；并且鉴于农户以农牧业为主要经济来源，农牧业的产出周期较长，短期内减贫效果不明显，且效果更容易被低估。这和贝尔哈内（Berhane，2011）、尤（You，2014）、巴纳吉（Banerjee，2015）等学者结论一致。

7.3　四省涉藏地区农业保险开展满意度评价及其扶贫绩效评估

7.3.1　概述

农业在我国现代化进程中主要面临自然风险、市场风险和社会风险三大风险。农业保险能对遭受自然灾害、意外事故、疫病、疾病等保险事故所造成的经济损失提供有效的保障。在中国迈向现代化进程中，解决"三农"问题尤为重要，而农业保险又是解决"三农"问题的重要组成部分。农业保险能有效缓解自然灾害对农业生产产生的影响，进而促进保成本、稳收入，有利于农村经济的发展。农业保险不仅推动农业向现代化发展，尤为重要的是助力我国脱贫攻坚以及乡村振兴战略，为更多的农户发展产业保驾护航。四省涉藏地区的贫困面大、贫困程度深，属于我国的深度贫困地区，对比其他地区在文化、产业等存在一定的异质性。四省涉藏地区是精准脱贫攻坚战的主战场，要啃下这块硬骨头需要发展当地特色优势产业，也需要农业保险在支持农业产业发展方面发挥重要作用。

精准扶贫以来，农业保险持续实现"扩面、提标、增品"，有效地帮助农牧民群众解决因灾致贫、因灾返贫问题。农业保险帮助受灾群众减灾减损、恢复生产生活，在守住脱贫攻坚效果、稳定当地社会经济发展方面发挥了重要作用。特别是涉藏地区特色的藏系羊、牦牛保险工作的开展，使广大农牧民赖以生存的生产生活财产有了风险保障。本节对四省涉藏地区农业保险的精准扶贫绩效做出进一步的分析。

7.3.2　数据与方法

7.3.2.1　数据来源

课题组在四川涉藏地区阿坝藏族羌族自治州马尔康市，甘孜藏族自治州理塘县、色达县，青海涉藏地区海北藏族自治州、果洛藏族自治州以及甘肃涉藏地区甘南藏族自治州夏河县等地开展调研，走访各地区扶贫开发局、财政局、统计局、民宗局、农牧局、林业局等政府机构以及中国人民银行、平安财险、邮储银行、农商行等金融机构。本次调研采用科学的分层抽样的方法，首先在四省中分别抽取藏族自治州；其次在每个藏族自治州内随机选取 1~3 个自治县；再次在各县域随机选取 1~5 个乡（镇）；最后随机选取农户家庭入户访问。本章数据来源于 2018 年课题组在访谈的基础上，向农户发放的调查问卷，总计收回问卷 420份，其中四川涉藏地区 123 份，甘肃涉藏地区 128 份，云南涉藏地区 90 份，青海涉藏地区 79 份，问卷以及数据的详细情况同上节一致。

本节中主要对贫困地区农业保险的精准扶贫绩效进行分析，使用的样本为四省涉藏地区全样本，处理本节选取相关变量的离群值之后，本部分共计有效问卷400 份，占总有效样本的 95.24%。在问卷中单独的牦牛险部分，针对牦牛险购买情况、需求情况、出灾情况、赔付情况等进行收集，共获得有效问卷 176 份。

7.3.2.2　分析方法和模型设定

本节主要是对农业保险的精准扶贫绩效做出进一步地分析，主要包括农业保险开展的主观评价与农业保险对支出的影响两部分。农业保险开展的主观评价部分主要运用李克特量表进行量化分析，农业保险对支出的影响部分采用倾向得分匹配法研究是否购买农业保险对支出的影响效应。

第一部分是农业保险开展的主观评价。李克特量表是最常用的一种评分加总式量表，该量表由一组陈述组成，每一陈述有"非常同意""同意""不一定""不同意""非常不同意"五种回答，分别记为 5、4、3、2、1 分，当受测者回答此类问卷的项目时，他们指出自己对该项陈述的认同程度进行打分，将各道题的回答所得分数加总就是被调查者的态度总分，这一总分清晰表明其态度强弱。本小节主要运用李克特量表得出农户对于农业保险开展的认同程度进行打分。通过问卷的设计与内容，整理得出农户对于农业保险服务的主观评价可以分为三个部分，一是保险理赔程序评价，二是农业保险产品保障额度的评价，三是对当前农业保险公司服务的评价。在研究过程中我们使用李克特量表对所测评的三个指标进行量化，对每个指标设计出"非常不满意""不满意""一般""满意"四个层次的回答，并赋予 1~4 分不同的分值，再统计得出各回答的占比，最后根据各回答所占百分比乘以其权重也就是该回答所对应的分值，得出综合满意度情况。满意度指标计算公式如下：

$$S_i = \sum_{j=1}^{m} k_j r_{ij} \ (i = 1, 2, \cdots, n; j = 1, 2, \cdots, m) \tag{7.5}$$

其中，i 表示影响农户满意度的指标；S_i 表示农户对第 i 个指标的满意度；k_j 表示指标对应为 j 时的分值；j 为各指标相对满意度的分类等级；r_{ij} 表示认为第 i 项指标满意度为 j 级的农户占总人数的比例。

第二部分是研究农业保险对支出的影响，为避免一般回归分析带来的估计偏误，从而客观的度量购买农业保险对支出的实际影响，采用倾向得分匹配法对购买农业保险对支出的效应进行分析。倾向得分匹配法的介绍上节中已有详细描述。本节通过个体在多个维度上匹配后，得出购买组与未购买组之间支出的差值反映农业保险对支出的净影响程度。为提高样本使用率、保证处理效应精确度，采用核匹配法。最后得出平均处理效应 ATT 反映购买组与未购买组之间的差异，即：

$$ATT = E(y_{1i} \mid D_i = 1) - E(y_{0i} \mid D_i = 0) = E(y_{1i} - y_{0i} \mid D_i = 1) \tag{7.6}$$

其中，y_{1i} 与 y_{0i} 在处理变量发生与未发生的结果；$E(y_{1i} \mid D_i = 1)$ 可以观测，$E(y_{0i} \mid D_i = 1)$ 是一个反事实结果，不可以观测，需运用倾向得分匹配构造 $E(y_{0i} \mid D_i = 1)$ 的替代指标。

7.3.3 描述性统计分析

7.3.3.1 保险绩效的满意度李克特量表测评

在所得的问卷中，购买农业保险的有 242 户，占 60.5%；未购买农业保险的有 158 户，占 39.5%。其中 68.5% 贫困户购买农业保险，46.26% 非贫困户购买农业保险。剔除未购买农业保险的 158 户，对剩下购买了农业保险的农牧户进行三个维度的保险主观评价分析。采用李克特量表对测评三个指标进行量化处理，每个指标的满意度情况分布如表 7－12 所示，可以得出在农业保险理赔程序的评价主要集中在"不满意"与"一般"，在农业保险产品保障额度方面评价大部分为"一般"与"满意"，相较于前两个方面，在农业保险公司服务方面上评价明显更好，超过半数对其评价为"满意"。

表 7－12		满意度评价指标			单位：%
	指标	非常不满意	不满意	一般	满意
农户满意度	农业保险理赔程序评价	9.42	54.71	33.18	2.69
	农业保险产品保障额度评价	1.75	12.72	49.56	35.97
	农业保险公司服务评价	0	3.88	33.98	62.14

根据式（7.1），用每一选项人数的百分比乘以相应权重得到满意度指标。所得数值结果如表 7－13 所示。从所得的指标满意度的值分析，农业保险理赔程序评价的满意度为 2.2914 处于不满意水平，农业保险产品保障额度评价以及农业保险公司服务评价的满意度分别为 3.1975 与 3.5826 总体高于 3，处于比较满意的水平。

表 7－13	指标满意度	
指标	农业保险理赔程序评价	农业保险产品保障额度评价	农业保险公司服务评价
满意度	2.2914	3.1975	3.5826

7.3.3.2 牦牛险的绩效分析

畜牧业是广大涉藏地区牧民群众的支柱产业，而牦牛是涉藏地区畜牧业的重中之重。牦牛保险能保障牧民基本生产，通过保险理赔帮助农牧民将灾害损失降到最低，在降低养殖风险的同时也为畜牧业产业发展提供保障。由此对牦牛保险的绩效进行分析。在实地调查的 171 份数据中，购买牦牛险的有 35 份，其余 136 份未购买。在未购买的农牧民中大部分是未养殖牦牛导致无保险需求；部分农牧户是因为保险未推行以及不了解牦牛险而未购买，但有极少数农牧户是由于无钱购买、保费贵以及居住条件太偏远不方便购买。通过数据分析，得出牦牛险推行缓慢、普及推广程度不足等原因造成牦牛险的需求不足。

在购买的 35 户里，有 20 户发生灾害，15 户未发生灾害。发生灾害保险公司赔付的金额与农牧民损失总额比例主要集中在 50% 以下，说明牦牛险弥补损失的比例偏低，牦牛保险责任确定范围小、保障程度不高（见表 7 - 14）。

表 7 - 14   弥补损失比例   单位：%

赔付比例	人数占比	累计人数占比
0 ~ 10	30	30
10 ~ 20	20	50
20 ~ 30	10	60
30 ~ 40	10	70
40 ~ 50	20	90
50 ~ 60	5	95
60 ~ 70	5	100

7.3.3.3 农业保险对支出影响的描述性统计分析

在研究农业保险对支出影响部分，采用倾向得分匹配法，结果变量是家庭人均支出取对数处理，主要原因有：第一，支出情况可能相比收入更好地能衡量当期和长远的福利水平。第二，若样本的生产成本高于了产出，会得到一个负收入。然而对于负值，无法实现对数转换。处理变量为是否购买农业保险，协变量为户主年龄、户主性别、学历、家庭规模、是否为贫困户、养殖规模、种植规模、自评灾害程度。通过表 7 - 15 变量的描述可以得出家庭人均消费支出普遍偏低，户主偏中年男性，且学历普遍偏低；农业保险的覆盖率在 60% 左右，表明农业保险普及度不足；种植规模在 6 亩左右，养殖规模平均在 36 头左右，种养殖规模比较大，且个体间差异比较大；农户自评的灾害程度分为五等，灾害程度逐级递增，灾害程度均值在 3 附近，说明受灾程度集中在中等偏低。

表 7 - 15   变量描述

变量	变量描述	均值	标准差
家庭人均支出对数	2017 年家庭人均消费支出取对数	8.4727	0.7750
是否购买农业保险	是 = 1，否 = 0	0.605	0.4895
家庭总人数对数	家庭总人数取对数	1.3829	0.3856
学历	文盲 = 1，未读完小学但能读写 = 2，小学毕业 = 2，初中毕业 = 4，高中/职高/中专 = 5，大专毕业 = 6，本科毕业 = 7，硕士及以上 = 8	1.9058	1.1371

续表

变量	变量描述	均值	标准差
户主年龄	户主的年龄	46.7060	11.6984
性别	男 = 1，女 = 2	1.2075	0.4060
是否为贫困户	是 = 1，否 = 0	0.6341	0.4823
种植面积	种植面积（亩）	5.8696	5.6324
养殖规模	牲畜总数量（头）	36.0233	80.8758
自评灾害程度	自评灾害程度 = 1、3、5、7、9 逐级递增	2.9296	1.0797

7.3.4　模型估计结果

自然灾害以及市场价格波动等因素造成的农户福利损失，在一定程度上影响了农户的可持续生产以及发展能力，农户自身的抗风险能力差，对于风险的到来没有相应的技术水平进行预防，也无法有效的规避。接下来运用 PSM 模型估计购买农业保险对于农户消费水平的影响。笔者在控制组中按照特定标准找到处理组最相近的样本，为检验匹配结果是否可消除两组异质性特征，对协变量数据进行平衡性检验，结果如表 7 - 16 所示。

表 7 - 16　　　　　　　　　　　平衡性检验

变量	匹配前（U）匹配后（M）	均值		减少（%）	t 检验		$V(T)/V(C)$
		实验组	对照组	偏差（%） |偏差|	t	p > |t|	
年龄	U	48.047	47.712	3.3	0.20	0.845	1.05
	M	48.011	49.025	-10.1　-202.5	-0.67	0.505	0.94
性别	U	1.2056	1.1346	18.9	1.08	0.280	1.39
	M	1.1798	1.2079	-7.5　60.4	-0.47	0.637	0.90
家庭规模对数	U	1.4977	1.3757	35.0	2.20	0.029	0.52*
	M	1.4756	1.526	14.5　58.7	-1.10	0.272	0.96
学历	U	1.8598	2.3462	-48.9	-2.76	0.006	0.50*
	M	1.9438	1.9878	-4.0　91.0	-0.30	0.765	0.83
是否贫困	U	0.7196	0.5769	30.0	1.81	0.073	1.25
	M	0.6742	0.6241	10.5　64.9	0.70	0.487	1.08
种植规模	U	5.4009	6.5173	-22.9	-1.34	0.182	1.16
	M	5.5034	5.4509	1.1　95.3	0.07	0.947	1.03

续表

变量	匹配前（U）	均值			减少（%）	t检验		V(T)/
	匹配后（M）	实验组	对照组	偏差（%）	|偏差|	t	p > |t|	V(C)
灾害程度	U	3.1682	2.2885	85.6		4.92	0.000	1.41
	M	2.9888	2.9607	2.7	96.8	0.17	0.868	1.04
养殖规模	U	10.645	25.788	-68.3		-4.27	0.000	0.54 *
	M	12.045	16.633	-20.7	69.7	-1.55	0.123	1.08

样本平衡性检验结果显示，匹配前各变量的标准偏差较大，而匹配后的标准偏差均有不同程度的减小，几乎都小于20%。通过观测 P 值得出，t 检验结果均不显著。匹配后的处理组和控制组在学历、自评灾害程度等方面不存在显著差异，说明样本数据平衡，且大多数变量均在共同的取值范围内，所以在进行倾向得分匹配时样本损失量少。

为比较分析购买农业保险对家庭人均消费支出的影响，进行匹配后得出的平均处理效应如表 7-17 所示。

表 7-17　　　　　　　　　　平均处理效应

变量	样本	实验组	控制组	差异	标准误	t 值
家庭人均消费支出对数	匹配前	8.2803	8.5932	-0.3028	0.1270	-2.38
	ATT	8.2300	8.2111	0.0889	0.2044	0.43
	ATU	8.5589	8.5337	-0.0253		
	ATE			0.0473		

由表 7-17 可得出，在贫困地区农牧户购买农业保险之后对支出的效应有正向影响，购买农业保险后会增加8.89%的人均消费支出，在一定程度上说明农业保险促进了消费。这可能是由于投保农业保险，促进了农业产出增加，加之政策性农业保险的补贴存在一定的福利促进作用。虽购买农业保险对收入有正向影响但其并不显著，购买农业保险对家庭人均消费支出影响并不明显。

7.3.5　讨论

根据李克特量表测评的保险绩效满意度结果显示，在农户对不同指标的平均满意程度方面，农户对农业保险产品保障额度、农业保险公司服务给予了相对较高的评价。就保险公司服务的高满意度评价而言，这与精准扶贫大背景下保险公司的下乡惠民服务密切相关，保险公司服务人员下乡设点宣传为偏远地区的农牧户带来很大便利。在农业产品保障额度方面，保险公司按市场标准确定农户预期可能发生的损失的价值把握比较准确，给予农户灾害保障的资金比较充足，能够在一定程度上为农户开展下一年生产提供资金补偿支持，减少农户的损失，促进可持续性生产。保险绩效主观评价结果对于农业保险理赔程序是不满意的，在农业保险理赔程序上，赔付流程相对于农户来说比较复杂，出险后不能够迅速理赔，在一定程度上没有更好的惠农惠贫。

农业保险对支出的模型估计结果显示，虽购买农业保险对支出有正向影响，但其并不显著，购买农业保险对家庭人均消费支出影响不明显，即农业保险制度设计不够完善等原因致使其扶贫效果不明显。同时，农业保险覆盖率不高，说明农业保险精准扶贫中可能存在门槛效应与精英捕获现象，阻碍了一些贫困户获得农业保险；也可能由于四省涉藏地区本身地理环境条件，保险发展存在一定的滞后性，保险的理赔程序、复杂程度在一定程度上也会消耗农户的金钱与时间成本；还可能由于农户的金融素养程度抑制了农业保险的福利，农户本身对于农业保险的作用不太了解导致农业保险发挥不了真正的精准扶贫作用。

7.4　四省涉藏地区微型金融精准扶贫绩效的案例研究

前面根据所得数据进行扶贫绩效研究，从理论上分析了涉农贷款、小额信贷、农业保险的减贫绩效，本节主要针对微型金融精准扶贫实践过程中绩效较好的模式进行具体的分析，通过梳理各扶贫模式的具体流程并结合该模式取得的具体成效，总体分析该模式的运行情况以及得出相应的经验启示。

7.4.1　甘肃涉藏地区微型金融精准扶贫绩效的案例

甘肃省金融机构重视脱贫增收和富民产业发展。在银行业中，中国农业银行甘肃省分行创新出"特色产业发展贷款"专属业务；农业发展银行创新推出光伏扶贫、旅游扶贫等专项扶贫信贷产品，充分发挥农村政策性金融优势；邮储甘肃省分行创新开发"邮储农牧产业贷"等特色信贷产品；工商银行、甘肃银行利用互联网技术搭建平台，帮助贫困地区特色农产品销售。保险行业中，中华联合财险推进价格指数、气象指数保险，探索"保险＋期货""银行＋保险＋合作社＋农户"等模式，创新农业生产保障方式，为农户解除后顾之忧，发挥金融资金"四两拨千斤"的作用。

（1）夏河县"双联"惠农贷款。

2012年，甘肃省财政厅与农行甘肃省分行联合开展"双联"惠农贷款。该贷款最大的特点就是执行基准利率，财政全程全额贴息。相关配套政策方面，为支持"双联"贷款推进，甘肃省对58个贫困县，分别注资1 000万元成立贷款担保公司，全程全额提供担保。

贷款流程如图7-2所示，"双联"惠农贷款重点投向特色优势产业，重点支持符合"牦牛繁育、藏羊繁育、犏牛繁育、牛羊育肥、犏雌牛（奶牛）养殖、高原特色种养"六大产业带布局的贷款对象，对符合产业规划布局的农牧民专业合作社优先贷款，把专业合作社社员作为贷款主体，同时通过草场、林地等农牧村土地使用流转等方式，帮助贫困户加入农牧民专业合作社，将贫困户纳入贷款扶持对象。再经农户提交申请、村委会推荐、乡镇审查、财政审核、担保调查、农行放贷、贷后管理、贷款回收等各个环节。由县委农办、县财政、县农行、县担保公司为成员筹建夏河县中小企业信用担保公司，落实担保基金；并组建调查团队，开展调查摸底、贷前调查、担保调查、贷后管理等入户核查核实工作。为了加强贷款管理、更好地防范风险，在不违背政策的前提下，委托县农行为部分贷款户办理相应反担保手续，具体形式有担保承诺书、不动产抵押登记。"双联农户贷"贷款由省财政全程、全额贴息。

图7-2 贷款申请流程

自2013年以来，夏河县大力落实了"双联"贷款惠农贷款工作，截至2018年3月31日，累计发放"双联"惠农贷5 950户25 585万元，累计回收5 769户24 271.7万元，贷款余额181户1 313.3万元，担保公司代偿138户1 000万元，代偿率4.22%[①]。该贷款解决了农牧民融资难问题，激发了农牧民发展生产的活力，为第二产业畜牧业加工业提供了充足的原材料，促进了经济发展。

在推进过程中，该贷款由财政全程全额贴息，农牧民不承担贷款成本，容易使借款人视同于政府救济金，从而导致不按时偿还，引发道德风险。同时，该贷款主要支持收入状况、还贷能力相对较好的农牧民，获贷农牧民收入水平进一步提高，与其他农牧民收入差距可能逐渐拉大，未获贷的农牧民可能成为新的不稳定

---

① 数据来源：夏河县人民政府金融工作办公室。

因素，再者"双联"惠农贷款对其他涉农信贷可能会产生一定的替代和挤出效应。

（2）人保财险甘南州分公司"两保一孤"保险。

自从实施大病保险以来，甘肃保险业发挥专业优势，立足"精准"二字，将农村一、二类低保户，以及五保户和孤儿等贫困人群作为保险支持重点对象，设计出"两保一孤"保险，充分发挥保险在精准扶贫工作中的兜底作用，助力特困群众精准脱贫。"两保一孤"保险特点与作用如表 7 – 18 所示。

表 7 – 18　　　　　　　　　　"两保一孤"保险特点与作用

特点	作用
（1）政府主导 （2）团体投保 （3）手续简便 （4）成本低廉 （5）定额赔付 （6）简明易懂	（1）有效解决贫困患病人口医疗前期费用问题 （2）实现病前、病中、病后医疗保障全覆盖，切实解决贫困群众后顾之忧，稳定实现因病因意外贫困人口兜底脱贫 （3）形成了可操作可复制的保险扶贫新模式 （4）探索了政府为贫困人群提供托底式医疗保障新方式 （5）拓展了政府财政扶贫资金发挥作用的新途径

该保险由政府主导，各部门通力合作，其中甘肃省金融办公室负责保险项目整体工作，协调各部门统筹推广。"两保一孤"保险是由省、市、县三级财政共同承担保费的财政补贴方式，由县、市扶贫办作为投保人，采取团体保单方式进行承保，保险费每人每年 150 元，其中 80 元由县、市扶贫部门从扶贫资金中支付，另外 70 元由人保财险公司承担。参保人员无须缴纳保费即可享受保险政策，并能与新农合及大病救助政策叠加享受，保险内容有主险"团体意外险" 10 000元、"附加意外伤害医疗 2 000 元"及"附加重大疾病" 20 000 元（元/人）。此类保险不仅保费低廉、承保手续简便，而且一经确诊即行赔付，能够有效解决贫困患病人口医疗前期费用问题。2016 年，甘南州各县市投入扶贫专项资金257. 72 万元，先期以 3. 22 万建档立卡贫困户中的"两保一孤"特困群体为重点进行投保，在全州八县市实现了全覆盖。[1]

"两保一孤"保险形成了可操作可复制的保险扶贫新模式，为农村贫困人群就医提供了"敲门砖"；探索出政府为贫困人群提供托底式医疗保障新方式，引入重大疾病保险定额给付、先行赔付的做法，精确补位现有医疗保障制度缺口，实现了与新农合基本医保、城乡居民大病保险、民政医疗救助政策的有效对接，拓展了政府财政扶贫资金发挥作用的新途径，助力政府为贫困人群提供托底式医疗保障；地方政府通过"两保一孤"保险，让贫困人员享受到最高 3. 2 万元的高额风险保障。

---

[1]　数据来源于中国甘南网：http://www. gannancn. cn/html/2017/gn_0401/14384. html。

7.4.2 云南涉藏地区微型金融精准扶贫绩效的案例

近年来,云南涉藏地区金融扶贫取得阶段性成效。截至 2018 年 3 月末,迪庆州金融精准扶贫贷款余额 41.16 亿元,同比增长 97.95%,高于全省同期增速 49.49 个百分点(中国人民银行迪庆州中心支行课题组,2018),同比增速居全国 10 个藏族自治州首位。云南涉藏地区积极助力特色产业发展,扶持龙头企业发挥辐射带动作用,金融机构依托高寒涉藏地区农业特色,重点将信贷资金投向迪庆州三大园区、四大基地建设及青稞、葡萄等五个重点特色产品。

"扶贫贷"是由富滇银行与云南省发展改革委、迪庆州以及德钦县联合推出的一项金融精准扶贫新产品。"扶贫贷"包括"农基贷"和"农富贷"两个系列。针对迪庆涉藏地区经济贫困、基础设施薄弱、生态环境脆弱、产业生产不发达、产品物资销售受阻等实际情况,重点支持贫困地区"特色产业发展"和"基础设施建设"两大领域,形成"政策扶贫"和"金融扶贫"紧密结合的特色化信贷模式。

"扶贫贷"以扶持特色产业发展为核心,针对产业链中"产、供、销、运"四个关键环节,延伸至生产保障、物资供销渠道、运输道路建设等,采用"三个一点"(政府拿一点、挂包单位帮一点、银行贷一点)的办法激活金融资源实现立体式的金融扶贫网络。建立"政府 + 银行 + 挂包单位 + 专业合作社 + 供销企业 + 贫困户"六位一体的特色产业金融扶贫模式,助力贫困户脱贫致富,"扶贫贷"的特点如表 7-19 所示。

表 7-19   "扶贫贷"的特点

扶贫贷	特点
农基贷	主要支持农村道路硬化、通广电、通电力、通饮水、通网络以及省级公路干线等一系列基础设施建设
农富贷	(1) 以扶持贫困地区特色产业发展为核心 (2) 以专业合作社作为"统贷统还、统购统销、集中养殖、吸纳就业、收益分红、作业监控"平台 (3) 以建档立卡户作为银行实施转贷对象 (4) 以挂包单位扶贫产业补助、引导扶贫、拓展供销渠道以及宣传教育为抓手

7.4.3 青海涉藏地区微型金融精准扶贫绩效的案例

2015 年,青海省涉藏地区均已确定 30 多个贫困县的精准扶贫开发的金融服务主办银行，已在 1 000 多个村开展精准扶贫金融服务工作。2016 年以来，青海省围绕金融精准扶贫，青海省扶贫开发局、省金融办公室、人民银行西宁中心支行等部门建立青海省金融精准扶贫协调工作机制，成立了金融精准扶贫工作小组，创建了以贫困户为点、贫困村为面、贫困县为片的三级联动机制。金融扶贫积极发挥财政杠杆作用，为诸如旅游扶贫、光伏扶贫等提供融资平台。青海省实施"530 信用贷款工程"的金融扶贫模式，以产业扶贫资金为风险抵押，从银行撬动 5 ~ 10 倍贷款，由财政补贴基准利率利息，贷款目标客户为带动贫困户脱贫致富的产业园区、龙头企业、专业合作社、能人大户以及贫困户。此外，在各州贫困村还尝试将村级信用建设与推动农牧民小额信贷相结合，创新推出了村干部贷、乡医贷等，为解决农牧民贷款难、贷款贵、贷款慢等问题探索出一条新路。

（1）金滩乡能人议事会模式。

近年来，金滩乡针对发展中存在的基础设施薄弱、产业结构单一、群众增收渠道狭窄、无可持续收入、贫困问题较为突出、因病致贫面广、老龄化严重、脱贫难度较大、群众观念相对落后、转变发展困难、能人、合作社带动力不强、难以形成示范引领等诸多问题，创新出能人议事会模式（见图 7 - 3）。

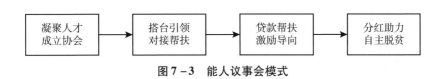

图 7 - 3　能人议事会模式

由图 7 - 3 所示，金滩乡能人议事会模式主要分为四个步骤。第一步，凝聚人才，成立协会，首先，通过筛选村里能参与到村级发展当中的能人；其次，组织学习党建工作要求，共话家乡发展大计；再次，成立具有商会性质的联合发展促进协会"能人议事会"组织；最后，构筑核心，成立跨村的专业党支部，完善相关制度与工作机构。第二步，能人议事会主动对接帮扶建档立卡贫困户，搭建贫困户务工增收和参与发展的平台。第三步，采用贷款帮扶，激励导向模式，乡党委、政府合理利用政府拨付的注入金滩乡能人议事会中的 100 万元资金，按 5 倍撬动 500 万元扶贫贷款，再将该笔贷款投入到能人议事会中的优秀专业合作社和企业，并签订分红协议。能人议事会所得年度红利，一部分继续滚动发展，剩余红利对贫困户和边缘户进行奖励性分红。第四步，按照由能人议事会制定的分红办法，对符合分红条件的贫困户给予奖励性分红。

金滩乡能人议事会的成立，为全乡推进各项工作，打赢脱贫攻坚战奠定了基础。一方面，搭建政府推动工作的平台，利用村集体经济方面集思广益，带动产业发展。同时能人效应拓宽领域，从单一的扶贫攻坚、产业发展拓展到民族团结进步创建、精神文明建设、平安创建等多领域的带动。另一方面，通过议事会带动扶持，激励贫困户克服"等靠要"思想。对于营业主体而言，能人议事会整合资源搭建了一个能人之间抱团发展的平台，解决合作社、能人大户发展过程中信息不对称、资金短缺等问题，打破以往单打独斗、恶性竞争的局面，通过引导同行业、同类型产业联合互补发展，促进产业链延伸，有利于增强抵御市场风险的能力，进一步提升乡村实体经济水平。

（2）果洛州"政府＋龙头企业＋合作社＋贫困户"的金融对接产业模式。

果洛州金融扶贫推动专业合作社和贫困户合作生产，在 30 个贫困村开展金融扶贫示范村建设，每个村投入财政扶贫资金 300 万元，作为金融扶贫贷款风险抵押金，统一纳入县级支农担保平台，按照 5 倍以上贷款规模，积极鼓励示范村贫困户、家庭农牧场、带动贫困户发展生产的能人大户和专业合作社通过银行贷款发展生产（见表 7-20）。

表 7-20 案例点描述

果洛金草原有机牦牛肉加工有限公司	
公司简介	集牛羊收购、屠宰、加工、储藏、销售为一体的大型全封闭型清真牛羊肉加工企业
运行模式	政府＋龙头企业＋合作社＋牧户
特点	（1）通过与全州六县合作社建立合作关系，提高合作社抵御风险的能力 （2）通过合作为企业组织化生产、产业化经营、品牌化发展、实现共赢奠定了基础
成效	带动果洛玛沁地区扶贫帮扶共入股扶贫资金 671.2 万元，扶持建档立卡户 358 户，1 095 人，累计分红达 189.837 万元，实现户均 5 302.7 元，人均分红达 1 733.6 元

雪域珍宝乳业是一家依托于青藏高原特有的纯天然、高品质的牦牛乳为原料，从事乳制品的生产、加工和销售为一体的综合性生产企业。雪域珍宝乳业构建"科、牧、农、工、贸、教"效益互动平台为核心的经营发展规划目标体系。构建以"牧业合作社"为单元的奶源专业合作社，以"一动三联"为平台，以稳定的、最优的收购价格推动"牦牛奶源专业合作社"，突破"奶源分散、物流滞后"的发展"瓶颈"，实现公司"牦牛奶酪系列产品规模化生产基地"的上游保障。目前已经推动 25 家合作社建立供销关系，带动 7 500 人，助推牧户增收 7 500 万元。

"政府＋龙头企业＋合作社＋贫困户"的模式，一方面，贫困农牧户可通过贴息贷款入股合作社，再由龙头企业与合作社合作进行集中收购，为实现产销双方共赢奠定了基础。另一方面，有利于龙头企业扩大规模，从而为贫困户提供更多的工作岗位，同时也促进发展特色产业，打造特色品牌。

7.4.4　四川涉藏地区微型金融精准扶贫绩效的案例

四川省积极引导金融系统加大对建档立卡贫困户、贫困村产业发展、基础设施项目建设等的金融支持力度，不断提升金融精准扶贫覆盖面。四川涉藏地区以支持产业发展和产业扶贫为突破口，推动创新银政合作模式、产业扶贫模式等，并以发展绿色金融为新的导向，全方位推进金融扶贫工作，全力提升金融支持产业扶贫对建档立卡贫困户的带动效应，增强建档立卡贫困户脱贫的可持续性。

7.4.4.1　阿坝州"扶贫再贷款 + 基地 + 贫困户"模式①

案例概况：阿坝州"扶贫再贷款 + 基地 + 贫困户"模式，以"金融助推脱贫攻坚基地"为载体，采取"基地 + 龙头企业/合作社 + 贫困户"等模式，通过基地发展辐射带动基地及周边建档立卡贫困户发展脱贫。目前，阿坝农信联社已建立支持基地 54 个，投放贷款 10.39 亿元，带动建档立卡贫困户 993 户和一般农户 9 359 户发展。

人民银行阿坝中心支行指导理县农信社运用扶贫再贷款为浮云牧场（位于四川阿坝州理县通化乡西山村）发放利率为 4.35% 的 600 万元贷款，为浮云牧场节约融资成本 40 余万元。人民银行阿坝中心支行确定理县农信社为西山村金融扶员责任单位，运用"扶贫再贷款 + 整村推进 + 贫困户"的模式，全面落实对该村 31 户贫困户的信用评级、金融知识宣传工作，在县级扶贫小额信贷风险基金的撬动与保障下，理县农信社根据评级结果，对西山村符合条件的贫困户发放扶贫小额信贷 171 万元，利率为 4.35%，享受全额贴息，有效信贷需求满足率达 100%。

茂县六月红花椒专业合作社位于茂县凤仪镇静州村，于 2008 年 8 月 5 日在"沟口乡花椒协会"的基础上成立，合作社现有社员 813 户，覆盖全县 12 个乡镇。经过几年的发展，扛起了茂县花椒外销的重担，同时，带动 36 户建档立卡贫困户及 813 户一般农户发展致富。自 2013 年起，合作社大力发展农业产业化基地建设项目，拟将其中 8 000 亩花椒基地建设成绿色食品基地，进而产生近 500 万元的资金缺口，融资出现困难。阿坝农信联经过实地考察，因地制宜向合作社发放了 480 万元循环贷款，有效解决合作社融资问题，并将其纳入基地管理。目前，阿坝农信联社已累计向该合作社发放贷款 2 560 万元，均使用人民银行低利率再贷款支持，有效解决了合作社融资难、融资贵难题。

在金融精准扶贫过程中，人民银行阿坝中心支行通过与政府部门合作，实现

---

① 案例来源：四川农信 http：//www.scrcu.com/other/mtbd/20180615/19083.html。

了财政政策、产业政策、金融政策的有效融合，形成农牧局、林业局重点推荐，配套财政资金撬动，信贷资金跟进，扶贫贴息资金配套的共建流程（见图7-4）。阿坝州金融助推脱贫攻坚，形成了几大支持模式：财政金融互动配合模式、银政战略合作模式、示范基地带动模式、资金整合模式。通过大力发展"基地+N"的产业扶贫模式，发挥基地带动基地及周边建档立卡贫困户脱贫增收的作用，同时加之政府主导的贷款支持，有利于基地形成规模效益，从而带动周边更多的贫困户增产增收摆脱贫困。

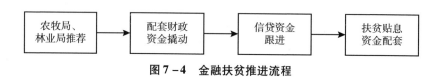

图7-4 金融扶贫推进流程

7.4.4.2 色达县宜尚酒店项目[①]

色达宜尚酒店为色达县色柯镇集体经济，占地面积850.2平方米，是一家设有门面、客房、会议室、咖啡室、棋牌室等不同功能区的现代化乡村旅游接待酒店。酒店前期建设及后期运营投入了大量资金，资金主要来源于产业资金、农牧民自筹资金、企业招商引资和金融贷款，具体包括整合的产业扶持资金262万元（包括四川省民委产业扶持资金50万元以及向姑咱村借用的12万元）、由247户非贫困户出资的157万元、引进的企业资金1 171万元以及贫困户向中国农业银行色达支行和色达县农村信用社申请的扶贫小额贷款共计166万元。

该酒店已承包给东辰集团旗下的宜尚连锁酒店，一年可保证稳定收入71.26万元。为确保农牧民利益最大化，在对乡村酒店所产生的效益进行科学分析之后，确定了股权量化、利益分配机制。其中，产业扶持资金量化为40%，村民持现金入股量化为30%，牧民贷款入股量化为30%；收益分配机制即年收益的71.26万元，按照分配机制，28.504万元做集体经济留存，21.378万元分配给持现金入股村民（含入股的建档立卡户），21.378万元分配给承贷牧民。

宜尚酒店将以偿还贫困户的扶贫小额贷款为集体经济下一步的主要工作。贷款偿还完毕后，按最初股权量化机制，该项目实现收益后，优先保障贫困户。同时，集体组织已与酒店签订了技能培训协议，未来将针对农牧民开展以酒店、餐饮为主的技能培训，提升农牧民自身技能。目前，酒店运营良好、收益可观，目前人均分红5元，实现了532户（包括建档立卡321户）农牧民稳定增收脱贫。

---

① 案例资料来源：色达县扶贫开发局。

由色达县宜尚酒店案例带来的启示包括：首先，将贫困户的扶贫小额信贷资金整合起来投入集体经济，由集体经济组织统一实施产业发展、统一还款，可以有效解决贫困群众因"缺技术、缺资金、缺观念、缺管理"导致的扶贫小额信贷资金使用效率不高、金融机构放贷风险大等问题。其次，在将贫困户的扶贫小额信贷资金引入集体经济的同时，247 户非贫困户出资 157 万元入股集体经济，既解决了贫困户增收致富问题，又防止了非贫困户的返贫问题。最后，提高贫困户自身能力是激发脱贫内生动力的关键，目前集体经济组织与酒店签订的技能培训协议，可以帮助农牧民提升自身"造血"功能，助力贫困群众脱贫致富，保障非贫困户的稳定发展，从而加快脱贫致富奔小康的步伐，实现共同富裕。

7.4.4.3　中航安盟财险：牦牛保险"红原模式"①

红原县素有"中国牦牛之乡"的美誉，一直以来，畜牧业是全县农牧民收入的主要来源，同时也是红原县的传统优势产业和支柱产业，但由于自然灾害多发与传统养殖习惯的影响，抵御自然灾害与疫情能力较低，从而对农牧民增收和农牧民生活质量有一定的影响。早在 2010 年，涉藏地区牦牛保险就纳入中央财政补贴农业保险品种，但经营牦牛保险风险高、开展难度大、农牧民保险意识薄弱，直至 2013 年中航安盟保险进入红原县前，涉藏地区牦牛保险还是空白。2013 年底，红原县与中航安盟保险公司（简称"中航安盟财险"）建立了牦牛养殖保险合作关系，并率先在阿坝州建立起现代草原畜牧业生产风险保障机制，并同时在全省涉藏地区率先启动特色农牧业养殖保险，之后进一步将经营区域扩大到其他州县，形成了中航安盟财险牦牛保险的"红原模式"，其特点如表 7 – 21 所示。

表 7 – 21　　　　　　　**牦牛保险"红原模式"的特点**

项目	牦牛保险"红原模式"的特点
保险范围及保额	（1）2013 年对一周岁以上母畜进行承保，2014 年将推广到对所有公畜进行承保；牦牛保险责任确定为冻灾、雪灾、动物疫病、兽害、洪水、火灾造成的死亡损失 （2）保额为每头牦牛 2 000 元，保费按 6% 的费率收取，具体保费分摊比例为：中央 40%、省 25%、州县 15%、牧户（合作组织）承担 20%；因牦牛意外死亡后牧户每头牦牛可获得理赔 2 000 元
机制建设	（1）着眼建立以保险促牧业发展的长效机制，形成良性循环 （2）完善草原牧业与保险工作有机衔接，推动建立"承保统计、养殖服务、查勘定损、理赔处理"一条龙机制，制定互联互通制度，做到快速查勘、快速理赔，提高了保险工作效率

---

① 案例资料来源：红原县人民政府。

续表

项目	牦牛保险"红原模式"的特点
政策措施	开展多层次、立体化、多渠道的牦牛保险政策宣传,通过一系列的措施,在涉藏地区全面实现了牦牛保险的"三到户、五公开(惠农政策公开、承保情况公开、理赔结果公开、服务标准公开、监管要求公开和承保到户、定损到户、理赔到户)

中航安盟财险从 2013 年起就率先在阿坝州红原县大规模推动牦牛保险工作,至 2018 年累计承保适龄牦牛 169.4 万头,共支付牦牛保险赔款 11 251.35 万元,受益牧民 6.32 万户次,户均赔款 1 780.28 元,赔付率为 82.25%[1][2],为现代草原畜牧业发展提供保障,也由此被誉为牧民脱贫增收的"加速器",现代草原牧业发展的"助推器"。

中航安盟财险推行的牦牛保险"红原模式",在解决牦牛养殖面临自然风险时,减缓了牧民抗击风险的脆弱性,也助力红原县由传统畜牧业向现代畜牧业过渡。同时,也为其他藏牧区开展高原特色险工作提供有价值的借鉴和参考。为了进一步扩大保障,该公司在红原县积极创新开发并试点牦牛价格保险,仍然以红原县地方财政补贴为基础,用保成本和保价格共存的方式满足农牧民的不同保险需求,更加全面地为涉藏地区牧民的利益保驾护航,并深入探索"保险扶贫"新模式。

7.5 本章小结

本章主要结合宏观和微观视角对微型金融在四省涉藏地区的减贫效果进行探讨估计,同时分析相关经典案例。宏观视角聚焦分析涉农贷款对农户收入的影响,而微观层面微型金融的减贫效果估计具体包括扶贫小额信贷和农业保险两个方面。

涉农贷款对农户收入的影响方面,首先,研究结果显示涉农贷款规模对于农户收入具有显著的正效应。其次,GDP、财政支出、社会消费品零售总额以及产业结构都会影响农户的收入水平。最后,扶贫政策的实施对农户收入有显著的正向影响。

在扶贫小额信贷的减贫作用上,获得信贷且满足部分资金需求能够显著起到

---

① http://www.hongyuan.gov.cn/hyxrmzf/c101817/201809/72c5ed08bc4144a7b7ac4419e96f4084.shtml。

② http://www.hongyuan.gov.cn/hyxrmzf/c101809/201801/032b481bfccd4269880524b9cab5b80a.shtml。

减缓贫困的作用，即提高人均消费，改善贫困户家庭经济条件。但相比较于家中主要劳动力有技能、户主职业为乡镇企业工人/农民工/经商、受访者有正确的风险认知等因素，其产生的减贫作用较小，究其原因主要是获贷户对扶贫小额信贷政策出现较大程度上的认知偏差以及贷款使用不"规范"。

扶贫小额信贷资金由金融机构发放至贫困户手中，理论上可以在一定程度上缓解农户面临的生产资金约束，农户通过将其投入生产或对设备、原材料等生产性资产追加投资实现扩大生产以及提高抗风险能力等途径实现减贫。但就当前的现状而言，获贷户使用信贷资金方式不"规范"、对信贷资金的认知偏差等都影响了信贷资金的扶贫效率，抑制了其应有的减贫效果。因此，还需要进一步就如何进行信贷政策宣传以帮助贫困户树立正确认知、信贷资金用途"规范"等方面进行探索，以实现扶贫小额信贷帮助贫困户脱贫的目标，真正走出一条精准的"造血式"扶贫之路。

将农业保险引入涉藏地区的精准扶贫具有较强的现实意义，主要得益于保险有分摊损失以及经济补偿的两大功能，在保障贫困农户进行生产发展，降低灾害损失、激励农户参与方面有着积极的作用。

四省涉藏地区农业保险精准扶贫绩效分析主要包含两方面：一是农户的主观评价。从量化检验结果可以看出，农户对保险的扶贫绩效总体评价较高，但保险的理赔程序方面满意度较低，主要是由于理赔程序复杂以及贫困地区的经济滞后性导致基础金融体系不完善，信用体系建设较为初级，因此保险的审核程序等方面的流程要求更为严格。二是保险为农户带来的经济影响，即客观估计。实证分析从是否购买农业保险对人均支出的影响入手，结果显示农业保险对农户的支出有正向影响但是效应不显著，在一定程度上反映出农业保险能够促进消费。效应不显著可能的原因是政策性农业保险的制度设计不够完善、环境因素致使保险水平发展落后及农户的金融素养较低。

本章案例部分主要选取在四省涉藏地区调研过程中运行绩效及模式良好的案例进行研究分析并从中获得一些启示。在所选取的案例中，四省涉藏地区大部分都采用了政府引领龙头企业/能人带动贫困户模式，贫困农牧户通过贷款申请、联合审查、银行放贷、政府贴息等过程获得贷款资金，投入自身生产经营或者入股分红等方式增收。在保险方面，甘肃涉藏地区的"两保一孤"保险以及四川涉藏地区的"红原模式"牦牛保险成效良好，前者有效解决了农村贫困人群就医"敲门砖"问题，后者提高了牧民抗击自然风险的能力，总体而言两者充分发挥了保险在精准扶贫工作中的兜底作用。

第8章

国际微型金融精准扶贫经验借鉴

8.1 国际微型金融反贫困模式

8.1.1 正规金融机构主导模式

8.1.1.1 基本情况

在以商业银行为主导的金融扶贫模式中，印度尼西亚人民银行乡村信贷部（BRI—UD）是发展较好的典型代表。印度尼西亚人民银行（BRI）从1969年开始在全国建立了3 600多个乡村信贷部（UD），由政府指定专门向农村地区提供贴息贷款，属于印度尼西亚的政策性银行。这是一种典型的政府参与、国有银行主导并由正规金融机构从事微型金融服务的模式。20世纪80年代，乡村信贷部的贴息贷款政策失败，银行亏损严重，经营陷入危机。之后在政府帮助下印度尼西亚人民银行对乡村信贷部进行体系改革，根据商业银行的运作规则与模式，对组织机构与产品进行创新后，农村小额信贷业务在印度尼西亚迅速发展，成为印度尼西亚人民银行的主要收入来源，并成功地将银行商业利益与政府的扶贫目标有机结合。

8.1.1.2 运作模式

在借贷权限方面，印度尼西亚人民银行乡村信贷部运营中心实行独立核算运作，各村工作站经理拥有贷款的高度自主权，可决定贷款规模、期限及抵押情况，自主实施贷款的发放和回收等。管理机制方面，印度尼西亚人民银行通过各种措施控制借贷风险，降低营运成本，提高银行利润，通过严格权限设置、双人经办、设置贷款利息3%的坏账警戒线等方法来控制和降低风险。

在激励机制方面，银行将每年经营利润的10%用于第二年分配给员工，从而激发员工工作的积极性，且对乡村信贷部开展的主要业务——贷款和储蓄实施动态的存贷款激励机制。

贷款方面，还款机制灵活。印度尼西亚人民银行实行商业贷款利率以覆盖成本，借款者如果按时还款，后续可以获得更快、额度更高的贷款产品，贷款利率也会不断降低；借款者如果在 6 个月内均按时还款，乡村信贷部将每月返还本金的 5% 作为奖励。

储蓄方面，印度尼西亚人民银行以需求为导向进行储蓄，根据客户对流动性的需求提供不同利率的储蓄产品，利率由存款金额确定，存款越多，利率越高。另外，在贷款期限和还款周期上，客户还可以根据自己的现金流情况来决定，贷款周期为 6 个月到 3 年不等，还款分周、月、季和半年等分期偿还。以上措施加之灵活的激励机制使得乡村信贷部吸收了大量资金，保证了资金来源。

8.1.1.3　主要成效

印度尼西亚人民银行乡村信贷部凭借不断地创新组织管理机制与激励机制，依靠本土化的社会和资金使用的最小化，利用高利差收入，实现仅占全部贷款业务 30% 的微型贷款业务创造了接近 40% 的利润。BRI—UD 模式的盈利能力和可持续性发展为解决印度尼西亚贫困问题提供了有效的途径，也证明了国家主导的金融扶贫模式的可行性。

8.1.2　非政府组织模式

非政府组织模式一般是由非商业化、合法的非政府组织或个人等倡导群体发起，资金来源于国际组织捐赠和组织成员自筹资金，有相对独立的内部体系和组织的非营利机构，但又属于非政府组织，并有所区别于正规金融机构。典型的非政府组织模式有孟加拉乡村银行模式与玻利维亚阳光银行模式等。

8.1.2.1　孟加拉乡村银行模式

1976 年，由默罕默德·尤努斯创建了以试验费抵押贷款业务为主的格莱珉银行，自 1996 年开始，格莱珉银行靠自身市场化运作获得资金，成为一家自负盈亏的金融机构，步入稳定发展期。格莱珉银行在保证自身持续盈利的同时，为农民提供的小额贷款，提高了农户的生活水平，创造了巨大的社会效应，有效地缓解了孟加拉国的贫困状况。

格莱珉银行以扶贫为宗旨，将穷人中的最穷人作为重点扶贫对象，尤其是贫困家庭中的女性。格莱珉银行的贷款模式主要经历了两种模式。在传统模式中，实行小组贷款制度，采用连带责任和强制性存款担保的方式放贷。同一社区经济水平接近的五位贫困者自愿组成贷款小组，以小组为单位建立客户中心，进行贷款与培训，采用"2 + 2 + 1"的贷款次序（小组贷款优先贷给小组中最贫穷的两人，然后贷给另外两人，最后贷给小组长）。2002 年之后，格莱珉银行对传统贷款模式进行创新，向贫困家庭提供教育贷款；向企业提供大额贷款；且各小组成员不再承担连带担保责任，将无法按期还款的贷款划入"弹性贷款"。在产品和服务方面，业务范围逐渐扩大，由原来的仅接受小组成员借款变为接受社会公众存款。

格莱珉银行的小组联保贷款机制，市场化的利率机制，灵活的还款机制及以需求为导向的产品设计，有利于提高瞄准精确度，完善风险防范机制，并缓解长期困扰最贫困人口的融资难题，满足贫困人口的金融服务需求。其帮助数百万贫困人口摆脱贫困，显著提高了人们的生活水平，促进了社会稳定发展，也为世界其他贫困地区扶贫提供了经验方法。

8.1.2.2 玻利维亚阳光银行模式

玻利维亚阳光银行的前身是 1987 年成立的 PERDEM 非营利性组织，其主要是提供信贷服务和教育培训，后为鼓励小企业投资、扩大就业，开始采用"小组连带责任"的方式向小组成员发放贷款，并取得较大的成功。但该组织自身规模发展慢，受法规约束，不能以市场为导向提供小额贷款服务，因此 PERDEM 进行改组，将商业化运作的一部分分离成为玻利维亚阳光银行。

阳光银行作为一家微型金融机构，瞄准的目标客户并非赤贫群体，而是大量的微型企业和自我雇佣者，是"穷人中的富裕者"。由于贷款利息是其收入的主要来源，因而阳光银行的一个主要任务是优化银行资产质量，提高贷款还款率。在贷款机制上，阳光银行采取了一些核心机制，如小组联保贷款机制、递进贷款制度和定期还款制度等。在小组联保贷款机制约束下，任何一位成员违约，会导致所有成员失去借款的机会。这种小组联保机制不仅缓解了成员的逆向选择和道德风险问题，而且还降低了借贷风险和交易成本。递进贷款制度是采用贷款额度较小、利率高、期限短的种子贷款来发现客户的信用水平，若借款人的还款表现良好，则他可以获得后续反复贷款的机会，同时贷款额度会随着其还款能力的证明和信用的累积而不断提高，银行根据贷款人的还款记录决定是否继续发放贷款，因而为贷款者提供了更强的还款激励，有助于缓解信息不对称所带来的一些问题。定期还款制度则是银行根据信用水平和现金流对贷款者进行授信，以短期小额贷款为主，一般是每周或隔周分期偿还。通过这些机制设计，银行能及时发现违约客户，及时监控贷款者的收入及还款情况，提高还款率。

截至 2016 年底，玻利维亚阳光银行经营规模不断扩大，拥有 110 个分支机构，几乎遍布于每个城镇，资金来源更加丰富，拥有 12.27 亿美元的资金量，服务于超过 25 万贷款客户，为贫困群体提供了丰富的金融服务（陈银娥、何雅菲，2016）。同时阳光银行的发展在促进社会经济发展，改善国家贫困问题中起到了积极的作用。

8.1.3 正规金融机构与非政府组织结合

8.1.3.1 基本情况

印度作为涵盖70%农业人口的农业大国，主要通过农村综合发展项目、农业和农村发展银行（National Bank for Agriculture and Rural Development，NABARD）、非政府组织（NGO）等金融机构促进农业发展。20世纪90年代以前，印度政府实施了一系列扶贫项目，通过扩大国有正规金融机构在农村区域覆盖率，来引导资金流向农村地区，后由于补贴资金未能及时到达目标客户导致贷款违约率高，使得贷款补贴难以持续。随着格莱珉银行模式的成功，印度国家农业和农村发展银行借鉴其经验，发起了一种自助小组—银行联结项目（SHG – Bank Linkage Program）。

8.1.3.2 运作模式

自助小组—银行联结项目根据一定条件组成自助小组，由农业和农村发展银行向贫困家庭提供无抵押贷款等微型金融服务。自助小组成员定期储蓄，实行内部贷款，定期召开小组会议解决相关问题，获取银行贷款。银行与自助小组联结，可以降低交易成本，增加存款基数，提高贷款还贷率，同时也促进银行在农村地区的社会声誉提升，有利于银行业务的进一步拓展。

印度自助小组银行联结模式在实践中形成了几种有代表性的模式：第一种是直接的融资联结模式（见图8－1），即银行作为自助小组的促进机构，根据自身业务需要，组建和培养自助小组，对自助小组直接发放贷款的"银行—自助小组—成员"模式。第二种是便利联结模式"银行—促推机构（非政府组织或政府机构）—成员"模式（见图8－2），即由NGO等促进机构组建自助小组，银行为自助小组提供直接融资。在这一模式中，主要由NGO和其他促进机构组织和培育自助小组，为自助小组提供储蓄和信贷方面的培训，自助小组通过银行审核后，银行直接为自助小组放贷。这一模式节省了商业银行对小额信贷的信息收集成本和管理成本，是目前印度小额信贷活动的主流模式。第三种是间接的融资

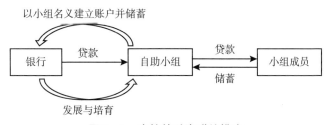

图8－1 直接的融资联结模式

联结模式"银行—非政府组织小额信贷机构—自助小组—成员"模式(见图8-3)。NGO一方面对自助小组提供金融咨询和培训,另一方面要到银行寻求贷款并将其发放给合格的自助小组,承担向银行还款的义务。在印度自助小组信贷市场中这三种模式所占份额依次为20%、72%和8%。

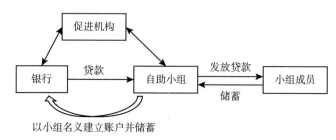

图8-2 便利联结模式

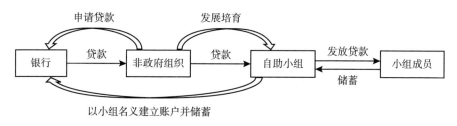

图8-3 间接的融资联结模式

8.1.3.3 主要成效

印度农业和农村发展银行通过结合印度自身的资源禀赋优势,有针对性地设计小额信贷模式。一方面,利用正规金融网络扩大对穷人金融服务的覆盖范围;另一方面,以非正规金融的方式如小组自愿储蓄等集聚储蓄资金,从而将正规金融体系的技术、管理能力及金融资源优势等与非正规金融体系的灵活性相结合,更好地满足了穷人的需要。同时,充分发挥非政府组织的作用,鼓励其组织和培育自助小组,并帮助其进行能力建设。截至2015年,该模式已发展770万个互助小组,覆盖了将近1亿的印度贫困家庭(温涛、王汉杰,2018),自助小组-银行联结模式的微型金融信贷服务推动了贫困家庭获得金融服务,有效带动了贫困人口改善生活水平,为印度农村经济的发展作出了巨大贡献。

8.1.4 国际社区资助基金会—村庄银行模式

20世纪80年代中期,源于拉丁美洲的国际社区资助基金会—村庄银行

（FINCA – VB）模式，以会员制自助小组形式实现可持续自我经营模式，通过村庄银行实施小额信贷，致力于为妇女和贫困者提供金融服务，以此减少贫困。

该模式下将 20～50 名妇女分为一个贷款小组，组内成员自主管理资金，借款人之间相互担保，承担连带责任。该模式的贷款采取贷款人相互担保的机制，无须抵押担保，依据贷款人的信誉和以往存贷款金额予以授信。在贷款账户方面，分为两个账户，外部账户主要包括贷款额度、利率、周期、还款方式等，内部账户由贷款类型、放贷原则、控制机制、储蓄等组成有效的贷款机制。经过第一次贷款后，村庄银行会使贷款与储蓄挂钩；第二次贷款时，存在一定的强制储蓄的性质，因为需满足贷款者储蓄账户的金额达贷款金额的 20% 以上。

为减少信息不对称，预防信贷风险，国际社区资助基金会—村庄银行在信贷技术方面不断创新。在拉丁美洲国家中创新出"人寿保险 + 小额贷款"捆绑的模式，一旦贷款人死亡，由保险公司偿还贷款；与电信公司的通信中心合作，提供移动电话支付；开展太阳能贷款，村庄银行成员可通过借记卡还款。

经济民主化与村民高度集中参与，国际社区资助基金会—村庄银行模式在实际运行中有很强的灵活性，有利于较不发达社区成员获得便捷的金融服务，以此架起贫困社区与正规金融相连接的桥梁。但这种模式规模较小，贷款业务发展受限于当地经济情况，其发展依赖于与正规金融的整合力度。

8.2　国际微型金融产品与服务

微型金融机构可以像正规金融机构一样为客户提供产品与服务，服务的内容相近，但规模以及提供的方式有所不同。随着金融需求的多样化，微型金融机构在传统储蓄和贷款业务上开拓了一些新服务，如保险、企业教育等。微型金融机构需要以客户为中心，为贫困群体提供多元且有针对性的借贷服务，帮助他们脱离贫困。

8.2.1　小额信贷

几乎所有国家的微型金融扶贫模式都是从小额信贷业务发展起来的。小额信贷业务指通过专门的金融机构向有一定负债能力，但未从正规金融机构取得融资的微小经济主体，如低收入人群以及微小企业等，提供一种额度较小、期限较短的贷款服务。其主要具有四点特殊之处：其一，由信贷小组构成，成员承担连带责任。小额信贷充分利用社会网络，其基本组织结构由许多经济背景相似的人自愿组成贷款小组，若小组成员违反贷款规则，全组成员一同承担连带。连带责任迫使组内每位成员相互监督，充分发挥集体作用，有利于减少金融机构的信息不对称问题，降低银行信贷风险。其二，无须抵押和担保。贫困人口正因没有适当的抵押品才未能获贷，也无人为其担保。小额贷款采用无担保抵押，区别于正规金融机构的贷款业务，未将贫困人口排除在外。其三，贷款用途有一定的限制性。小额信贷的目的是为贫困人口提供生产性的资金，帮助他们参与劳动，提高收入，缓解贫困，其主要用途集中在生产经营方面的活动。其四，贷款的周期短、额度小。贷款的目标客户主要是农户，他们的资金需求具有一定的季节性，所以贷款金额较小，时间较短。

在实践中，许多小额贷款模式为了进一步克服金融机构与目标客户的信息不对称问题，创造了一些新型的信贷技术，将连续借贷、动态激励等融入业务。小额信贷凭借其独特的信贷方式，为贫困人口提供生产经营资金，对全世界的减贫起到了积极作用。

8.2.2 微型保险

微型金融机构提供的另一种重要产品就是微型保险。微型保险主要面对低收入者，按照风险事件发生的概率以及涉及的成本按比例定期收取小额保费，目的是帮助低收入者规避部分风险。由于低收入者收入低且不稳定、抗风险能力弱，需要微型金融机构涉及保险产品是因地因人涉及多元化的微型保险产品，充分考虑微型保险的覆盖性、及时性、可得性以及目标客户的承受性。

在众多微型保险产品中，短期寿险、健康险、养老保险等比较适应客户需求，因此占有较大比重，而财险、牲畜险、气候险的占比较低。在实践中，有孟加拉国的小额养老险、秘鲁的家畜保险、印度的家财险等。从运作模式上，微型保险主要有三类：第一类是互助或者合作模式的小额保险。该模式主要是由互助或合作机构开办微型保险业务，为其成员提供保险服务。第二类是合作—代理模式，这种模式包含一家专业保险公司和一家以微型金融机构为主的代理公司，两公司按照合约互助开拓微型保险业务，前者负责产品设计、提准备金、定价等，后者负责销售、违约风险损失清算、转移风险以及配置资源等。第三类是独立经营模式，是由资本实力雄厚、拥有客户较多的微型保险机构或微型金融机构运行。这种模式通常与存贷业务挂钩，且具有一定的强制性，通过保险减少由于贷款人遭受意外事故等导致贷款质量降低而带来的损失。

微型保险以低廉的价格为低收入群体提供多元化的保险产品，目标客户购买产品，有利于降低脆弱性、减少收入波动以及平滑消费，对减贫发挥积极的作用。

8.2.3　储蓄服务

微型金融机构仅依赖于当地政府的出资以及社会捐助机构的捐赠，很难实现自身的可持续发展。其在实践过程中逐渐意识到开发储蓄产品不仅对拓展服务以及维持自身可持续经营起关键作用，而且由于一定的储蓄代表着客户的还贷能力，从而能降低客户的贷款风险。储蓄对低收入家庭的生产、生活、教育等方面具有重大作用，储蓄可通过缓解家庭内部生育、学费、疾病等平滑消费，应对收入波动，通过提高家庭福利，增加社会资本。

虽然微型金融机构通过吸储，可保障自身可持续问题，同时降低低收入家庭应对风险的脆弱性，但一些微型金融机构被禁止吸收存款。20 世纪 80 年代后，微型金融机构的储蓄服务逐渐走向正规化。一种方式是从独立小项目逐渐发展为独立机构进而发展为正规银行，比如格莱珉银行、玻利维亚阳光银行；另一种则是由国家正规金融机构引入微型金融项目，在开展小额贷款时提供储蓄服务，比如印度尼西亚人民银行乡村信贷部。

微型金融储蓄服务可以解决低收入家庭发生损失在其储蓄额之内的任何风险，且既可以解决事前风险也可以解决事后风险，相比保险业务，更具灵活性。微型金融提供的储蓄服务保障了机构的可持续性，给其发展注入新活力。

8.2.4　其他服务

8.2.4.1　汇款服务

发展中国家的汇款服务主要是由移民汇往母国所形成，若这些汇款能通过金融体系转化为有效的投资，则有利于经济的增长。而实际上汇款的接受者往往是贫困人群，贫困人群存在不知道或不可能获得正规金融机构的服务来更好地使用汇款，由于贫困人群被金融机构排除在外，导致贷款的有效使用率低，因此微型金融机构开展汇款业务十分有必要。一方面可以帮助贫困人群更好地利用汇款；另一方面可以保障自身的可持续经营。微型金融机构开展汇款业务主要有两种方式，一种是独立开展，另一种是和其他金融机构合作开展。具体采用哪种模式受限于国家的管制以及市场的结构，在实践中多数是以合作方式展开。

关于微型金融机构汇款业务的减贫效应问题，部分学者认为汇款能显著缓解发展中国家的贫困问题，有利于这些国家从国际资本市场获取资金，从而促进经济增长。另外，移民和汇款会加剧发展中国家收入差距，加剧农村内部不平等程度，同时由于移民海外务工，导致劳动力减少，农业生产下降，不利于农村经济发展以及缓解贫困问题。

8.2.4.2 教育培训服务

微型金融机构为贫困户的多元化资金需求提供丰富的微型金融产品，虽缓解了他们的资金需求问题，但是部分客户因为缺乏相应的技术，导致其收益不佳，生活质量并没有明显的改善。因此微型金融机构创新出新型服务，为其提供贷款的同时也提供技术培训服务，一方面提高客户赚钱能力；另一方面保障自身贷款的安全性。

目前微型金融机构教育培训服务主要提供农作物以及家畜养殖的技术支持；提供咨询服务，保障客户的产品保值增值；通过建立三方市场链接机制，将客户、经销商联系起来，以降低交易成本等。微型金融机构的教育培训服务，从内生动力层面给穷人提供技术支持，给他们带来更高的收入，使其高效脱贫。这种双赢局面给微型金融机构的贷款质量提供了保障，有利于其自身的可持续经营。

8.3 国际微型金融反贫困经验借鉴

上述的正规金融机构主导的 BRI—UD 模式、非政府组织的孟加拉乡村银行模式等都是国际微型金融反贫困的典型模式，这些模式不仅有效地缓解了低收入群体的融资约束问题，还有效地缓解了全球贫困问题。通过分析国际微型金融反贫困模式，得到以下经验借鉴：

第一，产品与服务的多元化。国际微型金融反贫困的实践中，不仅仅针对小额信贷业务，还提供微型保险、储蓄业务、汇款业务以及教育培训等。由于客户都是低收入家庭，抗风险能力较小，所以在提供贷款的同时提供技术培训与小额保险业务，保证了贷款的安全性。且根据客户的特异性提供差异化的贷款产品及服务，为更多的低收入家庭提供金融服务，不断提高微型金融的减贫效应。

第二，组织结构多元化，资金来源多样化。微型金融机构的组织是多元化的，有政府主导的、非政府组织主导的或者正规金融机构与非政府组织结合的。在不同的政策背景下，应充分发挥各类组织的优势，因地制宜地开展微型金融业务。同时，微型金融机构的营运可接受政府的资助和国际组织的捐赠，但最终必须实现自我的盈利，才能维持自身的可持续发展。

第三，灵活的激励机制。在激励机制方面，玻利维亚阳光银行靠贷款的偿还率决定后续贷款，可对贷款人产生动态激励，故灵活的激励机制有利于贷款的偿还以及缓解借贷双方的信息约束。印度尼西亚人民银行乡村信贷部将每年经营利润的 10% 在第二年分配给员工，激发员工的积极性，从而增加银行利润，另外也对客户的贷款和储蓄实施动态的存贷款激励机制。孟加拉乡村银行将客户储蓄与贷款额度直接挂钩，从而激发客户储蓄积极性，有利于解决银行资金来源的单一性问题。

第四，提供教育培训服务。微型金融机构通过为其成员客户提供技术辅导、咨询服务，与客户、销售方搭建三方平台，从内生动力层面帮助低收入人群提高收入，缓解贫困，有利于保障自身贷款质量。

8.4　本章小结

微型金融作为一种特殊的金融工具，其宗旨就是解决低收入群体的融资难以及金融服务缺乏问题。国际现有的模式以及产品服务虽然存在或多或少的不完善之处，但都是帮助低收入群体创造公平的发展机会，缓解贫困问题，因而具有极大的社会效益。本章具体分析四种类型的国际微型金融反贫困模式以及五种微型金融产品与服务。上述分析的模式中，微型金融机构以小额信贷产品为切入点，通过鼓励储蓄、连续贷款、定期还款、动态激励、技能培训等方式瞄准低收入群体，是助力解决反贫困问题的有效途径。

第 9 章

决战脱贫攻坚时期四省涉藏地区
微型金融精准扶贫机制的优化

9.1 瞄准机制

我国的脱贫攻坚任务已进入到最后的决战时期，精准是本轮扶贫开发的重要特征，要想高质量完成脱贫任务，其中一个核心的机制就是瞄准识别机制。瞄准机制通过精准有效地识别贫困对象以及精准匹配扶贫资源与贫困对象的需求，在四省涉藏地区扶贫小额信贷、特色产业贷款、小额保险等业务中发挥着重要作用。只有优化完善瞄准识别机制，破解当前基层政府精准扶贫瞄准识别的难题，才能打通前往精准扶贫"最后一公里"的道路。

9.1.1 瞄准机制现状分析

目前的金融扶贫瞄准机制在实践过程中行政力量发挥主导作用，扶贫系统与金融系统共同承担扶贫任务。

一方面，政府精准识别贫困对象并将其建档立卡；另一方面，采用定息降准、扶贫再贷款优惠、监管适当放松等货币政策激励商业银行，提高涉农贷款比率，同时满足个体贷款目标、商业银行盈利目标，即社会性与个体目标一致。据央行数据显示，截至 2019 年 3 月末，全国扶贫再贷款余额为 1 679 亿元，建档立卡贫困人口及脱贫人口精准扶贫贷款余额 7 126 亿元，服务贫困人口 1 938 万人；产业精准扶贫贷款余额 1.17 万亿元，带动贫困人口 797 万人次。[①] 实施的扶贫小额信贷，首先，利用建档立卡有效排除非贫困群体，减少信息成本，提高扶贫瞄准的精度。其次，财政贴息、风险补偿、小额保险的引入，由此构建的银政保互动实现

---

① 数据来源：http://www.gov.cn/xinwen/2019−05/18/content_5392732.htm。

精确瞄准，优化资源配置，且放大财政资金的扶贫效果。在资源有效配置、信息有效利用、激励相容方面，瞄准机制基本符合赫维茨所述的良好机制满足的三要求。

在瞄准机制的实际运行过程中，政府直接瞄准层面，由于采取程序识别法进行建档立卡，存在人为分配贫困指标的问题，且反馈机制缺乏，导致帮扶项目与贫困户需求不匹配，进而弱化扶贫效果。在机制的间接瞄准层面，农村金融机构供给体系不完善，资金互助社等农村准金融机构发展不足；金融扶贫瞄准对象识别精准度不高，目前农村金融机构充分瞄准了大型新型农业经营主体，而小型家庭农场、贫困农户的金融供给呈现不足态势。同时，由于维持金融机构的可持续经营和盈利目标，机构将金融资源瞄准了农村中的中高等收入人群，出现精英捕获现象，导致部分低收入贫困户被金融扶贫排斥在外，还导致金融扶贫出现了偏向。同时也存在贷款项目瞄准顺周期的情况，由于农户的生产具有一定的顺周期性，进而贷款投放具有顺周期性，这就可能造成风险集聚。

9.1.2　瞄准机制的优化

（1）优化贫困认定标准。

在信息不对称的情况下要实现资源的有效配置，贫困的识别显得尤为重要。四省涉藏地区贫困认定的标准是随着脱贫攻坚工作的进行与成效而不断变化的，这就要求当地政府要及时准确的关注贫困认定标准，从而对贫困人口以及非贫困人口进行区分。

涉藏地区的贫困认定标准需要根据其实际贫困情况来进行确定，仅将收入作为贫困户的唯一识别标准，很难全面、客观、真实地反映农户的生活状况和水平。涉藏地区存在特色的家庭经济模式，许多家庭（农户）本身有许多资产，包括牦牛、藏银、藏首饰等都是有价值的资产，但是对于涉藏地区的部分农户来说这些都是不能转化为资产的，导致该农户的贫困，这些情况也应当有效识别，需要在贫困户识别时进行观念的识别以及意识的识别。在识别瞄准扶贫对象时，除了要考虑收入情况，还要看支出情况。如一些农户的人均可支配收入可能已经达到或者略高于贫困线，但是因为家庭人口中有重病或者小孩读书等因素，开支较大，也会造成生活贫困。因此，对贫困认定的标准进行优化，可以更加精确地瞄准贫困人口，包括收入在贫困线边缘的人群。

（2）优化帮扶措施。

在确定贫困人群后，贫困对接的帮扶措施尤为重要。在四省涉藏地区贫困分布现状下，应瞄准贫困户致贫特性，因地制宜着力构建脱贫产业支撑体系，同时改善阻碍区域发展的生产生活条件，通过优化帮扶措施提高瞄准的精确度。

（3）优化考核标准。

在瞄准绩效方面，尤其在考核验收阶段，基层政府由于缺乏决定权，往往将上级政府设定的指标作为工作的方向。在实际考核过程中，应制定一套合理、操作性强的考核指标体系，在注重结果的同时聚焦扶贫政策的可持续发展效果，促进长期性扶贫项目落地实施。

（4）优化利率合理性。

在自由选择与分散化决策条件下，金融机构要有效利用信息精确瞄准贫困户，合理的利率是一种有效手段。合理的利率既能为贫困对象所接受，又使银行创新出有效扶贫的产品，取得满意的绩效。小额信贷合理利率的最终确定，需要同时从供给方以及需求方来综合考虑，贫困户的小额信贷需求是高度利率敏感的，小额信贷的需求弹性与四省涉藏地区劳动力成本等因素密切相关，考虑多种因素贫困户所能承受的利率水平并不高，但有补贴的贷款通常会诱发寻租行为，降低扶贫效果。

另外，因为金融机构有一定的自利性，个体目标与社会目标是否相匹配是关键。合理的利率制定，应当是基于盈亏平衡和可持续发展这两个角度，对于制定利率的金融机构来说，需要在保障自身运营的同时实现长久经营，有利可图才能有效发挥该金融产品扶贫的作用。

（5）加大利用信息技术。

面对扶贫数据不准确、更新不及时等问题，可将大数据、云计算等先进技术运用到四省涉藏地区扶贫工作以及后期的乡村振兴工作中，充分利用信息技术，以更加快速、科学、精确的数据提升扶贫瞄准识别的效率，缓解信息不对称问题。

（6）创新保险产品。

瞄准贫困地区特色主导产业。创新资金来源端的保证保险与使用端的相应农业保险，不仅能保障农村金融机构的可持续经营，且降低了贫困户脆弱性以及其生产顺周期集聚的风险。

（7）构建多样化、适度竞争的农村金融体系。

瞄准农村普惠金融机构提供产品与模式，适当放松对农村准金融组织的监管。目前涉藏地区金融机构种类比较单一，一般以农信社或者农业银行、邮储银行作为主体，其他商业银行进入较少，同时银行的数量以及分布又比较少，应促进农村地区金融机构适度竞争，有效利用市场信息，通过激励相容引导金融机构瞄准贫困对象展开服务与产品创新。

9.2　风险规避机制

在我国三大攻坚战的背景下，无论是脱贫攻坚战还是乡村振兴阶段，守住不发生系统性金融风险底线，对于金融机构来说尤为重要。四省涉藏地区微型金融扶贫存在很多风险，一是由于涉藏地区农业生产受自然环境影响因素较大，投向农业生产的信贷资金受到限制；二是社会发育程度较低，调研结果显示，还存在个别贫困户将信贷与政府补贴等同的现象；三是贷款用途偏离，这些都无形加剧了微型金融的扶贫风险。

9.2.1　风险规避机制现状分析

在四省涉藏地区中，微型金融机构业务本身就与当地经济社会发展状况密切相关，当地的经济、文化水平直接决定金融机构的业务水平和风险特征。在涉藏地区微型金融精准扶贫中，风险规避机制各主体在运行中自由选择、自由交换、信息不完全、分散化决策。风险规避机制主要是基于"银、政、保"三方互动合作再联结贫困群体。政府通过财税减免、财政贴息、保费补贴等手段配置资金，且能缓解金融机构在涉藏地区的经营风险，激励其可持续经营。具体而言，首先，在信贷业务中，政府和金融机构按一定比例建立贫困户贷款风险补偿基金，在贷款前、中、后期对贫困地区的信贷风险进行必要的识别、规避、分担和补偿。其次，小额保险作为分散风险的有效方式，通过保费补贴，激励贫困户参与保险业务，有效缓释贫困户的生产与市场风险，减少外部冲击带来的收入波动，同时也保障银行贷款质量，整体提升风险规避水平。

基于政府视角，目前涉藏地区金融基础设施建设薄弱，配套政策实施不足。第一，征信系统建设不完善，各金融机构征信信息界限明显，共享渠道欠缺，导致有效利用信息程度低；第二，国家的财税政策支持不到位，人民银行出台优惠贷款利率，但政府税收减免不足；第三，农村金融活动缺乏健全有效的法律环境与监管体系，小额信贷活动、小额保险活动相关法律法规与监管体系不健全，且在法律环境建设方面，贫困农户法律意识不强，直接影响小额信贷还贷率。

基于机构视角，第一，金融机构人才缺失，产品开发滞后，服务理念以及水平较低；第二，机构管理机制存在问题，业务发展水平领先于内部控制体系建设，同时内部治理结构不完善，贷款风险管理不足；第三，金融机构资金短缺和目标客户覆盖面窄。小额信贷的贷款对象是农户，且低利息进一步影响到小额贷款机构的盈利问题。贷款投向单一制约微型金融的发展，贷款用途集中于传统的种养殖项目产业，导致小额信贷自然和市场风险不能有效分散。

基于贫困户视角，金融扶贫金融机构服务的对象是涉藏地区的贫困户，向贫困户提供贷款等金融产品，涉藏地区贫困农牧户受自然因素较大，且贫困户金融素养不足，法律素质较低，导致不良贷款或者滞后贷款的问题突出。

9.2.2 风险规避机制的优化

在不完善市场经济体制下，四省涉藏地区财政政策激励不足、微型金融机构管理机制存在缺陷，应利用制度和政策激励来增加与改善农村金融的供给，可优化创新微型金融风险规避机制来促进微型金融机构更好地为农村发展服务。

（1）完善微型金融基础设施建设。

金融基础设施的完善对提高微型金融供给发挥着重要作用，实质上较高的交易成本与信息不对称问题使得微型金融机构从事金融服务具有很大风险。由于四省涉藏地区地理位置的边缘性等原因导致放贷机构进行客户贷款风险评估的搜寻成本增加，而完善的微型金融基础设施建设有利于降低交易成本，减少信贷违约。首先，要完善征信体系，完善的征信体系有利于降低微型金融机构获取信息的成本，能及时全面地对贷款客户进行风险评估。其次，要完善担保体系，可借鉴国际成熟的担保方式，小组联保形式，组员相互监督，连带责任缓解因担保不足而不能获贷款的困境。而交叉联保模式还可将不同产业客户联合贷款，可防范同产业集聚的市场风险。最后，创新农户、小微企业新型担保抵押模式，政府可创造集体担保条件，如构建村级担保组织，集中办理担保一方面可以减少交易成本，另一方面可以缓解担保不足问题。

（2）提高微型金融机构的财政支持力度。

部分微型金融机构自身规模小、起步晚、实力偏弱、抗风险能力有限，若发生外部冲击，易导致金融机构出现危机，甚至影响区域金融体系的稳定。政府部门应加大对微型金融机构的财税支持力度，通过对风险较高的微型金融机构进行税收减免等，优化财政资金配置，同时也激励微型金融机构积极服务地方。

（3）创新信贷机构与三方合作模式。

四省涉藏地区小额贷款业务面临诸多风险，只依靠银行自身力量难以化解。信贷机构可与三方机构合作，充分利用信息。一方面，银行可与担保公司合作，担保公司替农户或小微企业提供担保，借贷人与担保公司共担不良贷款责任。另一方面，可通过引进保险机构、涉农企业农业专业合作社等减少部分客观因素导致的贷款损失。这些模式对小额信贷风险控制的作用表现在：农业保险合作模式在贷款人出现意外而不能足额还贷时，可充当第二还款源，降低放贷机构承担的风险。农民专业合作社，集中以家庭为单位的小规模生产的农户，为社员提供农业生产、经营、销售等相关配套技术、信息服务等，通过对专业合作社放贷，有利于信贷机构了解各社员信息，同时该模式也提升了农户的市场地位。

（4）加强银行、政府、保险公司三方合作。

首先，完善小额信贷贴息与风险补偿政策。政府应从年度预算中合理划拨专项资金，对银行发放的小额贷款进行贴息与风险补偿，通过发挥财政资金的杠杆效应和助推效应，实现资金在四省涉藏地区的有效配置。进一步完善银政合作机制，能有效解决央行与地方政府的激励相容问题，提升各基层贷款积极性，还能控制其贷款规模和风险。其次，可开展小额信贷保证保险，保险公司、银行、政府按照一定的比例分担风险，一定程度上体现了激励相容制度，实现了保险公司、银行两个经济主体的自利行为与地方政府精准扶贫目标相匹配。

（5）建立健全风险预警机制。

首先，因地制宜构建风险预警指标，便于监管部门全程动态监督；其次，整合全程动态监控收集信息；最后，充分有效利用信息，将收集的贷款运营各环节和各种状态下的风险信息进行整理、识别、反馈，并对影响信贷安全的风险因素进行前瞻性的判断。

9.3　惠贫机制

首先，要建立惠及贫困户的机制，需要建立扶贫的长效机制，如何将金融资源以及政策措施惠及贫困户的实际生产发展中，是建立起惠贫机制的核心逻辑。惠贫机制突出金融资源的合理准确的配置，针对建档立卡贫困户开发出相应的小额贷款产品、农业保险产品等切实惠及贫困户生产发展需要的方面。其次，需要政府部门工作人员积极宣传以及引导贫困户解读政策，利用政策的扶贫倾向切实将扶贫政策落实到人到户，缓解信息不对称问题。无论是金融资源还是政策落实不能是一次性的，真正惠及贫困户需要建立一个扶贫的长效机制。

9.3.1　惠贫机制的现状分析

涉藏地区脱贫面临民族地区、深度贫困地区以及欠发达地区为一体的复杂局面，贫困人口分散，惠贫难度相对较大，加上薄弱的经济基础、恶劣的自然条件以及落后的基础设施建设，导致了涉藏地区脱贫的高难度、多复杂以及回报周期长等情况。四省涉藏地区有着复杂多样的自然环境，大多位于高寒地带，极大地限制了涉藏地区的产业发展，产业结构转变的难度较大，产业发展缺少经济基础、自然基础以及群众基础，从而影响了对发展产业的资金投入的吸引力。涉藏地区有着特色产品品种多、品质优的产业优势，但是面临着特色产业发展规模小、产量少、成本高、收益低、抗市场风险能力不足等问题。此外受到藏传佛教的影响，牧民"戒杀惜售"现象突出，市场观念难以形成，因此难以带来经济效益，导致惠贫机制的建立面临极大的挑战。

另外，建立惠贫机制不得不考虑涉藏地区独特的地理位置以及自然资源禀赋因素的影响，涉藏地区不仅拥有广阔的森林、辽阔的草原和广袤的湿地，也拥有崎岖的山路等复杂地理环境因素，是全国重要生态功能区，生态环境脆弱，生态保护同经济发展的矛盾比较突出。政府层面在对外引进资金时，须考虑生态环境承载能力，以及产业的性质是否属于高污染行业。企业层面，受到环保条件的限制，不利于企业扩大经营规模。

9.3.2 惠贫机制的优化

（1）推动惠贫项目落地发展，扶持相关产业。

建立惠贫机制就是要使得当地的经济发展惠及贫困人口，当地扶持产业发展，可以为贫困人口创造工资性收入或者财产性收入，推动贫困人口的收入多样化。在惠贫项目的落实中，政府应当起牵头带领作用，引入对当地发展有利的、符合涉藏地区自然承载条件的绿色环保产业。在项目进入时，政府要严格把控企业的进入以及后续的审查与经营，制定相关的行政管理条例，使其发展有法可依，有章可循。

（2）调动社会力量，发挥社会组织优势。

社会组织在扶贫中能够起到独特的作用，尤其在政府和金融机构发挥领域之外的地方，集中于基层、往来于群众之间，与群众密切接触之中，社会组织能够在资源、资金、信息、专业技术方面发挥自身的优势。政府应当放宽农村金融市场准入的限制，使得更多农村金融主体以及更多社会组织力量进入农村金融市场，制定完善的法律，积极引导社会组织有序参与农村金融建设以及扶贫工作。

（3）加强人才引进，推动知识扶贫建设。

当地政府可以加大人才引进的政策鼓励，利用政策优惠以及倾斜，吸引更多本地或者外地的专业性人才、管理型人才投身于当地的扶贫开发建设中，通过外源的人才引进推动扶贫的同时可以加大当地群众的知识培训以及开展再教育工程，保证扶贫工作的科学性、可行性以及延续性。

（4）加强目标管理，提升扶贫工作核查质量。

目标管理一方面具有较强的激励作用，另一方面也可以科学推动项目的实施。

目标管理不能仅仅局限于完成目标，更在于目标后续效果的评估，应以长期目标为导向，以短期目标为过程进行设计，加强目标的管理。扶贫工作的核查也应当根据既定的目标管理进行分阶段、分情况的核查，尤其是按照项目执行前、项目执行中以及项目执行后进行评估是提升扶贫工作质量的重要方式。

（5）优化产业扶贫政策，加快支撑产业发展。

因地制宜发展带动作用明显的产业，统筹安排产业扶贫资金，分类建立产业扶贫项目库；积极探索产业扶贫项目财政补助资金改补为借、改补为贷、改补为股、改补为酬、改补为奖等方式。制定农业产业化龙头企业奖补政策，将带动贫困农民增收与享受产业扶贫政策挂钩，优先支持农业经营主体实施财政补助资金股权化改革并向贫困村倾斜；优先支持利益联结机制完善、带贫惠贫效果好的农业产业项目；优先安排带动贫困户增收就业成效好的龙头企业；引进经营效益好、带动能力强的企业、农民合作社等主体，充分利用新型经营主体的技术、资源、信息、市场等优势，引领带动产业发展；鼓励村社干部、乡村能人、返乡创业青年、退伍军人等领办创办农业企业或农民专业合作社，积极开展示范社培育。

（6）优化利益联结机制，加强民企联系。

推广股份合作、订单帮扶等有效做法，积极推广土地流转、资金入股、务工就业、保底分红、产品代销等带贫惠贫机制；鼓励和支持各类新型农业经营主体采取有效方式带动广大农户及贫困户发展；不断拓展和完善农业经营主体与贫困户的利益联结，探索推广贫困户所得分红与其参与产业发展相结合，与其参与生产劳动、生产经营等相结合；完善产业扶贫专家组，加强产业发展指导力度；进一步完善县、乡、村及帮扶干部协调做好扶贫产业发展指导和技术服务的工作机制，加强贫困村优势特色产业和贫困户实施增收项目帮扶指导；广泛开展产业扶贫培训工作，加强产业技术指导与服务。

9.4　利润机制与声誉机制

微型金融机构要实现财务上的可持续发展，更好地为精准扶贫提供资金支持的同时也需要满足自身的盈利目标。而在四省涉藏地区精准扶贫时期，特别是以政府为主导的扶贫小额信贷采取的主办行制度，在一定程度上虽然有助于解决贫困户资金问题，但是损失了金融机构的利益。扶贫小额信贷本身是政策性的金融产品，包含着扶贫目标任务，金融机构不能以此为盈利进行经营导致了金融机构在投入大量成本的同时并没有相应的回报，此外还面临遭受损失的风险，因此建立有效的利润机制是金融扶贫可持续发展的必要保障。

声誉机制则是着重考虑微型金融在精准扶贫过程中所表现出的良好声誉以及在贫困群体中建立的威望。在当今，信息获取的碎片化以及随机性、变动性都导致了人们在获取信息时的差别，声誉的引导效应就凸显出来，高声誉的金融机构能获得更多的回报，其原因在于人们更容易相信声誉较好的金融机构，因为对于他们来说面临的财产损失风险是较小的，在心理上也更加容易倾向于低风险的领域。金融机构在精准扶贫中有着良好的声誉，形成完善的声誉机制，可以帮助其获得政府的支持以及贫困户的选择，在贫困地区获得市场优势，同时也可以辐射到其他非贫困地区，有助于提高该金融机构的回报。

9.4.1 利润机制与声誉机制发展现状

由于精准扶贫的特殊性，实际上金融机构在提供微型金融产品和服务时，并没有形成科学有效的利润机制，而是更多地考虑企业社会责任。一方面，当前利润机制的建设中主要呈现单向的选择情况，金融机构往往是被动的，不利于金融机构的进一步发展以及后脱贫时期的工作开展。另一方面，金融机构开展精准扶贫相关业务时，往往受到贫困人口的排斥，这来源于其对金融机构的不信任感。这不是一个良性的自愿交换的过程，往往是金融机构依托在政府部门下进行业务的开展，贫困人口并不是主动信任金融机构而参与到金融扶贫工作中。目前金融机构参与精准扶贫是缺乏激励的，在利润上得到的回报较少，激励效果不显著，不利于当前脱贫后金融发展的形势。

在声誉机制方面，由于在开展金融扶贫工作时，金融机构往往与政府有联系，在具体的业务上虽然是和政府分开的，但是贫困户更愿意相信金融机构是政府部门的一个分支，导致了在贫困户中天然的接受度较高。而单独以金融机构开展业务的，往往被怀疑，贫困户对于这些金融机构的信任度会大幅度降低，对于其业务也会持有怀疑态度，接受度较低。因此声誉机制依靠金融机构自身无法有效建立，需要政府部门协助过渡，在贫困地区，金融机构的声誉带来的效应是较小的，面临着基础薄弱的困境，需要发展的成本较高、周期较长，同时风险也较大。

9.4.2 利润机制与声誉机制的优化

（1）优化业务管理，提高金融机构经营安全性。

金融机构的业务开展首先要关注该业务的稳定性，提高业务的可信度，稳定以及高可信度的业务对市场环境变动不敏感，不会随经济环境、季节、周期的变化而起伏不定，金融机构无须为该业务准备过多的风险准备金以及其他必要的成本；另外，可以使贫困人口的选择更加明确，增强参与者信心，消除疑虑，从而提高金融机构的利润。此外，利润的获得也要重视安全性，防止无效支出的增加。因此要注意两方面的管理，第一是要注意内部操作管理上资金超负荷运营；第二是避免业务开展流程烦琐，中间环节过多，导致成本的上升。

（2）根据不同群体以及产业项目设计金融产品。

涉藏地区需要金融产品的人群主要是为了发展生产而需要，因此应当根据申请人的特征以及其发展产业的类型来设计产品，银行业可以根据需要开展线下线上互联网业务的联合，推进电子商务与金融业务接轨。同时，保险业农业保险的险种应当根据涉藏地区的畜牧业特色，开发出适宜当地的农业保险，如藏香猪保险、牦牛保险等；担保行业则应根据涉藏地区特色文化，针对藏首饰、藏银等资产开展抵押担保业务。

（3）优化考核办法，建立健全"权、责、利"相结合的内部管理体制。

目前，金融机构只关注业务绩效回报率情况，但未考虑成本问题，往往会出现为营销一笔业务、推销一件金融产品付出的成本大于其所带来的收益等情况。应制定科学规范的考核办法，有效利用信息化管理，对于金融机构员工的业务开展、工作情况进行量化评估管理，提高科学性，完善权责划分，员工的获利应当与其努力程度以及产生的绩效相关，实现绩效与奖惩挂钩的激励机制。

（4）建立完善的信息披露系统，大力加强宣传教育。

涉藏地区贫困人群金融知识薄弱，缺乏准确的判断能力，对于金融机构的业务开展容易产生误解，因此，金融机构应当建立完善的信息披露机制，将利益相关的信息加以披露以引导贫困人群对信息的理解，做到信息的公开透明，尤其是业务开展合同条款等内容，应当合理公开展示，消除人们心中的疑虑，提高信任度。对金融机构不信任以及不接受的原因在于人们对其业务以及机构性质不熟悉，金融机构有必要组织工作组深入贫困群众中进行宣传教育，一方面可以拉近与客户之间的距离；另一方面也可以将业务开展的流程以及对贫困户的好处讲解到位，有利于吸引客户，提高金融机构的业务开展度。

（5）设置对贫困户业务的激励措施。

借鉴保险行业的规定，比如车险业务，如果当年没有出险的情况，则第二年购头保险会得到优惠奖励。同样的，在金融扶贫中，贫困户的脱贫内生动力不足，金融业务开展困难较大，因此可以积极实施激励措施，如银行金融机构可以在提前还款或者按时还款的贫困户中实施奖励性的措施，允许其下一次优先贷款或者获得利率上的优惠；同理，保险行业对于积极开展农业生产，生产经营状况良好的客户，给予保险保费的优惠政策，促进其农业生产。通过对贫困户的激励措施，可以形成良性循环，获得优惠激励的农户会对金融机构产生较好的印象，从而形成良好的声誉。

9.5　本章小结

微型金融精准扶贫机制的本质是利用最少的信息，诱导和激励金融组织和准金融组织为贫困地区或贫困户配置资金的机制。本章主要为四省涉藏地区微型金融精准扶贫机制的优化与创新。第一，优化微型金融扶贫产品与服务的瞄准机制，纠正目标偏离现象。第二，优化与设计微型金融产品的风险规避机制，降低风险。第三，优化与设计微型金融产品与服务的惠贫机制，使得利益精准流向贫困群体。第四，优化利润机制与声誉机制，保障微型金融机构的可持续经营。

在机制当中，瞄准机制、风险规避机制以及惠贫机制三者属于短期机制，可以在短期内发挥作用，而声誉机制、利润机制属于中长期机制，难以在短时间内有所成效。在扶贫工作中，声誉效应的激励往往与贫困户的长期利益挂钩。良好的声誉对贫困户借贷、就业均有很大帮助。声誉机制的构建能够为贫困户脱贫带来更为清晰的渠道，能够让贫困户更为重视长期利益，进而激发其脱贫动力。利润机制通过预期利润的刺激促进贫困户有从事创新与冒险的想法，提高其积极性，激发其内生动力。在脱贫攻坚时期，瞄准机制、风险规避机制以及惠贫机制已经发挥了作用，但是其余两个机制还暂未发生作用。

第 10 章

四省涉藏地区微型金融精准
扶贫机制的支持政策建议研究

本章主要在前文研究结论的基础上，依据对四省涉藏地区多维贫困现状的研判、四省涉藏地区微型金融供求现状的分析、四省涉藏地区微型金融精准扶贫机制的现状描述以及绩效评估，并借鉴国外微型金融精准扶贫经验，从小额信贷、小额保险以及金融基础设施等几个维度提出政策建议，以确保四省涉藏地区在决胜脱贫攻坚时期全面完成脱贫任务，同时实现与乡村振兴以及"十四五"规划的无缝对接。

10.1 微型金融精准扶贫机制支持政策建议遵循的原则

10.1.1 短期与中长期的原则

精准扶贫是我国新一轮脱贫攻坚的根本特征。当前，我国已消灭绝对贫困，步入后扶贫时代或者相对贫困阶段，贫困的特征又将出现新的变化、新的特征。而微型金融精准扶贫作为精准扶贫的重要渠道，特别是扶贫小额信贷作为我国在精准扶贫时期的重要创举，在脱贫攻坚中发挥了重要作用。在建设微型金融精准扶贫机制中要区分 2020 年前后不同阶段的差别，目标不同，任务不同，遵循长短期与中长期远近结合的原则。短期注重贫困户的精准性，注重消除贫困户的绝对贫困状态，巩固脱贫成果；而中长期则关注如何消除贫困户的相对贫困，注重助益农牧民发展，实现收入可持续增长，解决影响农牧民长期致富的长期性问题。

10.1.2 普惠与精准的原则

四省涉藏地区作为深度贫困地区，一方面属于民族地区，同时也属于连片特困地区，不仅仅是精准扶贫阶段中的"主战场"，也是后扶贫时代持续聚焦的地区。微型金融精准扶贫的根本目的在于扶贫脱贫。做好微型金融精准扶贫工作，必须紧紧围绕农牧民贫困人口限期脱贫这个基本目标，必须贯彻精准扶贫精准脱贫这个基本方略，必须坚持政策"定向、精准、特惠、创新"这个基本原则。而随着当前脱贫攻坚逐渐步入收尾阶段，微型金融也需要从地区的角度统筹考虑，不再单纯考虑精准，还要考虑普惠，要注重普惠与精准的协调。

10.1.3　政府与市场协同原则

作为精准扶贫资金分配的两种重要方式，一是以政府为主导的无偿使用和分配的计划机制；二是以市场为主导的有偿和竞争性使用的市场机制，其效率关系脱贫的成效。政府和市场在分配资金过程中各有利弊，政府能够保证精准，而市场则是保证效率。精准扶贫阶段与后贫困时期两个不同的阶段，政府与市场的协同也会出现一些变化。精准扶贫阶段中瞄准 2020 年的脱贫攻坚标准，注重精准，注重短期目标与成效，特别是扶贫小额信贷，对于四省涉藏地区来说，在运行过程中则是政府为主、市场为辅的方式；而随着脱贫攻坚时期的结束，贫困户绝对贫困地消除，微型金融在执行过程中所遵循的原则也要发生变化，要注重以提升农牧民内生动力为核心，以可持续增加农牧民的收入为目标，遵循以市场为主、政府为辅的原则，注重机制化的建设。

10.2　小额信贷精准助益农牧民发展机制建设的政策建议

当前的脱贫攻坚处于由精准扶贫向后扶贫时代逐渐过渡的阶段，政策建议则一方面需要统筹考虑小额信贷如何巩固脱贫成果，另一方面还要考虑如何更好地助益农牧民发展，参与乡村振兴。同时，信贷作为重要的金融功能之一，也是微型金融在精准扶贫过程中需要考虑的，特别是扶贫小额信贷。本节将重点针对前期扶贫小额信贷、产业扶贫贷款、农村资金互助社，包括寺院借贷等信贷形式，对其机制优化与建设提出针对性的政策建议。

10.2.1　信贷精准扶贫机制的建设优化

第一，统一思想认识，加大对扶贫小额信贷政策的考核评估力度。一是地方政府要统一思想认识，党政领导牵头，提高对扶贫小额信贷工作的重视程度，切实增强责任感与使命感，可将主题党日活动与扶贫小额信贷工作相结合，通过创建特色党日活动支持政策建设，思想上高度重视扶贫小额信贷工作，落实中要熟悉扶贫小额信贷的工作内容，与地方金融机构协调配合，推动扶贫小额信贷工作规范开展。二是加强"四双"考核督办。"双考核"是由省扶贫局、人民银行、银保监局、证监局联合考核各县（市、区）指导目标完成情况；人民银行会同银保监局考核相关合作银行机构工作推进情况。"双运用"是将对县（市、区）政府考核的结果作为贫困县党政领导班子扶贫实绩考核的重要依据；将对合作银行机构考核的结果作为金融机构执行信贷政策效果导向效果评估、综合评价的重要依据。"双纳入"是将金融扶贫工作纳入地方党委、政府脱贫攻坚领导责任制年度考核内容，纳入金融行业主管部门专项考核内容。"双通报"是每月将扶贫小额信贷工作开展情况，分别通报市县政府和金融机构。三是委托第三方机构加强对扶贫小额信贷政策的落实评估。在现有只考核扶贫小额信贷发放和覆盖面等内容的基础上，建议增加考核扶贫小额信贷的管理内容。可借鉴财政专项扶贫资金绩效评价的方式，通过评价资金支持的项目来考核资金的绩效。

第二，加大宣传力度，提升贫困户的金融知识水平。一是扶贫工作人员要利用贫困户喜闻乐见的方式加强宣传，让贫困户搞清楚扶贫小额信贷的政策，可以制作朗朗上口的宣传语，或是以张贴海报的形式营造贷款发展光荣、遵守合同严格履约光荣和有贷有还、再贷不难的金融诚信氛围，提升贫困户的信用意识。二是根据实际情况制定出多层次和差异性的金融知识宣传方案，确定相应的侧重内容，定期组织金融机构人员、高校师生、乡镇金融联络员等深入贫困地区甚至寺庙进行金融知识的宣传教育，让其更深入了解并接受金融机构。

第三，完善与规范贷款的发放程序，出台贷款的管理办法。在脱贫攻坚决胜阶段，叠加新冠肺炎疫情的因素，为巩固脱贫成果，应出台相关措施，优化与纠偏扶贫小额信贷的瞄准识别机制。一是在相关政策文件的指导下，出台与制定扶贫小额信贷的管理办法，并将其作为考核评估的重要参考。二是构建涵盖信用度、可持续发展能力等方面的多维度软性指标作为扶贫小额信贷发放的重点考核依据，不断完善贷款的发放程序。在精准识别贫困户的基础上，改变现有的行政瞄准方式，针对贫困户的实际情况，完善增信措施，通过改进评级方法或制定专门的授信政策，把贷款高质量配置给有真正信贷需求的建档立卡贫困户，提升配置的精准度。严防与监督权力配置扶贫小额信贷现象，避免由于靶向不准，导致信贷资源的流失与浪费。三是对贫困户的扶贫小额信贷开辟绿色审批通道，减少小额信贷审批流程，缩短获取小额信贷的时间，对贫困地区上报的贫困户贷款实行优先审批、优先发放。对于有条件的金融机构，可以单独开设专柜，设定专人，为贫困户提供集中服务，提升服务质量。

第四，动态跟进扶贫小额信贷的用途，防止信贷资金流入非生产领域。一是鼓励贫困农户从事有利于增收促发展的产业投入，而不是将资金用于自建房等非生产领域。加大对贫困户的宣传教育，可通过建立信贷资金用途的负面清单制度，引导信贷资金流入生产发展领域，避免信贷资源的浪费等。二是以贫困户的脱贫增收为目的，破除信贷资金的用途固化，根据各地区产业发展的实际情况，特别是四川涉藏地区大部分属于生态脆弱区，要遵循产业发展规律，真正让资金流入能够增收的产业。比如个别地区牦牛不能再扩大规模的情况下，可用于乡村酒店与民宿旅游等产业。三是建立资金定期查询、追访制度等，跟进资金使用以及还款能力情况，建立扶贫小额信贷风险的事前预警与事后处理机制，避免扶贫小额信贷风险的集中爆发。

第五，多举措并进，充分启动与发挥扶贫小额信贷的风险规避机制，防止扶贫小额信贷风险集中爆发，影响脱贫成效。实现高质量脱贫以及打好化解重大风险攻坚战，加强金融扶贫领域风险防范。一是地方政府与金融机构全力配合，全面摸底调查各地扶贫小额信贷的基本情况，尤其是即将到期的扶贫小额信贷的规模以及贫困户的还款意愿、还款能力等。二是精准识别有效信贷需求的贫困户，确实由于产业周期等原因，遭遇资金周转困难时，要进行分类处置，可考虑合理延长贷款的还款期限，灵活制定因人而异的分期还款政策，有助于贫困户的脱贫等。三是进一步完善村级信贷风险控制小组人员配备，增强其监管能力。从风险小组人员配备上，考虑引入临村或临镇的相关代表，打破同村熟人社会、人情社会的氛围，形成更为客观地判断，防止信贷资金出现权力配置问题；要引入金融机构相关人员，配合金融机构对信贷资金动态监管，建立资金监管的联动机制；定期对村级风险小组进行培训，提高成员对信贷资金风险的识别与监管能力；一旦有农户产生信贷违约风险，村级风险控制小组成员要善用舆论与涉藏地区宗教传统文化加以规劝，树立强化且激励信贷还款意识，增强贷款户借贷责任感、及时控制风险广度与深度。四是进一步完善风险补偿机制，各地方政府要根据实际情况，不断完善风险补偿机制，对于未能还款的贫困户，要适时启动风险补偿机制，逐步化解信贷风险；加快推进农业信贷担保体系建设，完善"政、银、担"合作机制；有效整合财政涉农资金，加大扶贫贷款贴息力度；完善扶贫信贷风险补偿金政策，合理设置银担风险分担比例。五是因地制宜创新保险产品，分担扶贫小额信贷的风险。可让保险机构在涉藏地区全面推广牦牛保险等特色农业保险、试点小额人身意外险、扶贫小额信贷保证保险等产品，同时，贫困户需在自愿的情况下购买保险，不得强行参保。

第六，后扶贫时代扶贫小额信贷精准支持农牧民参与乡村振兴机制设计与优化。扶贫小额信贷在脱贫攻坚以及脱贫成果的巩固等方面成效显著，其中瞄准识别机制以及风险规避机制等发挥了重要的作用。而 2020 年后全面脱贫步入后扶贫时代，扶贫小额信贷应在原有基础上继续精准支持农牧民参与乡村振兴。一是在深度贫困地区保留扶贫小额信贷政策，在政策的设计上可做适当的调整，贷款的额度与期限均相应的提升和延长，一方面在很大程度上满足农牧民对信贷资金的需求；另一方面延长信贷期限，匹配农牧业的生产经营周期。二是提高小额信贷的利率水平，一方面可以培养农牧民的市场意识，另一方面构建扶贫小额信贷的利润机制，调动金融机构参与的积极性，提升其利润水平。三是明确信贷的对象和用途。全面脱贫的农牧民在参与乡村振兴的过程中，农业的生产经营方式逐渐由传统的方式向现代农牧业生产方式转变，这种转变必然对信贷提出新的要求，特别是信贷的对象，不再是过去单纯地贫困户，而是全部的农牧户，尤其是生产经营主体，需要纳入贷款的对象范围内。用途也要做出针对性调整，以符合现代农牧业生产经营方式的特点。四是继续推行主办行制度，各地根据金融机构的实行情况确定主办行，实施扶贫小额信贷政策，并且对确定的主办行给予优惠的金融政策支持。

10.2.2　村级互助资金精准扶贫机制建设的支持政策建议

村级互助资金创新了财政扶贫资金的使用方式，对扶贫资金的使用更具针对性，瞄准了贫困地区资金不足和贫困户信贷约束的问题，提高了资金的使用效率。同时，村级互助资金创新了资金管理模式，通过培养农民自我发展和民主管理的意识，激发农民在脱贫和乡村振兴中的内生动力，从而实现惠贫机制的高效运转。此外，互助资金以互助小组的形式进行联保，通过调动农民生产的积极性和互相监督与担保的责任心，既有效规避了信贷风险，又提升了农民的信用意识，增加了农民可持续发展的机会。

一是四省涉藏地区的各级政府要高度重视村级互助资金在农牧民减贫等方面发挥的重要作用。由于当前扶贫小额信贷政策的零利息，在一定程度上影响了村级互助资金发展，一些地方村级互助资金发展的规模不大，各级政府要从思想意识层面重视村级互助资金。二是出台一系列政策支持村级互助资金的发展，规范村级互助资金的运行。三是村级互助资金需要通过建立与生产合作、股份合作相契合的机制，重新定位其在农村金融市场中的位置，实现市场化转型和可持续发展。随着不同类型金融扶贫产品和惠农政策的丰富，农户金融意识和金融素养得到培养，受金额少、周期短、要求高限制，互助资金已经无法满足农户需求，市场化转型是贫困村互助资金实现可持续发展的重要途径。村级互助资金主要依靠政府财政设立，依靠低占用费率和低运营成本的发展机制呆板、创新不足，需要加大与生产合作社等载体的合作，以实现市场化的发展。四是其他涉藏地区可借鉴青海涉藏地区村级互助资金的发展经验，可以采取"扶贫小额信贷 + 村级互助资金"的模式带动贫困户的生产发展。

10.2.3 其他信贷精准扶贫机制建设的支持政策建议

涉藏地区是我国少数民族聚居区中的重要部分，贫困人口较多，贫困程度较深，扶贫难度较大。四省涉藏地区小额信贷的精准扶贫既要将扶贫开发与维护祖国统一、加强民族团结相结合，又要将扶贫开发与民族特点、宗教信仰相结合，同时还要坚持把扶贫开发与改善民生这一经济社会发展的根本出发点和落脚点相结合。实践中，四省涉藏地区结合经济条件、产业差异、民族特点和发展程度，探索创新了不同类型的小额信贷机制，丰富了信贷扶贫的应用实践，有普惠性地扩大扶贫广度，有针对性地延伸了扶贫深度，在小额信贷精准扶贫方面为实现全面脱贫和可持续发展进行了重要补充。在后扶贫发展阶段，小额信贷即将承担服务乡村振兴战略的重要任务。一是要继续鼓励信贷服务创新，加强小额信贷与产业发展的结合，确保脱贫户不返贫，使脱贫人口有更多的获得感。二是要充分利用涉藏地区文化的重要作用，降低信息不对称，减少信用风险，增强信贷的安全感。三是要强化市场的激励约束，健全利益联结机制，共享发展成果，让人民享有幸福感。

严格规范寺院借贷等金融活动。由于长期以来宗教文化的影响，四省涉藏地区存在一定的寺院借贷的现象，要审慎关注分析寺院借贷在精准扶贫中的作用。一是需要从政府层面加强引导，调整现有的相关法律法规或修订完善现有的宗教事务条例，严格监控寺院借贷的利率水平，防止触碰高利贷的警戒线。二是强化藏传佛教寺院借贷的公益属性，避免寺院借贷规模过大，影响金融的稳定。三是因地制宜，创新金融产品，满足寺院的金融需求。可以依据涉藏地区传统的宗教文化，特别是一些具有宗教意义的名称、符号以及形象，专门定制一些私人化的金融产品，逐渐改变其金融行为，并纳入正规金融体系内。四是加强对农牧民金融知识的宣传与普及。长期以来，部分农牧民金融知识严重匮乏，缺乏自我保护意识与风险意识，对正规金融借贷缺乏了解，因此，要根据农牧民的实际情况，定制差别化的金融知识宣传方案，要求金融机构的工作人员定期开展金融借贷等知识的宣传与普及活动。

10.3 金融基础设施完善的政策建议

第一，建立涉藏地区金融基础设施的监管架构。一是以法为基，加强立法。

根据涉藏地区地理特色、民族特点以及文化特征有针对性地立法，规范法律行为。二是统筹监管，分工有序。中央银行、市场监管机构等其他监管机构应对金融基础设施采取适当且有效地监管。

第二，引进先进科技推动金融设施发展。庞大、迅捷的计算机网络为现代金融基础设施硬件的搭建提供了技术支撑。随着大数据、区块链、人工智能等新兴技术手段地蓬勃发展，如何实现"金融＋科技"的完美契合，是新时代涉藏地区发展金融的新方向。

第三，促进市场整合适应现代化要求。政府监管部门应逐步降低对金融机构运营的干预力度，有序"解绑"监管部门与金融机构之间的直接行政管理关系。

第四，推动涉藏地区金融市场基础设施参与跨区域合作。积极展开与东部等地区的金融服务跨区域合作，同时形成区域合作机制，完善相关对接机制，促进地区带动效益，引入资金、先进经验以及人才，推动涉藏地区金融基础设施持续性建设。

10.4　小额保险精准助益农牧民发展机制的政策建议

相对于小额信贷，从调研的情况来看，四省涉藏地区的小额保险发展相对滞后，保险制度规则建设不完善，保险产品的开发程度相对较低，保险的覆盖面较低，购买保险的门槛较高，县级政府财政支持力度不够，农牧户保险意识不强。具体来看，四省涉藏地区提供保险产品服务的机构多为大型保险公司，实力较强能承受较大的风险，同时都与政府有相应的政策合作；保险投放的地区都为深度贫困地区、民族地区以及自然环境险恶的地区，金融业发展基础差，保险业水平较低，法律制度以及规章等规范性文件较少，从业环境较差；保险产品主要集中于特色产业、大型养殖产业等方面，保险产品种类开发较落后；保险主要针对发展产业贫困户、种养大户以及合作社等群体，保险覆盖尚未分布到个体；由于涉藏地区的经济条件以及基础金融条件较差、保险的申报条件高、所需保费较高等因素，导致了涉藏地区保险业从业的成本较高，这些都是保险行业存在的不足之处。针对上述情况以及前文的分析，本节针对小额保险扶贫提出发展思考以及对策建议。

第一，完善小额保险顶层设计，规范保险行业的行为。为保险公司和投保群众提供法律保障，当出现争议时有法可依。同时健全贫困地区保险行业开展业务的法律法规以及相关制度，规范普惠性小额保险的经营行为，保险公司精简办理手续流程，提高审核资料效率，制定合理的赔付标准，并且积极对农户进行宣传教育，增进机构与群众的互信。

第二，因地制宜，丰富和细分小额保险产品。开发"精准对接需求"的扶贫保险产品和服务。创新适合牧区、半农半牧区特点的涉藏地区特色保险产品，尤其配套开展涉藏地区畜牧业的重中之重牦牛、藏系羊等的保险，覆盖从生产到价格销售环节各种风险的保险产品。开展价格保险、指数保险、收入保险等新型农业保险产品，推动风险保障从传统的保自然风险向保市场风险的过渡。

第三，完善小额保险工作流程，提高服务质量。涉藏地区保险行业发展缓慢，其重要原因之一是保险申报、理赔等手续较复杂，出险之后，投保农户获得赔付的成本较高，致使损失降低较少。保险公司应尽快简化小额保险投保理赔流程，保证保险公司的服务质量。完善小额保险工作流程，一是保险公司需有高素质、专业化的人才储备，为其开展小额保险工作提供技术、专业支持，并安排专业保险工作人员在各乡镇对投保群众进行产品讲解、投保流程指导和出险调查，以此提高服务质量。二是要改进小额保险的投保流程，根据农村贫困人口特点，设计简化投保程序，提高核保效率。在理赔流程方面，保险公司要提高理赔工作的时效性，做到出险之后能直接向保险公司报案并及时审查，迅速赔付。三是加强金融科技在保险承保理赔方面的运用，提升保险公司的效率。保险公司可将新冠肺炎疫情带来的挑战逐步转化为机遇，利用大数据、云计算、人工智能等数字技术为农业保险赋能，适时阶段性推出农业保险的数字普惠转型，更好地简化保险公司的承保理赔程序。

第四，积极创新"农业保险＋"的模式。进一步完善政府、期货、保险三方合作的良性机制，抓住市场的有利机遇，在政府的支持下，积极开展"农业保险＋"项目。借此推动农业保险扶贫与农业信贷扶贫、农业产业扶贫相结合的联动机制建设，发挥金融工具"四两拨千斤"的作用。

第五，加强宣传教育力度，提高困难群众的参保意识。保险公司或政府相关部门应派专业人员定期到各个乡镇举行小额保险知识的宣讲。政府也可以定期组织群众参加保险知识学习的相关公开课，聘请专业人士或者保险公司的负责人进行保险知识的教授，进一步提高农户对于保险的认识。

10.5　相关的政策优化与政策配套建议

第一，强化组织保障，加强机构之间的协同。金融扶贫作为精准扶贫的重要途径之一，既涉及金融系统，也涉及扶贫系统，部分基层地方政府与金融机构之间对待金融扶贫工作，思想并未达成共识及形成合力，导致金融扶贫工作开展不顺,为此,一是可不断完善"党政牵头、人行牵头、金融参与、各方配合"的工作组织体系,从而提供强大的组织体系保障。工作组织体系可以由人行牵头推动成立工作领导小组,党政负责人作为组长,人民银行、乡村振兴局、财政局、金融工作局等作为成员参与,机构之间协调配合,建立沟通、联系、协作机制,信息共享,定期召开金融工作会议,安排部署近期的金融工作,解决遇到的棘手问题。建立常态化、制度化、全覆盖的责任传导机制,增加各部门开展金融工作的责任感和使命感。二是强化金融部门与扶贫部门的联系制度。考虑到金融扶贫工作的专业性相对较强,可定期从人民银行或者金融机构选派一些专业素质较强的管理人员到扶贫局挂职,专门负责管理金融扶贫的系列工作。三是各地方政府根据实际情况出台金融扶贫的相关政策文件,实施"一县一策",并将党政部门、扶贫局、金融机构以及相关部门均纳入金融扶贫考核,工作职责层层分解,确保各项工作有力推进。四是将主题教育活动与金融扶贫工作相结合,落实党建引领金融扶贫,使得各部门形成共同的思想意识。

第二,创新微型金融组织,降低准入门槛。长期以来,由于涉藏地区自然条件恶劣、地广人稀、交通不便,银行业金融服务半径较大,设立物理网点成本偏高,税收优惠政策等获得的收入难以覆盖成本,难以调动金融机构设立网点的积极性,导致部分地区网点布局明显偏少,个别地区处于真空的状态,难以满足贫困农牧户的融资需求。为此,一是鼓励、引进银行业等金融机构在涉藏地区设立新的分支机构,下沉信贷业务,瞄准贫困农牧户开展微型金融业务,提高对农牧民的信贷支持能力。二是加大对农村资金互助组织、村镇银行、准金融机构(中和农信)、互联网金融机构(宜信公司)等微型金融组织的设立,着力建立和打造多层次、竞争有序、功能互补的微型金融体系。三是根据涉藏地区的实际情况,可降低设立微型金融组织的准入条件,鼓励和吸引更多金融机构在涉藏地区设立网点。四是采取中央及省财政补贴等激励方式,引入保险公司在涉藏地区设立网点。

第三,加大涉藏地区信用环境的培育。信用培育是金融工作有序推进的重要前提,长期以来,受涉藏地区社会发育程度低,市场化水平不高,金融素养普遍低下以及受宗教文化的影响,涉藏地区的信用坏境整体不好。为此,一是以政府牵头、人民银行负责、金融机构参与的模式,合力推进信用体系的建设。二是继续推进信用县、信用乡、信用村等的培育,扩大新型农业经营主体信用评定覆盖面。三是加大对涉藏地区农牧户信用信息采集力度,加快推进统一农户信用数据库建设,推动部门之间的信息互通共享,解决好建档立卡贫困户信用信息缺失问题,同时对信用较好的农牧户发放信用证。四是建立失信惩戒的约束机制。

第四，健全金融支持产业扶贫机制。金融的根本是服务实体经济，产业保障关系到微型金融精准扶贫的成效。因此，要加强对贫困户产业全过程的指导，强化产业保障，提升产业金融的融合度。健全机制需体现以下八点，一是综合利用财政、金融、税收等多种手段，在产业发展引导等方面继续加大对涉藏地区等深度贫困地区的倾斜力度。二是政府与金融机构协调配合，通过与农业院校等合作，制定适合本地发展的特色产业规划，真正选出能够帮助贫困户脱贫致富的产业，形成品牌效应，提高农业产业附加值，注重贫困户之间的合作，发挥产业的规模效应。三是明确重点，立足本地资源的优势，以真正能带动贫困户脱贫的特色种植养殖业、农畜产品加工业、农牧业生产社会化服务、乡村旅游业以及民族手工业等为重点，因地制宜，创新金融支持产业的模式，打造金融机构与产业对接的平台。四是地方政府可建立农业方面的专家咨询库，定期邀请专家对贫困户进行农业技术的指导与培训。五是利用好东西部扶贫协作，各贫困县可探讨与对口帮扶政府签订农业订单的方式，切实解决当地贫困户农产品销售的问题，真正增加贫困户的收入。通过加强产业的指导、培育以及市场销路的对接，补齐信贷支持产业的短板，提升农户的有效信贷需求。六是加强对贫困户全产业链发展的培训与服务，有针对性地对发展个体产业的贫困户进行指导，可由地方政府特派人员或帮扶干部联系相关业务能手助力贫困户，发挥贷款资金在生产性发展方面的作用，降低未来还款的风险。加快培育新型经营主体，增强资源承载力。七是支持新型经营主体发展，稳妥推进农村集体产权制度改革，创新农村集体产权抵押贷款制度。八是强化利益联结机制，将政策优惠与带动贫困户数量挂钩。根据带动建档立卡贫困户数量，约定新型经营主体相应的贷款额度、贷款贴息、奖补资金等政策。

第五，实施特殊时期的货币财政政策与金融监管政策。目前，涉藏地区处于决战脱贫攻坚与新冠肺炎疫情叠加的特殊时期，既要巩固脱贫成果，又要应对新冠肺炎疫情的冲击，一定程度上加大了微型金融精准扶贫的难度，特别是扶贫小额信贷的风险暴露，一些金融机构的经营举步维艰，为此，在这种特殊的时期，应该出台差别的货币政策、财政政策与金融监管政策，在应对疫情的同时进一步巩固脱贫成果，实现全面建成小康社会的目标，并无缝对接乡村振兴战略。

一是实施"精准定向的货币政策，提高县域和农村的货币投放"。根据2020年央行货币政策稳健中偏宽松的原则，按照"不搞大水漫灌""精准定向"的基调，特别针对作为主办行承担扶贫小额信贷任务发放的农村信用社、邮储银行等金融机构在现有基础上定向降准1个百分点，增加扶贫再贷款的规模。二是在推广信贷资产质押和央行内部（企业）评级过程中，对涉藏地区高风险地方法人金融机构设置一定的过渡期，在过渡期内，根据高风险机构的风险处置和经营指标变化情况，动态调整其扶贫再贷款使用额度，避免"一刀切"，并适当降低再贷款利率水平；针对县域农村金融机构进行再贴现，并降低再贴现率。三是扩大个人精准扶贫贷款贴息额度和奖励范围，针对产业扶贫贷款出台相关贴息和风险政策。四是实施积极的财政政策，进一步加大降税减费力度，减免涉农企业、中小企业等的所得税，并加大对其的财政支持力度，同时，减免新冠肺炎疫情期间农村金融机构利息收入的税费。五是银保监部门实施特殊的监管政策，放松信贷规模管控，适当提高监管指标的容忍度，包括提高不良贷款的容忍度以及下调拨备覆盖率的容忍度，放松对扶贫小额信贷等的逾期监管以及贷款监管条件等。

第 11 章

结　　语

本书的主要内容围绕涉藏地区贫困与微型金融理论疏导、四省涉藏地区多维贫困现状、四省涉藏地区微型金融供求现状、四省涉藏地区微型金融精准扶贫机制的现状与现实绩效以及针对性的"三原则、多维度"政策优化与配套建议展开。通过理论结合实证分析，本书得出以下核心结论：

第一，从理论层面明确微型金融精准扶贫机制的内涵，提出微型金融精准扶贫机制的类型。根据机制设计理论可知，良好的机制运行需要自由选择、自愿交换、信息不完全及决策分散化四个条件以及有效配置资源、有效利用信息和激励相容三个要求，微型金融精准扶贫机制就是利用最少的信息，诱导和激励金融组织和准金融组织为贫困地区或贫困户配置资金的机制；微型金融精准机制包括瞄准识别机制、风险规避机制、惠贫机制、利润机制以及声誉机制等类型。

第二，从理论上尝试构建微型金融精准扶贫机制分析框架。将微型金融精准扶贫看作一个系统，系统中的各个要素包括主体、客体、制度规则等，各个要素之间相互作用最终形成微型金融精准扶贫机制。一个稳定的系统，它的子系统都是按照一定的方式协同地活动、有序地运动，子系统之间相互制约、相互影响、相互作用，最终形成一个有序的结构，产生整体的协同效应。而微型金融与精准扶贫作为两个子系统，两者之间的协同是微型金融精准扶贫系统稳定的关键因素。

第三，多维贫困覆盖率较高，教育、健康、生活方面贫困问题突出。通过对四省涉藏地区区域经济概况、贫困与减贫概况进行综合分析之后对四省涉藏地区的多维贫困程度进行测度，匹配"两不愁、三保障"等扶贫目标划分各维度，结果呈现出四省涉藏地区处于贫困状况的人口众多，且部分人口还处于深度贫困状况。从贫困发生率最高的三个维度教育、住房、燃料来看，深度贫困人口需在教育、健康、生活方面给予帮助。

第四，四省涉藏地区微型金融供给体系不健全，需求端需求拉动低效不足。对于四省涉藏地区而言，四省涉藏地区的微型金融供给体系明显存在供应不足的现象。从调研的情况来看，微型金融的供给体系主要是以农村信用社等正规金融机构和民间借贷等非正规金融等为主，村级互助资金、小贷公司、村镇银行等新型农村金融机构发展相对滞后，个别地方处于空白。而需求端主要存在贷款服务可得性较低、现金储蓄意愿不足、贷款用途发生偏移、农业保险需求不足、支付方式传统、理财意识不足等问题。

第五，扶贫小额信贷等微型金融产品的瞄准机制发挥了一定的作用，但瞄准度还有待进一步提高。扶贫小额信贷作为在特定阶段下的一种特惠产品，表现出"小额＋低利率"的特征，按照国际上小额信贷技术，应该设置成"小额＋高利率"的模式，小额主要是满足贫困户的资金需求，而高利率主要排除非贫困户，而扶贫小额信贷在设计时主要瞄准建档立卡贫困户，尽管实施低利率，但通过行政力量将非贫困户排除在外，同样起到了瞄准识别贫困户的作用，而且能够减少农牧户的成本。但扶贫小额信贷也存在发放程序不规范、贷款用途把控不严、用于非生产性的现象依然存在等问题，瞄准度还有待进一步提高。除此之外，微型准金融组织本身就是一种机制的设计，其产品设计成"小额＋高利率"，完全符合良好机制运行的四个条件三个要求，对扶贫小额信贷形成一定的补充。因此要逐渐降低微型金融组织的准入门槛，利用互联网技术，结合涉藏地区本地文化，开发和创新能够充分利用本土信息、市场信息的微型金融产品与服务。

第六，扶贫小额信贷等风险规避机制已形成，但仍需进一步创新与优化。四省涉藏地区通过"财政补贴＋风险补偿金制度＋扶贫小额信贷保证保险"等，创新银政风险—收益风险分担机制，风险规避机制已经初步形成，四省涉藏地区整体风险可控。但 2020 年是脱贫攻坚决胜、全面收官之年，叠加新冠肺炎疫情因素的冲击，扶贫小额信贷风险的防范任务依然严峻，要进一步做好扶贫小额信贷等风险防范工作。为此，要全面加强扶贫小额信贷风险的分析和研判，主动采取针对性措施降低逾期风险，保证小额信贷精准扶贫的质量与效率。结合四省涉藏地区各地的实际情况，可进一步完善风险防控体系，完善风险补偿机制，探索建立风险预警机制、熔断机制、保险分担机制、贷款贴息机制、分类处置机制、风险补偿机制及"户贷企用"贷款监测机制等，从而优化风险规避机制，有效发挥扶贫小额信贷助农增收的效益。

第七，四省涉藏地区的基础性金融设施供应不足，涉藏地区居民金融素养有待进一步提高。四省涉藏地区金融基础服务供应不足，主要是因为涉藏地区贫困户改变观念以及思想的进程较慢。由于四省涉藏地区地处偏远，交通不便，导致了信息的不畅通，涉藏地区的居民难以获取新知识以及学习金融知识，涉藏地区人民的金融服务观念较薄弱，对于金融理解片面，同时由于人才的缺乏、教育发展的落后进一步导致了个人的金融知识水平较低,从而对整个涉藏地区也产生了连锁影响。如何提升涉藏地区居民对金融行业的认识,改变其观念是未来发展涉藏地区金融的关键抓手。

第八,四省涉藏地区扶贫小额信贷等在精准扶贫过程发挥了重要作用。研究结果显示,四省涉藏地区扶贫小额信贷的瞄准识别机制以及风险规避机制运行良好,一定程度上满足和缓解了贫困藏民的信贷需求,起到了减贫的作用。实证结果发现相对于未获贷的贫困户,获贷满足部分资金需求的贫困户人均消费会增加18.8%;家中主要劳动力有技能、户主职业为乡镇企业工人/农民工/经商、受访者有正确的风险认知分别以22.6%、36%、40%的比例显著增加人均消费,改善家庭经济条件。而对扶贫小额信贷政策认知的偏差与信贷资金的用途将会影响扶贫小额信贷的质量。约15.03%的农户将扶贫小额信贷资金与诸如救济金等政府补贴等同,有23.70%的贫困户将信贷资金有用在生产性支出上。

第九,四省涉藏地区的小额保险发展相对滞后,保险减贫效应不明显。保险制度规则建设不完善,保险产品的开发程度相对较低且集中于特色产业险种开发,保险的覆盖面较低,购买保险的门槛较高。在农业保险的减贫作用方面,农户对保险的扶贫绩效总体评价较高,但保险的理赔程序满意度较低。经实证分析,农业保险对农户的支出有正向影响但是效应不显著,究其原因,首先由于保险发展落后,保险的理赔程序、复杂程度在一定程度上会消耗农户的金钱与时间成本,再加上农户的金融素养程度抑制了农业保险的福利,导致农业保险发挥不了真正的精准扶贫作用。

第十,村级互助资金短期实现惠贫机制的高效运转,但现有模式限制其发展壮大。村级互助资金瞄准了贫困地区资金不足和贫困户信贷约束的问题,开辟了财政扶贫资金使用的新途径,对扶贫资金的使用更具针对性,提高了资金的使用效率。且创新的资金管理模式,有助于激发农民在脱贫和乡村振兴中的内生动力,从而实现惠贫机制的高效运转。在即将进入的防返贫阶段,现有模式限制了互助社的发展和壮大。互助资金只能用于办理社员短期借款,依赖于政府补贴的资金互助社无力扩大其资金规模。加之,金融扶贫产品的逐渐丰富,互助资金吸引力有所下降。随着农村金融环境的改善、脱贫攻坚的实现和乡村振兴新任务的要求,村级互助资金需要通过建立与生产合作、股份合作相契合的机制,重新定位其在农村金融市场中的位置,实现市场化转型和可持续发展,同时,在后续的阶段,要高度重视村级互助资金在四省涉藏地区发展的重要性。

第十一,四省涉藏地区存在寺院借贷的现象,在精准扶贫的过程中发挥了作用,但要审慎对待其存在的风险。寺院借贷作为四省涉藏地区民间借贷的一种特殊形式，对于缓解信贷资金难的问题发挥了重要作用，而且信贷资金的违约率相对较低。特别是在精准扶贫阶段，寺院借贷，手续简单，缓解了贫困户的信贷约束，助力贫困户发展产业实现脱贫。但由于寺院借贷隐蔽性强，借贷利率相对较高，一定程度上会导致贫困户返贫的问题，同时缺乏有效的政府监管，存在潜在的风险，可能会影响金融系统的稳定性，因此，需要审慎对待寺院借贷在四省涉藏地区精准扶贫中发挥的作用。

涉藏地区是我国少数民族聚居区中的重要部分，贫困人口较多，贫困程度较深，扶贫难度较大。要将扶贫开发与民族特点、宗教信仰相结合，同时坚持把扶贫开发与改善民生这一经济社会发展的根本出发点和落脚点相结合，这无疑增加了对该地区的研究难度。本书主要以短期机制的分析为主，并从小额信贷、小额保险以及金融基础设施等维度进行详细地分析，在研究分析的时间段上存在一定的局限性。在现阶段以及本书研究基础上，还需统筹考虑继续创新发展微型金融机制，一方面考虑如何巩固脱贫成果；另一方面考虑如何使脱贫贫困户实现持续长期的增收。

全面打赢脱贫攻坚战之后，在短时期有必要实施过渡政策，确保临界贫困的边缘性人口在过渡期内继续为后期的发展蓄力。此时，微型金融方面的政策也需要一定的过渡，比如扶贫小额贷款在 2020 年之后是否还会出台相似政策；对边缘性贫困人口而言，若想继续发展，会不会因自身条件面临融资约束问题；贷款之后没有相应的贴息政策，不仅会导致还款压力增大，而且可能导致贷款需求逐步下降，从而致使发展意愿递减，若建立相应的适度优惠的过渡政策，不仅能调动已脱贫户的生产积极性，而且在过渡期内，已脱贫户可以逐渐积累自身的信用水平以及自身的财富水平，为进入下一阶段的稳定时期奠定基础；农业保险是否继续补贴，对于相对贫困程度不同人群是否建立因人而异的续补政策，使其生产规模到达一定程度能自身抵御风险。

另外，要注重主导模式的切换。跳出以往政府为主导、市场逐渐介入的模式，逐步理顺政府与市场关系，并发育市场组织，规范市场行为，强调机制化的重要性，从而形成一个充满活力的市场运行机制，实现市场在支持金融资源配置中的主导作用。使农民参与到市场竞争中来，经受市场的锻炼。促进建立健全多层次、多方位的农村市场结构，为乡村振兴奠定基础性支撑。

附录　四省涉藏地区精准扶贫调研问卷

尊敬的女士/先生：

您好！非常感谢您抽出时间接受访问。我们正在对四省涉藏地区的精准扶贫进行调查，目的是了解当前精准扶贫过程取得的效果以及存在的问题，以便向政府和有关部门提出改进建议。您的回答对我们的评估非常重要，也对您充分获得权益息息相关。希望能够得到您的支持与协助。

您提供的所有信息将严格保密，且仅用于科学研究工作。您只需根据自己的实际情况和想法回答问卷中的问题即可。谢谢您的支持与合作！

第一部分　名簿卡

调研地址：省市/州＿＿＿＿＿＿＿＿＿＿＿区（县）乡（镇）村

调查员：　　　　调查时间：　　年　　月　　日　　问卷编号：

受访者：　　　　联系电话：

1. 2018 年全村大概有多少人口？＿＿＿＿＿人，其中贫困人口＿＿＿＿＿人，常住人口＿＿＿＿＿人

2. 2017 年全村的贫困人口有＿＿＿＿＿人，是否有返贫人口＿＿＿＿＿人（如果没有，请填写"0"；如果有，请追问主要返贫原因＿＿＿＿＿＿＿＿＿＿＿

2a. 本村是否被银行评为信用村？＿＿＿＿＿＿　A. 是　B. 否　C. 不清楚

2b. 本村是否有助农取款点？＿＿＿＿＿＿　A. 是　B. 否

2c. 助农取款机具使用情况如何？＿＿＿＿＿

　A. 经常用　B. 很少用　C. 几乎不用　D. 从没用过

2d. 若没有选 A，则说明为什么很少用？＿＿＿＿＿　A. 没有信号　B. 不会操作　C. 很麻烦　D. 老百姓没有需求　E. 其他（请注明）＿＿＿＿＿＿＿

3. 2018 年全村外出打工人员占比例＿＿＿＿＿%；2017 年全村外出打工人员占比例＿＿＿＿＿%

4. 本村是否有小学？＿＿＿＿；是否有中学？＿＿＿＿；是否有村诊所？＿＿＿＿

5. 本村是否有寺庙？_____，是否有白塔？_____，寺庙及宗教活动场所数量_____；全村具有宗教信仰的人数占比_____%；本村是否通电信网络？_____；是否有乡村公路？_____；村与乡连通的公路是：A. 柏油路面　B. 水泥路面　C. 平整的非铺装砂石/土路　D. 不平整的非铺装砂石/土路　E. 没有公路相连通；是否有小卖部？_____

6. 全村耕地面积_____亩，村的村委会海拔为_____，村海拔最高的住户家海拔约为_____（如无法获知，请填9999）；村海拔最低的住户家海拔约为_____（如无法获知，请填9999）

7. 本村贫困户建档立卡的标准：_____
本村移动通信网络的覆盖状况是：_____ A. 有中国移动的移动网络　B. 有中国联通的移动网络　C. 有中国电信的移动网络　D. 没有任何移动通信网络

今年是否有银行的工作人员来本村向村民宣传过银行业务与金融知识？____

平时村委会是否准备有银行或金融的宣传资料待村民索取_____ A. 一般都有　B. 很少有　C. 基本没有　D. 从来没有

8. 2018年全村年人均收入_____元；2017年全村年人均收入_____元
村庄历史上村周边宗教场所数量_____

9. 您是户主吗？_____，您的姓名是_____；如果不是，您与户主的关系是_____民族_____；年龄_____；性别_____；受教育程度_____ A. 没上过学，也未在寺庙正规学习过　B. 没上过学，曾经在寺庙正规学习过　C. 小学　D. 初中　E. 高中　F. 中专/职高　G. 大专/高职　H. 大学本科　I. 硕士研究生　J. 博士研究生

10. 受访（者/户）是否为建档立卡贫困户：是_____；　否_____
- 如果是，受访（者/户）建档立卡为贫困户的时间是：_____年
- 如果是，主要致贫原因（可多选，填写时请按照主次原因，依次注明）
_____
（1）病残原因　　（2）技能欠缺　　（3）生活资源缺少（条件恶劣）（4）缺少资金　　（5）缺少产业或市场　　（6）不太想干事情　　（7）家庭人口负担重　　（8）文化水平低　　（9）其他（请写明：_____）

第二部分　家庭人口统计学

为所有家庭成员填写下来，以此顺序：受访者最先，其配偶其次，然后是其他人。家庭成员主要是指直系亲属，或实际上一起居住、共同生活的家人（同一屋檐）

ID编码 姓名(不一定要写全名,但要能区分,如王老大,老二)	11. 性别 男…1 女…2	12. 婚姻状况 从未结婚…1 已婚…2 离婚/分居…3 鳏寡…4 其他…5 (说明___) 注:未领结婚证但自称结婚,也能算是已婚	13. 年龄(岁)	14. 居住方式 独居…1 与配偶一起…2 与子女一起…3 与配偶及子女一起居住…4 与孙子女住…5 其他…6 (说明___)	15. 与户主关系 户主…1 配偶…2 儿女…3 孙子女…4 兄弟姐妹…5 父母…6 岳父母…7 其他亲戚…8 其他非亲戚…9 (说明___)	16. 主要职业(生计) 农牧民…1 乡镇企业工人…2 乡村教师…3 农民工…4 经商…5 待业打临工…6 其他…7 (说明:___) 注:如果是已经处于养老状态[即60(含)岁以上],请在"其他"里说明	17. 是村干部吗? 是…1 否…2	18. 您家目前享有哪种扶贫救助政策? 低保或特困…1 医疗救助…2 住房救助…3 搬迁…4 生产救助…5 教育培训…6 其他___	19. 您家劳动力主要都住在家吗? 在…1 不在…2	20. 如果有外出打工,外出有几个人?(直接写数字)
H01										
H02										
H03										
H04										
H05										
H06										
H07										

21. 您家里有_____个人，有劳动力_____个，男性有_____个，女性有_____个

22. 您家是否有种植农作物？_____您家是否有饲养牲畜或家禽？_____您家饲养的牲畜或家禽包括：（多选）_____

A. 牦牛（包括公牦牛和母牦牛）　B. 犏牛　C. 黄牛　D. 奶牛　E. 羊　F. 马　G. 驴　H. 骡　I. 猪　J. 鸡　K. 鸭　L. 其他

其中公牦牛一共有_____头；其中母牦牛一共有_____头（包含成年与未成年的母牦牛）

您家劳动力是否有一定的技能_____？（有具体技能可以写出）

（1）没有技能　（2）有经验　（3）有特殊的技能　（4）有现代经营技能

23. 您家去寺庙的频率是_____？（1）每月超过4次　（2）大于每月1次，小于等于每月4次　（3）每季度1到2次　（4）每年1到2次　（5）没有去过　（6）不清楚　您家今年是否有家人有远程朝拜出行的经历？_____（1）是　（2）否　（3）不清楚

24. 您家是否喜欢参与抽奖_____？

（1）是　（2）否

25. 您家用的主要能源是什么？（用量最多的2种）A. 煤炭　B. 牛粪　C. 木柴/树枝　D. 天然气/煤气　E. 电

25a. 您对您家目前主要使用的能源方式感觉_____A. 非常满意　B. 比较满意　C. 一般　D. 比较不满意　E. 非常不满意

25b. 您对目前电网的用电稳定性感觉_____A. 非常满意　B. 比较满意　C. 一般　D. 比较不满意　E. 非常不满意

25c. 您家目前主要的饮用水来源是？（1）自来水厂集中供水的自来水（2）地表水蓄水设施集中分户供水　（3）自家的水井　（4）村/集体公共水井（5）自然地表水（溪水或河流）　（6）其他（请注明：_____）

26. 您家参加了什么专业技术协会吗？（例如果树协会、牦牛协会等）（1）有　（2）没有；是否参加了农村资金互助社？_____

27. 您感觉您幸福吗？_____

（1）非常幸福　（2）比较幸福　（3）一般　（4）比较不幸福　（5）非常不幸福

28. 您自己平常使用手机吗？_____；您家人平常使用手机作为通信工具吗？_____A. 手机是家人之间日常的通信工具　B. 一部分家人有手机，还有一部分没有手机　C. 只有个别家人使用手机，大多数没有手机　D. 家人都不用

手机【注：未成年的家人不应记入是否使用手机的对象】

28a. 您家人平常使用微信吗？_____ A. 家人平常都使用微信 B. 一部分家人使用微信，还有一部分没有使用 C. 只有个别家人使用微信，大多数没有微信 D. 家人都不用微信 E. 不知道微信是什么

29. 受访户的家海拔高度为_____

第三部分 主要家庭财产、收入和消费

30. 主要财产	32. 2017 年家庭生活消费项目	消费金额（元）
（1）您家共有土地多少亩？____ （2）今年您家全年的收入（货币收入）比去年是 ____ A. 增加了 B. 保持不变 C. 减少了 D. 不清楚 您对您家今年的收入状况是否感到满意？____ A. 非常满意 B. 比较满意 C. 一般 D. 比较不满意 E. 非常不满意 F. 不大清楚 （3）今年您家全年的消费比去年是____ A. 提高了 B. 保持不变 C. 降低了 D. 不清楚 （4）您家目前居住的房屋是否自家拥有的？____；目前您家里的房子是否够家人居住？____；您对您家目前的房屋居住状况感觉____ A. 非常满意 B. 比较满意 C. 一般 D. 比较不满意 E. 非常不满意 （5）您家有多少头牦牛？2017 年____头；2018 年____头 （6）您家有耕牛吗？ ①有 ②没有 （7）您家有机动车吗（含摩托车)? ①有 ②没有 （8）您家有电视机吗？ ①有 ②没有 （9）您家有电话（含手机）吗？ ①有 ②没有 （10）您家有电脑吗？ ①有 ②没有 31. 家庭收入 （1）2018 年您家的种植业（含粮食、经济作物和林业等）收成价值多少元？____元 （2）2018 年您家养殖收入（牲畜和特种种植）多少元？____元	（3）您家同时兼职做生意吗？（比如虫草、菌、特产等） ①是 ②否 （4）如果是，从生意中得到多少利润？____元/年 （5）2018 年您家从房屋和土地租金中收入多少？____元/年 （6）2018 年您家外出打工的劳务工资（含村干部的工资）收入是多少元？____元/年 （7）同本村其他户相比，您认为您家富裕程度？ ①穷 ②平均水平 ③富 ④不知道 （8）在住房、养老、看病和教育等问题中，什么是您家目前最担心的？ （9）您家的主食是____ （10）您家的主要肉类产品是____（请记录频率最高的两种肉类） （11）您家每天都吃鸡蛋吗？____ （12）您家主要的蔬菜类型____（请记录频率较高的两种）	
	（1）食品、饮水和饮料（包括把自家粮食折算成现金部分、饮酒等）	
	（2）衣着服装	
	（3）房屋居住（含房屋室内外装修，但不包括建房）	
	（4）家庭设备、用品及服务（含家用电器、家具和类似理发等服务）	
	（5）医疗保健（购买体育用品和保健品）	
	（6）交通费	
	（7）通信费	
	（8）文化 ——成年人的技术培训/年 ——子女教育总支出/年	
	（9）娱乐用品及服务（购买DVD、磁带、看电影、旅游等）	
	（10）其他商品和服务（用于宗教信仰方面的支出）	
	（11）户主平均每月吸多少包烟？____包（大概____元）	
	（12）户主平均每月喝多少酒？____斤（大概____元）	
	（13）您家购买牦牛险？ ①买 ②没有买（原因____）	
	（14）保费每年多少？____元/年	
	（15）2018 年牦牛是否发生损失？____；共损失多少钱？____元	
	（16）保险公司补偿多少？____元	

33. 您家距离县城的距离（km）_____。

34. 您对到乡镇路况的满意度_____。

（1）很不满意　（2）比较不满意　（3）一般　（4）比较满意　（5）很满意

35. 如果您家子女有婚嫁，您是否会以牦牛做彩礼或嫁妆？（如果回答"不会"或"其他"，请跳到下一个部分）

（1）会　（2）不会　（3）不确定　（4）不知道　（5）其他_____

36. 您认为牦牛作为嫁妆或彩礼的话，大概需要多少头？_____头

37. 如果有其他选择（比如现金、房产、家具或汽车等），您还会以牦牛做彩礼或嫁妆吗？（1）会　（2）不会　（3）不确定　（4）不知道

38. 如果请您在牦牛与其他理财产品上（比如股票、存款、证券、基金等）选择，您会选择？

（1）牦牛　（2）其他理财产品　（3）两样都想要　（4）随便，不确定

39. 您家今年是否有获得政府发放的农业/牧业补贴？_____您家今年是否有获得政府发放的其他补贴（其他补贴不包括低保补贴、农业/牧业补贴以及养老保障）？_____您对今年从政府获得的各种补贴感觉_____ A. 非常满意　B. 比较满意　C. 一般　D. 比较不满意　E. 非常不满意

第四部分　微型金融部分

（一）小额储蓄服务

40. 您对银行卡的功能了解吗？_____您家平常使用银行卡吗？_____ A. 经常使用　B. 偶尔使用　C. 不使用　D. 不清楚；2018 年，您家有_____张银行卡（包括储蓄卡、信用卡）在使用？

40a. 目前您家接受的政府各种补贴是通过_____方式来进行的？

A. 直接现金发放　B. 发放到自家的银行卡账户内　C. 现金和银行卡账户的方式都有　D. 其他，（请注明）_____ E. 不清楚

40b. 如果政府的各种补贴完全通过向您家的银行卡账户直补的方式来发放，您觉得可接受吗？_____

A. 非常愿意采取这种方式　B. 与现在的发放方式相比，没有倾向性，都可以　C. 不愿意通过向银行卡账户直补的方式来接受政府的补助　D. 不清楚

40c. 不愿意接受的原因是_____ A. 不清楚银行卡的用途　B. 银行卡使用太麻烦，不够方便　C. 家里人都没有开设银行账户，没有银行卡　E. 对银行卡

的安全性不放心 F. 不喜欢银行卡 G. 其他，（请注明）_____

41. 2018 年，您家银行卡开通了以下哪几种功能？_____（多选题）

（1）手机银行 （2）网上银行 （3）短信余额提醒

（4）没有开通上述任何功能 （5）其他（请注明）_____

42. 2018 年，您的收入中有_____比例的结余资金用于储蓄？

（1）5% 以下 （2）5% ~ 15% （3）16% ~ 30% （4）31% ~ 45%
（5）超过 45%

43. 2018 年，您的结余收入主要用于_____

（1）储蓄 （2）还债 （3）投资，从事商业活动 （4）扩大农业经营规模 （5）寺院捐助 （6）其他（请注明）

44. 通常情况，您若有结余收入，主要存放在_____

（1）家里 （2）亲戚、朋友 （3）正规金融机构（比如银行） （4）村级资金互助合作社 （5）宗教组织（比如寺庙） （6）其他（请注明）

45. 2018 年，您是否有去银行等正规金融机构存款？是_____；否_____

46a. 如果有去银行存款，2018 年大概去银行存过_____次款？

46b. 如果未曾去存款，请问具体原因是_____

（1）对正规金融机构存款的程序不熟悉 （2）家庭传统的文化观念里没有去银行金融机构存款的意识 （3）与银行等金融机构的距离太远 （4）银行工作人员服务态度不好 （5）其他（请说明）_____

47. 您对金融机构提供的存款服务满意程度评价是？_____

（1）非常不满意 （2）比较不满意 （3）一般满意 （4）比较满意
（5）非常满意

（二）小额贷款服务

48. 目前您家有银行贷款吗？有_____，没有_____

49. 除了银行贷款之外，您家是否向其他人或机构借过钱？_____ A. 以前借过，目前已还清 B. 有借款，目前还没还清 C. 从来没有借过 D. 不清楚

【解释：这里的其他人是指除了银行之外的其他机构民间组织与个人，如果受访人回答向亲戚朋友借贷，也归于其他人。】

49a. 这类借款是向谁借的？（多选）_____ （1）亲朋好友 （2）专合组织 （3）寺庙 （4）政府扶贫项目 （5）其他渠道_____

49b. 为什么选择向此类机构/人贷款或借钱？_____（可多选）A. 无利息/利率低 B. 获取借款的（非利息）费用低 C. 获取借款的程序简单 D. 获

取借款的申请条件低　E. 私人关系好　F. 有业务往来　G. 银行贷款的借款期限不能满足资金需求　H. 银行贷款的借款额度不能满足资金需求　H. 其他（请注明）_____

49c. 最近 3 年总共借过_____次【若不清楚具体数字，请填 9999】最近 3 年总共借过_____万元【若不清楚具体金额，访员可引导做一个估计性回答，实在不知道的请填 9999】

49d. 您是否要为这些借款支付利息？_____　A. 都需要支付利息　B. 有的需要支付利息，有的不需要支付利息　C. 都不需要支付利息　D. 不清楚

50. 您是否听说过小额贷款？是_____；否_____

注意：若 50 题选择否，直接跳至 52 题继续回答。

51. 如果听说过，您是通过以下哪种渠道获得信息？_____（可多选）

（1）扶贫工作人员　　（2）亲朋好友　　（3）村干部宣传

（4）其他组织人员（如企业、合作社）　　（5）报刊/杂志/收音机

（6）电视新闻/手机新闻　　（7）其他（请说明）_____

52. 您是否需要小额信贷资金_____

（1）不知道　　（2）不需要　　（3）需要　　（4）很需要

53. 如果需要小额信贷，实际需要的资金额度是多少？_____

54. 2015～2018 年您是否申请到了小额信贷_____

（1）没得到　　（2）得到了部分信贷　　（3）得到了而且全部满足实际需求

注意：若 54 题选择得到了，回答 55 至 66 题；否则，则跳至 67 题继续回答。

55. 若申请过小额信贷，请将相关信息填在下表中：

序号	1	2	3	4	5	6
申请时间						
贷款来源						
贷款项目名称（是否为政府的扶贫项目）						
利率（%）						
期限（月）						
除利息以外的费用（元）						
获得的贷款数额（元）						
未还金额（元）						

56. 您获得小额贷款资金担保主要方式是_____ （可多选）

（1）个人信用担保 （2）小组联户担保 （3）政府担保 （4）寺庙担保 （5）其他组织担保（如：企业、合作社） （6）土地经营权抵押 （7）房屋产权抵押 （8）林权、养殖水面抵押 （9）农机设备以及其他家庭财产抵押 （10）未来收货的农产品收益质押 （11）其他（请说明）_____

57. 您申请的小额贷款主要用于_____ （可多选）

A. 小额日常消费 B. 耐用品等大额消费 C. 娶媳妇 D. 嫁女 E. 办丧事 F. 看病 G. 出去打工的准备金 H. 还旧债 I. 借给亲戚朋友 J. 借给其他人 K. 通过借出给民间金融组织获利 L. 其他（请注明）_____

58. 您申请的小额贷款对您的生活以及生产活动是否有较大的改善作用？

（1）改善非常小 （2）改善比较小 （3）改善一般 （4）改善比较大 （5）改善非常大

59. 您对当前提供小额贷款机构的服务满意程度评价是？_____

（1）非常不满意 （2）比较不满意 （3）一般满意 （4）比较满意 （5）非常满意

60. 若是不满意，请问原因是？_____

（1）利息太高 （2）从其他借款渠道更容易获得借款 （3）申请手续太复杂 （4）贷款附加的条件太多 （5）银行工作人员服务态度不好 （6）贷款审批手续时间太长 （7）贷款额度太小不能满足需要 （8）其他（请说明）

61. 您对小额信贷产品申请和使用的便利性评价？_____

（1）非常不满意 （2）比较不满意 （3）一般满意 （4）比较满意 （5）非常满意

62. 若是不满意，请问原因是？_____

（1）申请手续太复杂 （2）贷款附加的条件太多 （3）银行工作人员服务态度不好 （4）贷款审批手续时间太长 （5）贷款额度太小不能满足需要 （6）其他（请说明）_____

63. 您对小额信贷产品审批的及时性评价？_____

（1）非常不满意 （2）比较不满意 （3）一般满意 （4）比较满意 （5）非常满意

64. 若是不满意，请问原因是？_____

（1）申请手续太复杂 （2）贷款附加的条件太多 （3）银行工作人员服

务态度不好 （4）贷款审批手续时间太长 （5）贷款额度太小不能满足需要
（6）其他（请说明）_____

65. 您是否认为银行提供的贷款和政府给的补贴是一样的？
是_____否_____

66. 如果遇到经济来源不足，但是需要到期还款的情况，您首先考虑的第一
还款对象是_____，第二还款对象是_____，第三还款对象是_____，
第四还款对象是_____
（1）政府扶贫贷款 （2）银行个人信用贷款 （3）小额贷款公司
（4）寺院

67. 若没有申请过小额贷款，请问原因是？_____（可多选）
（1）不需要贷款 （2）没有人际关系 （3）利息太高 （4）没有被评
为信用户 （5）从其他借款渠道更容易获得借款 （6）申请手续太复杂
（7）贷款附加的条件太多 （8）距离太远 （9）银行工作人员服务态度不好
（10）贷款审批手续时间太长 （11）借了担心还不了 （12）贷款额度太小不
能满足需要 （13）对贷款不了解 （14）从其他借款渠道可以获得更低利息
的贷款 （15）其他（请说明）_____

68 若67题不选择（1），请问您目前需要借款的额度是_____（元），预
期的利息是_____（%，年利息），预期借款的期限是_____（月）

69. 若没有听说过小额贷款，请问您对"小额贷款"必要性评价是
_____
（1）非常不必要 （2）比较不必要 （3）中立 （4）比较必要
（5）非常必要

（三）小额支付服务

70. 2018年，您通常采用以下哪几种方式进行转账/支付/汇款？_____
（多选题）
（1）现金 （2）银行柜台 （3）自动提款机 （4）转账电话 （5）POS
机 （6）手机银行 （7）移动支付（支付宝、微信等） （8）网上银行
（9）其他（请说明）_____

71. 上述转账/支付/汇款方式，您使用最频繁的方式是_____

72. 2018年，您对当前的转账/支付/汇款方式的满意程度评价是_____
（1）非常不满意 （2）比较不满意 （3）一般 （4）比较满意
（5）非常满意

73. 上述转账/支付/汇款方式对您当前的生活以及生产活动是否有较大的改

善作用? _____

（1）改善非常小　（2）改善比较小　（3）改善一般　（4）改善比较大
（5）改善非常大

（四）涉农保险服务

74. 日常生活中，您最担心以下哪些风险：_____（多选，请按重要性进行排序）_____

（1）农业灾害　（2）假种子、假农药　（3）农产品价格波动　（4）土地经营权变更　（5）房屋、财产丢失或破坏　（6）家庭遭受疾病或意外事故
（7）养老

75. 您认为在本地农业生产中，受农业灾害影响的程度大小，请打分
_____（1分代表程度非常小，9分代表程度非常大）（1）1分　（2）3分
（3）5分　（4）7分　（5）9分

76. 您过去五年中受灾损失的平均金额大约是多少? _____

77. 您有没有采取措施以减轻灾害对产量的影响? _____

（1）没有　（2）有，采取的主要措施是：_____

78. 灾害发生之后，您将通过何种筹资渠道，来开展第二年的农业生产?
_____

（1）保险理赔　（2）政府救济　（3）动用存款　（4）向亲朋好友借款
（5）银行贷款　（6）其他，比如_____

79. 您目前参加的涉农保险项目有（可多选）：_____

（1）农业保险（种植＋养殖）　（2）新型农村合作医疗　（3）新型农村
养老保险　（4）农房保险　（5）农机保险　（6）其他　（7）无

80. 您购买过农业保险吗? _____（包括种植业保险、养殖业保险；险种
包括但不限于农产品保险、生猪保险、牲畜保险、奶牛保险、牦牛保险和藏系羊
保险等）

80a. 如果没有购买，主要原因是（可多选）：_____（若没有购买本部分
问卷到此结束）

（1）不知道不了解　（2）国家灾后救济　（3）不信任保险公司　（4）保
费太贵　（5）赔付太少　（6）其他

80b. 如果有购买，您购买的是哪种农业保险? _____（种植/养殖，注
明具体险种）

80c. 每单位保费支出：种植_____/亩；养殖_____/头。近5年购买
了_____次，平均每年保费支出约_____元

81. 您为什么购买农业保险（可多选）_____

（1）因为了解到农业保险是减少灾害损失的有效方法　　（2）因为村里要求统一投保　　（3）因为国家提供保费补贴　　（4）因为相关企业要求投保并垫付部分保费　　（5）因为看到别人投保农业险后得到的好处　　（6）因为经常发生灾害　　（7）其他，比如_____

82. 您购买农业保险的方式_____

（1）村里统一购买　　（2）通过所参加的合作组织购买　　（3）保险公司上门推销　　（4）自行去保险公司购买

83. 您今年购买农业保险了吗？_____　（1）买了　　（2）没有买

84. 您明年会继续购买吗？_____　（1）会　　（2）不会

85. 您知道农业保险有中央和地方政府的保费补贴吗？_____

（1）明确知道补贴比例　　（2）知道但不清楚比例　　（3）不知道

86. 理赔程序是否复杂？_____

（1）非常复杂　　（2）比较复杂　　（3）一般　　（4）挺容易　　（5）非常容易

87. 农业保险赔付大约能弥补多少损失？_____

（1）10%～30%　　（2）30%～50%　　（3）50%～80%　　（4）80%以上

88. 您对当前农业保险产品保障额度的评价？_____

（1）满意　　（2）一般　　（3）偏低　　（4）非常低

（对农业保险的需求及负担能力调查：根据从事的农业生产类型种植问89题、90题；养殖问91题、92题）

89. 您最需要提供以下哪种保障的种植业保险？_____

（1）成本　　（2）产量　　（3）收入　　（4）价格

90. 如果交的保费越多，赔付比例越大（即得到的赔款越多），您最多愿意给一亩地交多少钱保费？_____

（1）10元或以下　　（2）10～20元　　（3）20～30元　　（4）30元以上

91. 您所需要的养殖业保险品种是？_____

（1）奶牛　　（2）能繁母猪　　（3）育肥猪　　（4）牦牛　　（5）藏系羊（6）其他

92. 如果交的保费越多，赔付比例越大（即得到的赔款越多），您最多愿意为一头牲畜交多少钱保费？_____

（1）10元或以下　　（2）10～20元　　（3）20～30元　　（4）30元以上

（五）金融知识

93. 您平时对经济、金融方面的信息关注程度如何？_____

（1）非常关注 （2）很关注 （3）一般 （4）很少关注 （5）从不关注

94. 您是否上过经济或金融类的课程？_____

（1）是 （2）否

95. 如果您有一笔钱，您愿意选择哪种投资项目？_____

（1）高风险、高回报的项目 （2）略高风险、略高回报的项目 （3）平均风险，平均回报的项目 （4）略低风险、略低回报的项目 （5）不愿意承担任何风险

96. 假设您现在有 100 块钱，银行的年利率是 4%，如果您把这 100 元钱存 5 年定期，5 年后您获得的本金和利息为？_____ （1）小于 120 元 （2）等于 120 元 （3）大于 120 元 （4）算不出来

97. 假设您现在有 100 块钱，银行的年利率是 5%，通货膨胀率每年是 3%，您的这 100 元钱存银行一年之后能够买到的东西将？_____

（1）比一年前多 （2）跟一年前一样多 （3）比一年前少 （4）算不出来

98. 如果现在有两张彩票供您选择，若您选择第一张，您有 100% 的机会获得 4 000 元，若您选第二张，您有 50% 的机会获得 10 000 元，50% 的机会什么也没有。您愿意选哪张？_____

（1）第一张 （2）第二张

99. 您认为一般而言，单独买一只公司的股票是否比买一只股票基金风险更大？_____

（1）是 （2）否 （3）没有听说过股票 （4）没有听说过股票基金 （5）两者都没听说过

第五部分 健康与医疗保障部分

100. 您觉得您的健康状况怎么样？_____

（1）很好 （2）好 （3）一般 （4）不好 （5）很不好

101. 您的身高是_____；您的体重是_____

102. 您或家里直系亲属是否有残疾？_____ （如果回答"有"，请回答第 103 题；否则，跳到第 104 题）

（1）有　　（2）没有　　【如果是直系亲属，请标注：_____】

103. 如果有残疾，那么您是否有下列残疾问题？_____

（1）躯体残疾　　（2）大脑损伤/智力缺陷　　（3）失明或半失明　　（4）聋或半聋　　（5）口吃或严重口吃

104. 您是否患过经医生诊断的慢性病？_____（访员注意：强调必须有医生明确诊断）（慢性病包括高血压、高血脂或低血脂、糖尿病、癌症、慢性支气管炎或肺气肿、肺心病、肝脏疾病、心脏病、中风、肾脏疾病、胃部疾病或消化系统疾病、情感及精神方面问题、老年痴呆症、脑萎缩、帕金森症、关节炎或风湿病、哮喘、颈腰椎疼痛等。高原较为常见的慢性病还包括包虫病和大骨节病等。）

（1）是　　（2）否

105. 近三年是否得过大病？_____（解释：大病一般是指非常见的需要经过医院的专业治疗一个阶段后才能康复的病）（如果回答"否"，请直接跳到第 111 题）

（1）是　　（2）否

106. 若 105 题回答是，请问大病是？_____

（1）心脏病　　（2）癌症　　（3）泌尿系统疾病　　（4）呼吸系统疾病
（5）包虫病　　（6）大骨节病　　（7）其他，（请注明）_____　　（8）具体不清楚

107. 您是否有医疗保险？_____（如果回答"否"，请记录原因后跳到第 117 题）

（1）是　　（2）否（为什么？）

108. 您参加的是哪种医疗保险？_____（访员注意：2018 年起四川省新农合与城居保已经全面统筹为城乡居民基本医疗保险）可多选

（1）城乡居民基本医疗保险　　（2）大病医疗保险　　（3）商业保险
（4）城镇职工　　（5）其他_____

109. 您每年缴纳多少保费？_____保险种类编号：_____保费元/年

110. 是您自己支付保费的吗？_____

（1）是（保险种类编号_____）　　（2）否（保险种类编号_____，帮助您支付；减免）

111. 您认为目前的医疗保险报销后能否缓解您看病就诊的经济负担？_____

111a. 只有一种医疗保险：编号_____

（1）完全能够　　（2）作用一般　　（3）报销水平仍然偏低　　（4）没有什

么作用

111b. 有两种或以上的，请询问并记录最常用的一种编号_____

（1）完全能够　（2）作用一般　（3）报销水平仍然偏低　（4）没有什么作用

112. 您还想继续参保吗？_____（访员注意：询问的是意愿）

（1）会（保险种类编号_____）　（2）不会（为什么？_____）

（3）不知道，考虑一下（为什么？_____）

113. 您是否享有医疗救助？_____（如果回答"否"，请跳到第 118 题）

（1）是　（2）否

114. 您认为医疗救助对缓解经济负担有帮助吗？_____

（1）有　（2）作用一般　（3）没有

115. 您认为医疗保险与医疗救助哪个更重要？_____

（1）医疗保险　（2）医疗救助　（3）两者都重要

116. 您认为医疗保险报销后，是否还需要医疗救助的补充？_____

（1）需要　（2）不需要　（3）看情况　（4）不知道

117. 您认为自己是否持续需要医疗救助？_____

（1）极度需要　（2）需要　（3）不需要

118. 您过去一年内是否做过体检？_____（1）有（追问次）　（2）没有

119. 怀孕期间是否产检？_____（该题只针对刚好在怀孕期间的妇女询问）（1）是　（2）没有

120. 您认为孕期是否有必要产检？_____（1）有必要　（2）没有必要（3）不知道

121. 您认为生孩子是否有必要到正规医疗机构？_____（1）需要（2）没有必要　（3）不知道

122. 过去一个月里，您是否生病或受伤？_____（访员注意：如果一个月里多次生病，请记录最近一次生病后的情况）（如果回答"否"，请跳到第 147 题）

（1）是　（2）否

123. 这次生病或受伤后，有去看病吗？_____（访员注意："看病"包括自己去诊所买药）（如果回答"没有"，请跳到第 147 题）

（1）有　（2）没有（为什么？_____）

124. 因本次生病，一般首选何种方式医治？_____（访员注意：不包括去医院做体检）

（1）省级医院　（2）市/州级医院　（3）县医院/区医院　（4）乡镇医

院　（5）村诊所/私人诊所　（6）自己去药店买药处理　（7）请活佛/喇嘛来诊断　（8）主要依赖藏医（包括去藏医院看病）

125. 请问您是如何去这家医疗机构或诊所或药店的？_____

（1）汽车（私人/公共）　（2）摩托车　（3）骑马　（4）走路　（5）其他

126. 去这家医疗机构或诊所或药店（采用以上交通方式的前提下），单程花费了多少时间？_____（分钟）

127. 去这家医疗机构或诊所或药店（采用以上交通方式的前提下），单程距离大概是多少？_____（公里）

128. 去这家医疗机构或诊所看病时，您等待了大概多长时间？_____（分钟）

129. 本次治疗或看病的总费用是多少元？_____（访员注意：包括药费、诊疗费，药费包括在这家医疗机构或其他药店购买医生开的处方药）

130. 其中，就这次花费中，您自己自付了多少钱？_____元（访员注意：自付是指扣除医疗保险报销后，自己实际的花费，自付不可能超过总费用）

131. 其中，保险报销了多少？_____元

132. 是否因本次生病而不能参加工作或劳动？　是/否，如果"是"，耽误_____天

133. 您对本次医疗机构提供的医疗服务感觉如何？_____

（1）满意　（2）一般　（3）不满意　（4）不清楚

134. 过去一年里，您是否生大病或受重伤？_____（访员注意：大病或重伤是指卧床休息一天以上的情况）（如果回答"否"，请跳到第147题）

（1）是　（2）否

135. 过去一年里，您是否因这次大病或重伤住过医院？_____（访员注意：住院以办理手续为准）

（1）是　（2）否

136. 因本次大病或重伤，一般首选何种方式医治？_____

（1）省级医院　（2）市/州级医院　（3）县医院/区医院　（4）乡镇医院　（5）村诊所/私人诊所　（6）自己去药店买药处理　（7）请活佛/喇嘛来诊断　（8）主要依赖藏医（包括去藏医院看病）

137. 您住了多长时间医院？_____天

138. 请问您是如何去这家医疗机构或诊所？_____

（1）汽车（私人/公共）　（2）摩托车　（3）骑马　（4）走路　（5）其他

139. 去这家医疗机构或诊所（采用以上交通方式的前提下），单程花费了多

少时间？_____（分钟）

140. 去这家医疗机构或诊所（采用以上交通方式的前提下），单程距离大概是多少？_____（公里）

141. 去这家医疗机构或诊所看病时，您等待了大概多长时间？_____（分钟）

142. 本次住院的总费用是_____元（访员注意：只包括付给医院的费用，不包括陪护工资、家人或自己的交通费和住宿费，但含医院住院的病房费）

143. 自己和家人往返医院的交通费、伙食费及家人陪护的住宿费一共_____元

144. 其中，就这次花费中，您自己自付了_____元（访员注意：自付是指扣除医疗保险报销后，自己实际的花费，自付不可能超过总费用）

145. 其中，保险报销了_____元

146. 是否因本次生病而不能参加工作或劳动_____是/否，如果"是"，耽误_____天

您对本次医疗机构提供的医疗服务感觉如何？_____

（1）满意　（2）一般　（3）不满意　（4）不清楚

147. 家里的老人是否参加养老保险？_____（如果回答"否"，请跳到下个部分）

（1）是　（2）否

如果回答"是"，请继续询问：

147a. 目前是否有老人在领取养老保险金？（1）是　（2）否

147b. 目前有几位老人在领取养老保险金_____位

148. 参加的何种养老保险？（可多选）_____

（1）企业职工基本养老保险　（2）企业补充养老保险　（3）商业养老保险　（4）城乡居民社会养老保险　（5）城镇居民养老保险　（6）新型农村社会养老保险（新农保）　（7）征地养老保险（失地养老保险）　（8）高龄老人养老补助（补贴）　（9）其他（_____）

148a. 目前领取的养老保险金是哪一种？编号：_____

148b. 目前每月领取_____元养老金（只针对目前已经开始领取的情况询问，可能需要相应的估算；注意有多位老人开始领取时，要分别记录领取的养老金数目）

149. 您是以什么方式缴费的？_____

（1）按年_____元　（2）一次性缴费_____元　（3）参保时距离领

取年龄不足 15 年，因此一次性补缴_____元，再按年缴费_____元/年

（4）自己已经超过 60 岁不用缴费

150. 您对目前的养老金感觉如何？_____

（1）满意　（2）一般　（3）不满意　（4）不清楚

第六部分　教育部分

151. 您的最高学历是？_____（如果回答是 1 或 2 或 3 或 4 或 5，请继续第 152 题；否则跳至第 153 题）

（1）未受过教育　（2）未读完小学，但能读、写　（3）小学毕业
（4）初中毕业　（5）高中毕业/职高/中专　（6）大专毕业　（7）大学本科
（8）硕士及以上

152. 您为什么没有继续学业？_____

153. 您是否会说普通话？_____（1）可以流利交流　（2）一般，不怎么会　（3）不会

154. 您的配偶最高学历是？_____（如果回答是 1 或 2 或 3 或 4 或 5，请继续第 155 题；合则跳至第 157 题）

（1）未受过教育　（2）未读完小学，但能读、写　（3）小学毕业
（4）初中毕业　（5）高中毕业/职高/中专　（6）大专毕业　（7）大学本科
（8）硕士及以上

155. 她/他为什么没有继续学业？_____

156. 她/他是否会说普通话？_____（1）可以流利交流　（2）一般，不怎么会　（3）不会

157. 她/他是否具备某种技能？_____（1）是（_____）（2）否

158. 您参加过成人教育吗？_____（访员注意：成人教育包括电大、夜校、自考、函授）

（1）是　（2）否

159. 您所有适龄子女在上学吗？_____

（1）在　（2）不在　（3）有的上，有的没有上

160. 目前孩子在哪里读书？_____（记录学校名）（如果第159 题回答（2），请跳过此题）

161. 您是否送过小孩去寺庙？_____（1）有（什么时候送？_____岁）（2）没有

162. 孩子是否从未上过学？_____（该名孩子的性别：_____）（如果第 159 题回答（1），请跳过此题）

（1）是（为什么？_____）　（2）否

163. 孩子有过退学吗？_____（访员注意：退学是指停止上学的行为，不是毕业生，一般在学期学完后退出）（该名孩子的性别：_____）

（1）是（为什么？_____）　（2）否　（3）他/她是什么时候退学？_____（访员注意：有多个孩子都未上学的情况请分别记录并标注序号）

164. 孩子中途有过辍学吗？_____（访员注意：辍学是指中途停止上学，一般学期的中途退出）（该名孩子的性别：_____）

（1）是（为什么？_____）　（2）否
（3）他/她是什么时候开始辍学？_____（访员注意：有多个孩子都未上学的情况请分别记录并标注序号）

165. 孩子是否有过休学？（访员注意：休学是指因病或其他原因停止上学，但学籍仍保留在该学校，休学期满后要返回校继续学习）（该名孩子的性别：_____）

（1）是（为什么？_____）　（2）否　（3）从何时开始休学？_____大概休学了多长时间？_____天

166. 目前孩子是几年级？_____（如果孩子从未上学或访谈时未在上学，请跳过该题）

167. 您为适龄子女每人每年交多少学费？（访员注意：如果有多个子女同时读书，请分别记录学费，并标注子女序号）

_____

_____

168. 小朋友是如何到达学校的？_____（交通方式）

（1）走路　（2）汽车（私人/公共）　（3）校车　（4）马车　（5）其他_____

169. 在以上交通方式下，单程路大概需要多长时间？_____（分钟）

170. 在以上交通方式下，单程距离是多少？_____（公里）

171. 孩子每天早上大概几点起床？_____；大概几点开始上课？_____

172. 孩子每天放学回家是否还需要帮忙干农牧活？_____

（1）是　（2）否

173. 孩子每天放学回家是否还需要帮忙干家务活？_____

（1）是　（2）否

174. 上学孩子的午餐如何解决？_____

（1）自己带饭（米饭/馍＋菜）　（2）学校准备（自己给钱，营养餐）

（3）学校免费提供（营养餐）　（4）简餐（如一个馒头＋杯水）　（5）不吃

175. 在没有经济约束条件下，您对待孩子教育的态度？_____

（1）必须读书　（2）看孩子自己，想读就读　（3）无所谓　（4）没有

必要读书

176. 您认为打工挣钱与读书哪个更重要？_____

（1）打工挣钱　（2）读书　（3）不知道

177. 您的孩子学习普通话吗？_____（1）学习　（2）没有

178. 通常放寒假或暑假时，孩子会做什么？_____

_____

179. 您认为目前孩子上学的学校教学质量如何？_____

（1）很满意　（2）比较好　（3）一般　（4）不太好　（5）很差

（6）不知道

180. 您认为让孩子就近读书（在本村范围内）与到市州的学校读书相比，

哪一个更好？_____

（1）就近读书　（2）市州学校　（3）无所谓　（4）不知道

181. 孩子长大后，您对孩子的期望是：_____

（1）留在本地发展　（2）到全国其他大城市发展　（3）无所谓　（4）不

知道

所有问题到此结束，谢谢您的配合！

参 考 文 献

[1] 阿玛蒂亚·森. 贫困与饥荒 [M]. 北京：商务印书馆，2001.

[2] 白玉培. 四川藏区农业保险发展现状及问题研究 [J]. 读天下，2016 (15).

[3] 车四方，谢家智，舒维佳. 基于不同权重选取的多维贫困测度与分析 [J]. 数量经济研究，2018 (2).

[4] 陈光军. 基于可持续发展视角的藏区贫困人口反贫困路径选择 [J]. 城乡社会观察，2014 (00)：94-107.

[5] 陈光军，苗书迪，陈丹，等. 藏区新型城镇化的发展路径探讨——以康定县为例 [J]. 经济地理，2013，33 (5)：67-71.

[6] 陈军. "格莱明"银行的发展和演化历程探讨 [J]. 现代商贸工业，2008 (8)：143-145.

[7] 陈银娥，何雅菲. 中国微型金融发展与反贫困问题研究 [M]. 北京：中国人民大学出版社，2016.

[8] 陈银娥，王丹，曾小龙. 女性贫困问题研究热点透视——基于 SSCI 数据库女性研究权威文献的统计分析 [J]. 经济学动态，2015 (6)：111-124.

[9] 陈银娥，王毓槐. 微型金融与贫困农民收入增长——基于社会资本视角的实证分析 [J]. 福建论坛：人文社会科学版，2012 (2)：12-17.

[10] 陈中伟. 新时期少数民族地区金融发展：制约瓶颈与困境突破 [J]. 贵州民族研究，2013 (5).

[11] 程杨，刘清华，吴锟. 城乡一体化背景下中国西部地区农户金融需求及其影响因素研究 [J]. 世界农业，2014 (5)：200-205.

[12] 褚保金，张龙耀，郝彬. 农村信用社扶贫小额贷款的实证分析——以江苏省为例 [J]. 中国农村经济，2008 (5)：11-21.

[13] 崔宝玉，谢煜，徐英婷. 土地征用的农户收入效应——基于倾向得分匹配（PSM）的反事实估计 [J]. 中国人口·资源与环境，2016，26 (2)：111-118.

［14］单德朋，郑长德，王英．金融可得性、信贷需求与精准扶贫的理论机制及研究进展［J］．西南民族大学学报：人文社会科学版，2016（9）：127 - 134.

［15］［瑞典］冈纳·缪尔达尔．世界贫困的挑战——世界反贫困大纲［M］．顾朝阳等，译，北京：北京经济学院出版社，1991.

［16］董家丰．少数民族地区信贷精准扶贫研究［J］．贵州民族研究，2014，35（7）：154 - 157.

［17］董婉璐，杨军，程申，李明．美国农业保险和农产品期货对农民收入的保障作用——以 2012 年美国玉米遭受旱灾为例［J］．中国农村经济，2014（9）：82 - 86，96.

［18］董薇薇．河南省微型金融的发展问题研究［D］．郑州：河南财经政法大学，2016.

［19］杜明义，赵曦．中国藏区农牧区反贫困机制设计［J］．贵州社会科学，2010（8）：83 - 87.

［20］杜鹏．农户农业保险需求的影响因素研究——基于湖北省五县市 342 户农户的调查［J］．农业经济问题，2011（11）：78 - 83，112.

［21］杜兴洋，杨起城，邵泓璐．金融精准扶贫的绩效研究——基于湖南省 9 个城市农村贫困减缓的实证分析［J］．农业技术经济，2019（4）：84 - 94.

［22］方长春．从方法论到中国实践：调查研究的局限性分析［J］．华中师范大学学报（人文社会科学版），2006（3）：38 - 43.

［23］高倩．江苏农村金融需求影响因素研究［D］．无锡：江南大学，2010.

［24］高艳．我国农村非正规金融的绩效分析［J］．金融研究，2007（12）：242 - 246.

［25］高杨．山东省扶贫互助资金合作社运行机制研究［D］．泰安：山东农业大学，2014.

［26］高远东，张卫国．中国农村非正规金融发展的减贫效应研究［J］．西南民族大学学报（人文社会科学版），2014（12）：122 - 126.

［27］［美］英格尔斯．人的现代化［M］．殷随君，译，成都：四川人民出版社，1985：1 - 8.

［28］葛志军，邢成举．精准扶贫：内涵、实践困境及其原因阐释——基于宁夏银川两个村庄的调查［J］．贵州社会科学，2015（5）：157 - 163.

［29］官留记．政府主导下市场化扶贫机制的构建与创新模式研究——基于精准扶贫视角［J］．中国软科学，2016（5）：154 - 162.

[30] 巩艳红. 宗教文化与普惠金融发展 [D]. 北京：中央财经大学, 2016.

[31] 郭建宇, 吴国宝. 基于不同指标及权重选择的多维贫困测量——以山西省贫困县为例 [J]. 中国农村经济, 2012 (2): 14 –22.

[32] 郭君平, 吴国宝. 社区综合发展减贫方式对农户生活消费的影响评价——以亚行贵州纳雍社区扶贫示范项目为例 [J]. 经济评论, 2014 (1): 38 –47.

[33] 何军, 唐文浩. 政府主导的小额信贷扶贫绩效实证分析 [J]. 统计与决策, 2017 (11): 169 –172.

[34] 何茜灵, 宋亮凯. 旅游扶贫试点村背景下旅游精准扶贫调查研究——以葫芦岛市建昌县玉带湾村为例 [J]. 国土与自然资源研究, 2015 (6): 81 –83.

[35] 胡小莉. 我国微型金融发展及存在的问题浅析 [J]. 西部财会, 2013 (12): 41 –44.

[36] 胡原, 卢冲, 曾维忠. 四省藏区多维贫困空间分异及基层能力建设 [J]. 经济地理, 2020, 40 (2): 171 –180.

[37] 胡宗义, 刘灿, 刘亦文. 农村正规金融和非正规金融发展的农村居民收入效应研究 [J]. 经济地理, 2014, 34 (12): 147 –152.

[38] 黄承伟, 陆汉文, 刘金海. 微型金融与农村扶贫开发——中国农村微型金融扶贫模式培训与研讨会综述 [J]. 中国农村经济, 2009 (9): 93 –96.

[39] 黄承伟, 袁泉. 论中国脱贫攻坚的理论与实践创新 [J]. 河海大学学报 (哲学社会科学版), 2018, 20 (2): 14 –21, 89 –90.

[40] 黄河, 杨林娟, 华怡婷. 甘南藏区金融扶贫与政府扶贫的协调性研究 [J]. 新疆农垦经济, 2017 (3): 80 –86.

[41] 黄建新. 论非正规金融之于农村反贫困的作用机制与制度安排 [J]. 现代财经 (天津财经大学学报), 2008 (5): 9 –13, 74.

[42] 黄英君, 胡国生. 金融扶贫、行为心理与区域性贫困陷阱——精准识别视角下的扶贫机制设置 [J]. 西南民族大学学报 (人文社科版), 2017, 38 (2): 1 –10.

[43] 黄祖辉, 刘西川, 程恩江. 中国农户的信贷需求：生产性抑或消费性——方法比较与实证分析 [J]. 管理世界, 2007 (3): 73 –80.

[44] 江生忠, 费清. 日本共济制农业保险制度探析 [J]. 现代日本经济, 2018, 37 (4): 23 –24.

[45] 蒋霞. 中国藏区金融体系发展探讨 [J]. 民族学刊, 2014, 5 (6):

26 – 33，98 – 102.

[46] 蒋霞. 中国藏族地区金融制度研究［M］. 北京：经济科学出版社，2015.

[47] 蒋远胜. 中国农村金融创新的贫困瞄准机制评述［J］. 西南民族大学学报：人文社会科学版，2017（38）：17.

[48] 焦瑾璞，黄亭亭，汪天都，张韶华，王瑨. 中国普惠金融发展进程及实证研究［J］. 上海金融，2015（4）：12 – 22.

[49] 康晓光. 90 年代我国的贫困与反贫困问题分析［J］. 战略与管理，1995（4）：64 – 71.

[50] 李宏. 关于西藏和四省藏区精准扶贫精准脱贫的思考［J］. 西藏发展论坛，2015（6）：45 – 49.

[51] 李佳，田里，王磊. 连片特困民族地区旅游精准扶贫机制研究——以四川藏区为例［J］. 西南民族大学学报（人文社科版），2017，38（6）：116 – 121.

[52] 李乐，刘涛，王蕾. 农村金融需求的现状及影响因素——基于对成都市农户的调查［J］. 金融论坛，2011，16（6）：74 – 79.

[53] 李盼盼，王秀芳. 基于 ARMA 模型的河北省农村金融融量问题研究［J］. 中国农学通报，2012，28（2）：161 – 165.

[54] 李卿. 四省藏区金融扶贫调查［J］. 青海金融，2014（10）：36 – 38.

[55] 李小云，张雪梅，唐丽霞. 我国中央财政扶贫资金的瞄准分析［J］. 中国农业大学学报：社会科学版，2005（3）：5 – 10.

[56] 李延. 精准扶贫绩效考核机制的现实难点与应对［J］. 青海社会科学，2016（3）：132 – 137.

[57] 李燕. 中外农业保险模式及其对北部湾经济区农业保险的启示［J］. 安徽农业科学，2011，39（27）：17030 – 17032，17035.

[58] 李优树，苗书迪，陈丹，谢弈林. 藏区新型城镇化的发展路径探讨——以康定县为例［J］. 经济地理，2013，33（5）：67 – 71.

[59] 廖桂蓉. 四川藏区贫困状况及脱贫障碍分析［J］. 农村经济，2014（1）：53 – 55.

[60] 廖桂蓉. 四川藏区贫困农牧民的社会资本研究［J］. 西北人口，2009（4）：95 – 98.

[61] 廖朴，贺晔平. 基于前景理论的农村小额保险减贫效应研究［J］. 当代经济科学，2019，41（6）：60 – 74.

[62] 林万龙, 杨丛丛. 贫困农户能有效利用扶贫型小额信贷服务吗？——对四川省仪陇县贫困村互助资金试点的案例分析 [J]. 中国农村经济, 2012 (2): 35-45.

[63] 林文曼. 海南农村精准扶贫项目绩效评估实证研究 [J]. 中国农业资源与区划, 2017, 38 (4): 102-107.

[64] 林毅夫. 解决农村贫困问题需要有新的战略思路——评世界银行新的"惠及贫困人口的农村发展战略" [J]. 北京大学学报（哲学社会科学版）, 2002 (5): 5-8.

[65] 林堉华. 微型金融机构可持续发展的影响因素研究 [D]. 广州: 华南理工大学, 2014.

[66] 刘芳. 贫困地区农村金融减贫效应、运作机理与路径选择研究 [D]. 西安: 陕西师范大学, 2016.

[67] 刘建康. 贫弱地区农村金融供给探讨——以四川省甘孜州为例 [J]. 西南金融, 2010 (2): 43-45.

[68] 刘乃梁. 微型金融机构: 衍生逻辑与制度矫正 [J]. 求实, 2016 (2): 59-67.

[69] 刘世成. 扶贫小额信贷的瞄准机制与绩效评估实证分析——基于四川R县数据 [J]. 西南金融, 2016 (9): 12-14.

[70] 刘西川, 陈立辉, 杨奇明. 农户正规信贷需求与利率: 基于Tobit III模型的经验考察 [J]. 管理世界, 2014 (3): 81-97.

[71] 刘西川, 黄祖辉, 程恩江. 小额信贷的目标上移: 现象描述与理论解释——基于三省（区）小额信贷项目区的农户调查 [J]. 中国农村经济, 2007 (8): 23-34.

[72] 刘星. 我国农村微型金融服务及风险防范研究 [D]. 成都: 西南财经大学, 2010.

[73] 龙云飞, 王丹. 普惠金融发展评价及影响因素分析——以四川省为例 [J]. 技术经济与管理研究, 2017 (10): 82-85.

[74] 卢飞, 张建清, 刘明辉. 政策性农业保险的农民增收效应研究 [J]. 保险研究, 2017 (12): 67-78.

[75] 鲁春艳. 实施精准扶贫、精准脱贫的难点及对策建议 [J]. 农业经济, 2016 (7): 6-7.

[76] 陆岷峰, 徐博欢. 金融供给侧结构性改革背景下发展微型金融机构研究 [J]. 西南金融, 2019 (4): 29-38.

［77］吕勇斌，赵培培. 我国农村金融发展与反贫困绩效：基于2003～2010年的经验证据［J］. 农业经济问题，2014，35（1）：54－60，111.

［78］罗莉，谢丽霜. 精准扶贫背景下涉藏地区特色优势产业发展研究［J］. 青海社会科学，2016（5）：9－14.

［79］罗绒战堆，邓梦静. 信仰的投入：西藏中部地区农户宗教消费支出研究报告［J］. 青海社会科学，2018（5）：20－27.

［80］罗煜，贝多广. 金融扶贫的三个误区［J］. 中国金融，2016（22）：20－21.

［81］马乃毅，蒋世辉. 农户民间借贷特征及其影响因素研究——基于新疆451户农户调查数据分析［J］. 武汉金融，2014（9）：55－57.

［82］马晓青，刘莉亚，王昭君. 农户信贷需求与信贷抑制的地区差异性分析——基于2010年江苏、河南、四川3省农户调查问卷［J］. 安徽农业科学，2012，40（4）：2398－2401.

［83］马震. 农村信用社支持藏区农牧业发展研究——以青海省黄南州为例［J］. 青海师范大学学报（哲学社会科学版），2013，35（3）：18－21.

［84］宁静，殷浩栋，汪三贵等. 易地扶贫搬迁减少了贫困脆弱性吗？——基于8省16县易地扶贫搬迁准实验研究的PSM－DID分析［J］. 中国人口·资源与环境，2018（11）：3

［85］裴洁宇. 农村金融服务需求现状及影响因素分析［D］. 郑州：河南农业大学，2015.

［86］朋文欢，傅琳琳. 贫困地区农户参与合作社的行为机理分析——来自广西富川县的经验［J］. 农业经济问题，2018（11）：134－144.

［87］全承相，贺丽君，全永海. 产业扶贫精准化政策论析［J］. 湖南财政经济学院学报，2015，31（1）：118－123.

［88］阮荣平，郑风田，刘力. 教育与宗教信仰的代际传递阻滞——兼论我国部分农村"宗教热"［J］. 经济学动态，2015（12）：43－56.

［89］沈茂英. 四川藏区精准扶贫面临的多维约束与化解策略［J］. 农村经济，2015（6）：62－66.

［90］石丹，程慧. 财政支持农村微型金融绩效的实证研究［J］. 金融理论与实践，2014（5）：35－40.

［91］宋丽智，韩晓生，王研. 我国农业保险发展影响因素研究——基于地区面板数据的实证分析［J］. 宏观经济研究，2016（11）：122－130.

［92］宋连久，齐霜，孙前路，白建华. 宗教信仰对工布地区农村居民家庭

消费的影响 [J]. 郑州航空工业管理学院学报, 2014, 32 (5): 12-17.

[93] 宋全云, 肖静娜, 尹志超. 金融知识视角下中国居民消费问题研究 [J]. 经济评论, 2019 (1): 133-147

[94] 宋玉颖, 李亚飞. 金融机构满足"草根"金融需求对策研究——来自"人人贷"的启示 [J]. 农村金融研究, 2017 (5): 7-12.

[95] 苏静, 胡宗义, 肖攀. 中国农村金融发展的多维减贫效应非线性研究——基于面板平滑转换模型的分析 [J]. 金融经济学研究, 2014, 29 (4): 86-96.

[96] 孙会君, 王新华. 应用人工神经网络确定评价指标的权重 [J]. 山东科技大学学报 (自然科学版), 2001 (3).

[97] 孙继国, 孙茂林. 金融服务乡村振兴的系统动力学仿真研究 [J/OL]. 经济与管理评论, 2020 (2): 104-112.

[98] 孙久文, 张静, 李承璋, 卢怡贤. 我国集中连片特困地区的战略判断与发展建议 [J]. 管理世界, 2019, 35 (10): 150-159, 185.

[99] 孙璐. 扶贫项目绩效评估研究 [D]. 北京: 中国农业大学, 2015.

[100] 孙若梅. 小额信贷对农民收入影响的实证分析 [J]. 贵州社会科学, 2008 (9): 65-72.

[101] 孙向前, 高波. 四省藏区金融精准扶贫路径探究 [J]. 青海金融, 2016 (2): 38-41.

[102] 谭正航. 精准扶贫视角下的我国农业保险扶贫困境与法律保障机制完善 [J]. 兰州学刊, 2016 (9): 167-173.

[103] 唐建兵. 集中连片特困地区资源产业精准扶贫机制研究——以四川藏区为例 [J]. 四川民族学院学报, 2016, 25 (2): 50-55.

[104] 唐礼智. 农村非正规金融对农民收入增长影响的实证分析——以福建省泉州市为例 [J]. 农业经济问题, 2009 (4): 76-79.

[105] 田国强. 经济机制理论: 信息效率与激励机制设计 [A]. 经济学 (季刊) 第2卷第2期 (总第6期) [C]. 北京大学国家发展研究院, 2003: 2-39.

[106] 汪三贵, 郭子豪. 论中国的精准扶贫 [J]. 贵州社会科学, 2015 (5): 147-150.

[107] 汪三贵. 中国小额信贷可持续发展的障碍和前景 [J]. 农业经济问题, 2000.

[108] 王长松. 金融支持青海藏区精准扶贫实践与路径 [J]. 西部金融, 2016 (9): 54-57.

[109] 王朝明，王彦西. 中国精准扶贫、瞄准机制和政策思考 [J]. 贵州财经大学学报，2018（1）：85-90.

[110] 王定祥，田庆刚，李伶俐，王小华. 贫困型农户信贷需求与信贷行为实证研究 [J]. 金融研究，2011（5）：124-138.

[111] 王嘉毅，封清云，张金. 教育与精准扶贫精准脱贫 [J]. 教育研究，2016，37（7）：14-23.

[112] 王金龙. 我国农村金融供求状况分析 [J]. 农业经济问题，2005（11）：49-52.

[113] 王娟. 农村民间金融的供需矛盾分析 [J]. 时代金融，2013（35）：421-422.

[114] 王蕾. 基于金融支持视域下的少数民族地区精准扶贫研究 [J]. 贵州民族研究，2017，38（1）：172-176.

[115] 王任远，周建波，李连发. 社会资本影响社会福利的金融渠道：寺庙金融的视角 [J]. 经济科学，2017（5）：31-47.

[116] 王韧. 我国农业保险发展影响因素的实证分析 [J]. 北京工商大学学报（社会科学版），2012，27（6）：72-76.

[117] 王曙光，王琼慧. 论社会网络扶贫：内涵、理论基础与实践模式 [J]. 农村经济，2018，No.423（1）：7-16.

[118] 王曙光. 中国农村微型金融的发展、创新与走向 [J]. 国家治理，2018（39）：3-13.

[119] 王思铁. 浅谈精准扶贫 [EB/OL]. http://www.scfpym.gov.cn，2014-03-27.

[120] 王素霞，王小林. 中国多维贫困测量 [J]. 中国农业大学学报（社会科学版），2013（2）.

[121] 王向楠. 农业贷款、农业保险对农业产出的影响——来自2004~2009年中国地级单位的证据 [J]. 中国农村经济，2011（10）：44-51.

[122] 王小林. 贫困标准及全球贫困状况 [J]. 经济研究参考，2012（55）：41-50.

[123] 王鑫，李俊杰. 精准扶贫：内涵、挑战及其实现路径——基于湖北武陵山片区的调查 [J]. 中南民族大学学报（人文社会科学版），2016，36（5）：74-77.

[124] 王勇强. 论金融危机下大学生就业与就业指导 [J]. 中小企业管理与科技（上旬刊），2009（1）：162.

[125] 王宇, 李博, 左停. 精准扶贫的理论导向与实践逻辑——基于精细社会理论的视角 [J]. 贵州社会科学, 2016 (5): 156-161.

[126] 王增文, 邓大松. 倾向度匹配、救助依赖与瞄准机制——基于社会救助制度实施效应的经验分析 [J]. 公共管理学报, 2012, 9 (2): 83-88, 126.

[127] 温涛, 王汉杰, 王小华, 韩佳丽. "一带一路"沿线国家的金融扶贫: 模式比较、经验共享与中国选择 [J]. 农业经济问题, 2018 (5): 114-129.

[128] 翁伯琦, 马宏敏, 苏汉芳, 等. 特色现代农业发展路径与提升策略研究——以福建省为例 [J]. 农学学报, 2015 (12): 127-132.

[129] 吴彬. 产业扶贫的基本逻辑及其实现路径——从"石头村"脱贫致富的例子说起 [J]. 中国农民合作社, 2016 (7): 33-34.

[130] 吴国宝. 扶贫贴息贷款政策讨论 [J]. 中国农村观察, 1997 (4): 9-15.

[131] 吴晓燕. 精细化治理: 从扶贫破局到治理模式的创新 [J]. 华中师范大学学报 (人文社会科学版), 2016 (6).

[132] 校建立. 农村居民贫困、社会资本对微型金融需求的影响 [D]. 南昌: 南昌大学, 2010.

[133] 谢超峰, 范从来, 王泽亚. 发达地区的益贫式增长: 以长江三角洲为例 [J]. 南京大学学报 (哲学·人文科学·社会科学), 2017, 54 (4): 24-38, 157.

[134] 谢昊男. 发达地区农户信贷需求影响因素分析——基于浙江宁海县农村调查研究 [J]. 农村经济, 2011 (7): 67-70.

[135] 谢家智, 车四方. 农村家庭多维贫困测度与分析 [J]. 统计研究, 2017 (9).

[136] 谢玉梅, 徐玮, 程恩江, 等. 精准扶贫与目标群小额信贷: 基于协同创新视角的个案研究 [J]. 农业经济问题, 2016 (9): 79-88.

[137] 谢园园. 民族地区普惠金融的发展及其减贫效应研究 [D]. 成都: 西南民族大学, 2018.

[138] 熊芳, 王晓慧. 经营环境对微型金融机构社会扶贫功能影响的实证分析 [J]. 金融发展研究, 2012 (10): 8-12.

[139] 熊惠平. 基于穷人信贷权的小额信贷瞄准机制及其偏差研究 [J]. 农村经济, 2007 (3): 64-66.

[140] 徐淑芳, 彭馨漫. 微型金融机构可持续性影响因素研究 [J]. 宏观经

济研究，2014（12）：51-60.

[141] 徐旭初. 再谈在脱贫攻坚中发挥农民合作社的内源作用 [J]. 中国农民合作社，2016（7）：37.

[142] 许虹. 我国农业保险的现状及对策研究 [D]. 长沙：湖南师范大学，2014.

[143] 许振国，邓可斌. 商业微型金融实现扶贫效果了吗——来自商业银行小额贷款微观样本的证据 [J]. 金融经济学研究，2019，34（2）：54-71.

[144] 严谷军. 影响小额保险需求的因素分析 [C]. 2013：17-21.

[145] 杨春玲，周肖肖. 农民农业收入影响因素的实证分析 [J]. 财经论丛，2010（2）：13-18.

[146] 杨健吾. 四川藏区贫困问题的现状和成因 [J]. 西藏研究，2005（4）：55-65.

[147] 杨龙，汪三贵. 贫困地区农户的多维贫困测量与分解——基于2010年中国农村贫困监测的农户数据 [J]. 人口学刊，2015，37（2）：15-25.

[148] 杨龙，徐伍达，张伟宾，刘天平. 西藏作为特殊集中连片贫困区域的多维贫困测量——基于"一江两河"地区农户家计调查 [J]. 西藏研究，2014（1）.

[149] 杨明洪. 统筹西藏与四省藏区协调发展的战略意义与实践 [J]. 开发研究，2017（3）：7-15.

[150] 杨伟坤，王立杰，张永升，李巧莎. 我国农村微型金融发展与创新研究——基于农村微型金融创新案例分析 [J]. 农业经济，2012（5）：75-77.

[151] 叶初升，邹欣. 扶贫瞄准的绩效评估与机制设计 [J]. 华中农业大学学报（社会科学版），2012（1）：63-69.

[152] 余新平，熊皛白，熊德平. 中国农村金融发展与农民收入增长 [J]. 中国农村经济，2010（6）：77-86，96.

[153] 喻海东. 微型金融在我国农村的需求分析 [J]. 现代经济信息，2011（4）：170，172.

[154] 袁晓文，陈东. 辨证施治：四川藏区农牧民致贫原因的实证调查与分析 [J]. 中国藏学，2017（2）：33-39.

[155] 张立冬. 中国农村多维贫困与精准扶贫 [J]. 华南农业大学学报：社会科学版，2017（4）.

[156] 张丽琼. 影响小微型企业融资的外部因素分析 [J]. 商业会计，2012（17）：82-83.

[157] 张琦, 史志乐. 我国农村贫困退出机制研究 [J]. 中国科学院院刊, 2016 (3): 296 - 301.

[158] 张全红, 周强. 中国多维贫困的测度及分解: 1989~2009 年 [J]. 数量经济技术经济研究, 2014 (6).

[159] 张爽, 陆铭, 章元. 社会资本的作用随市场化进程减弱还是加强? ——来自中国农村贫困的实证研究 [J]. 经济学 (季刊), 2007 (2): 539 - 560.

[160] 张伟, 黄颖, 易沛, 李长春. 政策性农业保险的精准扶贫效应与扶贫机制设计 [J]. 保险研究, 2017 (11): 18 - 32.

[161] 张新艳, 张岩. 建立健全我国农村的微型金融市场——从供给需求角度分析 [J]. 商业文化 (学术版), 2010 (6): 93 - 94.

[162] 张永丽, 李青原, 郭世慧. 贫困地区农村教育收益率的性别差异——基于 PSM 模型的计量分析 [J]. 中国农村经济, 2018 (9): 110 - 130.

[163] 张正平. 微型金融机构双重目标的冲突与治理: 研究进展述评 [J]. 经济评论, 2011 (5): 139 - 150.

[164] 赵剑治. 关系对农村收入差距的贡献及其地区差异 [D]. 上海: 复旦大学, 2009.

[165] 郑军, 杜佳欣. 农业保险的精准扶贫效率: 基于三阶段 DEA 模型 [J]. 贵州财经大学学报, 2019 (1): 93 - 102.

[166] 郑军, 周宇轩. 农村家庭经济、区域差异与农业保险需求 [J]. 石河子大学学报 (哲学社会科学版), 2019 (5): 1 - 9.

[167] 郑瑞强. 精准扶贫政策的理论预设、逻辑推理与推进机制优化 [J]. 宁夏社会科学, 2016 (4): 118 - 122.

[168] 中国赴美农业保险考察团. 美国农业保险考察报告 [J]. 中国农村经济, 2002 (1): 68 - 77.

[169] 中国人民银行迪庆州中心支行办公室课题组, 朱燕, 苏清. 迪庆藏区银行业应急建设现状、存在问题及思考 [J]. 时代金融, 2015 (32): 351 - 352.

[170] 周孟亮. 脱贫攻坚、乡村振兴与金融扶贫供给侧改革 [J]. 西南民族大学学报 (人文社科版), 2020, 41 (1): 115 - 123.

[171] 周孟亮. 我国小额信贷的 "双线" 融合与政策优化——基于可持续性金融扶贫视角 [J]. 社会科学, 2019 (12): 51 - 60.

[172] 周明. 我国微型金融发展的问题和对策研究 [D]. 新乡: 河南师范大学, 2013.

［173］周稳海，赵桂玲，尹成远. 农业保险发展对农民收入影响的动态研究——基于面板系统 GMM 模型的实证检验［J］. 保险研究，2014（5）：21－30.

［174］周小斌，耿洁，李秉龙. 影响中国农户借贷需求的因素分析［J］. 中国农村经济，2004（8）：27－31.

［175］朱广其. 科技型小微企业融资难及金融支持——基于微型金融的视角［J］. 华东经济管理，2014（12）：80－83.

［176］祝仲坤，陶建平. 农业保险对农户收入的影响机理及经验研究［J］. 农村经济，2015（2）：67－71.

［177］左停，赵梦媛，金菁. 突破能力瓶颈和环境约束：深度贫困地区减贫路径探析——以中国"四省藏区"集中连片深度贫困地区为例［J］. 贵州社会科学，2018（9）：145－155.

［178］Adams D W, Graham D H, von Pischke J D, eds. Undermining Rural Development with Cheap Credit［M］. Boulder CO：Westview Press, 1984.

［179］Adams R H. Economic growth, inequality and poverty：Estimating the growth elasticity of poverty［J］. World Development, 2004, 32（12）, 1989－2014.

［180］Aghion B A D, Morduch J. Microfinance beyond group lending［J］. Economics of Transition, 2000.

［181］Alkire S, Foster J. Counting and multidimensional poverty measurement［J］. Journal of Public Economics, 2011（7）.

［182］Andreeva G, Ansell J, Crook J N. Analysing revolving credit［J］. Time, 2001.

［183］Aportela F. Effect of financial access on savings by low－income people. 2012.

［184］Ashley W J. Wealth：A brief explanation of the causes of economic welfare by Edwin Cannan［J］. The Economic Journal, 1994：94.

［185］Avishay B. Comment on "the policy response of agriculture," by Binswanger［J］. World Bank Economic Review, 1989, 3（suppl_1）, 263.

［186］Bae K, Han D, Sohn H. Importance of access to finance in reducing income inequality and poverty level［J］. International Review of Public Administration, 2012, 17（1）：55－77.

［187］Banerjee A, Duflo E, Glennerster R, et al. The miracle of microfinance? Evidence from a randomized evaluation［J］. American Economic Journal：Applied Economics, 2015, 7（1）：22－53.

［188］Baydas M M, Meyer R L, Aguilera – Alfred N. Credit rationing in small – scale enterprises: special microenterprise programmes in ecuador ［J］. Journal of Development Studies, 1994, 31 (2): 279 – 288.

［189］Becker G, Tomes N. Human capital and the rise and fall of families ［J］. Journal of Labor Economics, 1986, 4 (3): 1 – 39.

［190］Beck T, Demirguc – Kunt A, Laeven L, Levine R. Finance, firm size, and growth ［J］. Ssrn Electronic Journal, 2004.

［191］Berhane G. Does microfinance reduce rural poverty? Evidence based on household panel data from northern Ethiopia ［J］. American Journal of Agricultural Economics, 2011 (1): 43 – 55.

［192］Blau P M, Duncan O D. The Americans Occupational Structure, New York: Wiley, 1967.

［193］Braverman A, Huppi M. Improving rural finance in developing countries ［J］. Finance & Development, 1991, 28 (1): 42 – 44.

［194］Burgess R, Pande R. Do rural banks matter? Evidence from the Indian Social Banking Experiment ［J］. CMPO Working Paper Series, 2003, No. 04 – 104.

［195］Cannan R B E. Materials for the study of elementary economics. by L. C. Marshall; C. W. Wright; J. A. Field ［J］. The Economic Journal, 1914, 24 (94): 297.

［196］Chattopadhyay S K. Financial inclusion in India: A case study of West Bengal ［J］. Reserve Bank of India Working Paper, 2011 (8): 1 – 27.

［197］Coleman J S. Foundations of Social Theory ［M］. Cambridge, MA: Harvard University Press, 1990: 28 – 48.

［198］César C, Liu L. The direction of causality between financial development and economic growth ［J］. Journal of Development Economics, 2003, 72 (1): 321 – 334.

［199］Devereux S. Social protection for enhanced food security in Sub – Saharan Africa ［J］. Food Policy, S0306919215000366, 2015.

［200］Dollar D, Kraay A. Growth is Good for the Poor ［J］. Journal of Economic Growth, 2002 (4): 195 – 225.

［201］Dufhues T, Heidhues F, Buchenrieder G. Participatory product design by using Conjoint Analysis in the rural financial market of Northern Vietnam ［J］. Asian Economic Journal, 2004, 18 (1): 81 – 114.

[202] Felix R, Valev N. Does one size fit all? A reexamination of the finance and growth relationship [J]. Journal of Development Economics, 2004.

[203] Freilich M. A study of slum culture: Backgrounds for La Vida. Oscar Lewis [J]. American Anthropologist, 1969, 71 (2).

[204] Garcia A B, Gruat J V. Social protection: A life cycle continuum investment for social justice, poverty reduction and development [J]. Geneva: Social Protection Sector, ILO, 2003.

[205] Gilligan D O, Hoddinott J. Using Community Targeting to Provide Drought Felief: Evidence from Ethiopia [R]. International Food Policy Research Institute Washington D C, 2006: 117 - 143.

[206] Hishigsuren G. Evaluating mission drift in microfinance: lessons for programs with social mission [J]. Evaluation review, 2007, 31 (3): 203 - 260.

[207] Hurwicz L. The design of mechanisms for resource allocations [J]. The American Economic Review, 1973, 63 (2).

[208] Jain S. Symbiosis vs. crowding - out: The interaction of formal and informal credit markets in developing countries [J]. Journal of Development Economics, 1999, 59 (2): 419 444.

[209] Jalilian H, Kirkpatrick C. Financial development and poverty reduction in developing countries [J]. International Journal of Finance & Economics, 2002, 7 (2): 97 - 108.

[210] Jeanneney S G, Kpodar K. Financial development and poverty reduction: Can there be a benefit without a cost? [J]. The Journal of Development Studies, 2011, 47 (1): 143 - 163.

[211] Mcintosh C, Wydick B. Competition and microfinance [J]. Journal of Development Economics, 2005, 78 (2): 298.

[212] Mead L M. The New Politics of Poverty: The Nonworking Poor in America [M]. New York: Basic Books, 1992.

[213] Mosley P, Hulme D. Microenterprise finance: is there a conflict between growth and poverty alleviation? [J]. World Development, 1998.

[214] Nussbaum M. Capabilities as fundamental entitlements: Sen and Social Justice [J]. Feminist Economics, 2003 (9): 33 - 59.

[215] Okurut F N, Schoombee A, Berg S. Credit demand and credit rationing in the informal financial sector in Uganda [J]. South African Journal of Economics,

2005, 73 (3): 482 - 497.

[216] Oscar L, La Farge O. Five Families: Mexican Case Studies in the Culture of Poverty [M]. New York, Basic Books, 1959.

[217] Oscar L. Village life in Northern India: Studies in a Delhi village [M]. Vintage Books, 1965.

[218] Peter Townsend, Poverty in the United Kingdom: A Survey of Household Resources and Standers of Living [M]. Berkeley and Los Angeles: University of California Press, 1979, P31.

[219] Portes A. Economic Sociology and the Sociology of Immigration: A Conceptual Overview, The Economic Sociology of Immigration [M]. New York: Russell Sage Foundation, 1995: 136 - 142.

[220] Powell E H, Lewis O. A study of slum culture backgrounds for la vida [J]. Social Forces, 1969, 47 (3): 366.

[221] Putnam R D. Making Democracy Work: Civic Traditions in Modern Italy [M]. Princeton: Princeton University Press, 1993: 35 - 36.

[222] Seebohm R B. Poverty: A Study of Town Life [M]. London: Macmillion Press, 1901.

[223] Sen A. Choice, Welfare, and Measurement [M]. Oxford: Basil Blackwell, 1983.

[224] Sen A K. "Capability and Well - Being", in Martha Nussbaum and Amartya Sen eds. The Quality of Life [M]. Oxford: Harvard University Press, 30 - 50.

[225] Sen A. Poverty: an ordinal approach to measurement [J]. Econometrica, 1976 (2).

[226] Sen A, Williams B. Utilitarianism and beyond//Sour grapes - utilitarianism and the genesis of wants [J]. 1982, 10. 1017/CBO9780511611964 (11): 219 - 238.

[227] Sherrick B J, Barry P J, Ellinger P N, Schnitkey G D. Factors influencing farmers' crop insurance decisions [J]. American Journal of Agricultural Economics, 2004, 86 (1): 103 - 114.

[228] Sihem E. Economic and socio - cultural determinants of agricultural insurance demand across countries [J]. Journal of the Saudi Society of Agricultural Sciences, 2017.

[229] Swenson A L. Financial Characteristics of North Dakota Farms 2000 - 2009

[J]. Agribusiness & Applied Economics Report, 2001 (10): 1 – 27.

[230] Townsend R M, Vickery J I, Giné X. Patterns of rainfall insurance participation in rural India [J]. The World Bank Economic Review, 2008, 22 (3): 539 – 566.

[231] Wooldridge J M. Econometric Analysis of Cross Section and Panel Data [M]. Cambridge, MA, The MIT Press, 2002, 108.

[232] Wright G. Micro – Finance Systems: Designing Quality Financial Services for the Poor [M]. UNESCO, 2000.

[233] You J, Annim S. The impact of microcredit on child education: quasi – experimental evidence from rural China [J]. Journal of Development Studies, 2014, 50 (7): 926 – 948.

[234] Zeller M. Determinants of credit rationing: a study of informal lenders and formal credit groups in Madagascar [J]. World Development, 1994.

[235] Zeller M, Meye R L. The triangle of microfinance: financial sustainability, outreach and impact [J]. Ifpri Books, 2002, 30 (4): 567 – 569.

[236] Zeller M, Meyer R L. The triangle of microfinance: financial sustainability, outreach, and impact [M]. Baltimore: Johns Hopkins University Press, 2003: 133 – 208.

[237] Zhao Y F, Chai Z H, Delgado M S. An empirical analysis of the effect of crop insurance on farmers' income results from Inner Mongolia in China [J]. China Agricultural Economic Review, 2016, 8 (2): 299 – 313.

后　记

2014年博士毕业后，入职四川农业大学，有幸参与了涉藏地区的扶贫课题，同其他老师及经济界同行一起赴藏调研。第一次的涉藏地区之行，我深深被高原的美景及特有的文化所吸引，也同样感受到研究涉藏地区的经济社会发展问题意义非凡，对这片高原有了特殊的感情。

经过几年的成果积累，2015年我有幸获得了国家社会科学基金青年项目的资助，本书就是该项目的成果。为了完成项目的研究工作，我组建了课题研究团队，一方面，组织课题团队成员查阅大量的关于涉藏地区扶贫的相关资料；另一方面，也多次到四川、青海、甘肃以及云南涉藏地区进行实地调研，获取了一手的资料与数据，为项目的研究提供了强有力的支撑。在项目的研究过程中遇到了一些挑战，但也有诸多快乐。在调研过程中，由于高原独特的气候环境，我跟其他的团队成员均出现不同程度的缺氧，一度导致调研工作没有办法进行，但是也领略到了草原的美景与农牧民的热情，感受了当地的宗教文化。经过三年的系统研究，课题的研究报告得以顺利完成，阶段性成果得到了省部级领导的肯定性批示，于2020年11月正式结题。

本书的框架结构由臧敦刚和李泓江进行设计，撰写人员均为课题组的研究成员。具体的参编人员为四川农业大学的臧敦刚和蒋远胜（第1章、第2章）；中国经济体制改革研究会的李泓江（第3章）；四川农业大学的刘艳、马俊龙（第4章）；四川农业大学的沈倩岭、刘丹（第5章）；四川农业大学的彭艳玲、吴平（第6章）；四川农业大学的郑勇、屈改柳、丁昭（第7章）；四川农业大学的徐斌、肖诗顺、中国人民银行甘南藏族自治中心支行的彭峰（第8章）；四川农业大学的李后建、何思好、程亚（第9章）；四川农业大学的臧敦刚、杨蕴奇、中国经济体制改革研究会的李泓江、南开大学的夏凡迪（第10章）；四川农业大学的蒋远胜、王运陈、胡芝嘉（第11章）。

除此之外，本书的完成还得到了学校和学院领导的关心支持，在调研过程中也得到了涉藏州县政府领导的鼎力支持。

2020 年召开的第七次西藏工作座谈会为研究涉藏地区的问题指明了方向。从精准扶贫到乡村振兴，本课题组将继续围绕青藏高原农牧区探索金融支持乡村振兴的路径，为涉藏地区的社会经济发展、民生福祉改善提供政策依据。

臧敦刚

2021 年 1 月于四川成都